移动商务精准服务推荐方法与应用

——基于用户隐私关注视角

郭飞鹏　卢琦蓓　刘东升　著

浙江工商大学出版社
ZHEJIANG GONGSHANG UNIVERSITY PRESS

·杭州·

图书在版编目(CIP)数据

移动商务精准服务推荐方法与应用：基于用户隐私
关注视角 / 郭飞鹏，卢琦蓓，刘东升著. — 杭州：浙
江工商大学出版社，2021.9(2022.10 重印)

ISBN 978-7-5178-4404-4

Ⅰ. ①移… Ⅱ. ①郭… ②卢… ③刘… Ⅲ. ①移动电
子商务－商业服务－研究 Ⅳ. ①F713.36

中国版本图书馆 CIP 数据核字(2021)第 054211 号

移动商务精准服务推荐方法与应用——基于用户隐私关注视角

YIDONG SHANGWU JINGZHUN FUWU TUIJIAN FANGFA YU YINGYONG——JIYU YONGHU YINSI GUANZHU SHIJIAO

郭飞鹏　卢琦蓓　刘东升　著

责任编辑	黄拉拉
封面设计	沈　婷
责任印制	包建辉
出版发行	浙江工商大学出版社
	（杭州市教工路 198 号　邮政编码 310012）
	（E-mail：zjgsupress@163.com）
	（网址：http://www.zjgsupress.com）
	电话：0571－88904980，88831806（传真）
排　　版	杭州朝曦图文设计有限公司
印　　刷	广东虎彩云印刷有限公司绍兴分公司
开　　本	710mm×1000mm　1/16
印　　张	15.25
字　　数	236 千
版 印 次	2021 年 9 月第 1 版　2022 年 10 月第 2 次印刷
书　　号	ISBN 978-7-5178-4404-4
定　　价	59.80 元

本书是以下项目资助成果：

- 浙江省哲学社会科学规划课题 (22NDJC093YB)
- 浙江省基础公益研究计划项目 (LGJ21G010001)
- 浙江省哲学社会科学规划重点课题 (21NDJC017Z)
- 教育部人文社会科学研究项目 (18YJC870007)
- 国家自然科学基金项目 (71802180)

前　言

伴随着移动智能终端和 5G、大数据等新基建的快速发展，用户对随时随地能够方便地获取互联网信息和服务的需求日渐增长，移动商务应用正在向着更深、更广的维度不断突破、发展。作为移动商务"撒手锏"应用的移动商务精准推荐系统及服务可以有效缓解用户信息过载问题并提升服务质量，其应用水平已经成为互联网企业创新发展能力的重要衡量指标。据统计，阿里巴巴、亚马逊等电商巨头通过个性化推荐系统每年至少能够提高 35％的销售量。如今，在国际疫情防控常态化、世界经济下行风险加剧、外需受到明显抑制的形势下，移动商务精准服务将促进线上线下新零售模式的进一步发展，提振国内消费市场信心、激活蛰伏的消费潜能，引领新一轮产业革命，促进现代商贸流通体系升级。

然而，在网络用户享受便利的移动商务精准推荐服务（Mobile Commerce Precision Recommendation Service，MPRS）的同时，由于涉及个人的位置、偏好等隐私信息，引发了用户隐私关注，并将影响着移动商务精准推荐服务走向更深层次的应用。因此，如何采取科学、合理、有效的管理机制与方法来避免或者均衡这对"矛"和"盾"的关系，已成为当前发展移动商务精准推荐服务的关键。此外，移动用户的人格特质、社交关系、上下文、情感倾向性等复杂因素对其偏好具有重要的影响。上述特征使得提供隐私关注下高质量的移动商务精准推荐服务变得极具挑战性。因此，研究在隐私关注下如何利用精准化推荐技术提高用户采纳移动商务精准推荐服务的意愿，在降低用户隐私关注的同时提供精准的推荐服务迫在眉睫。本书从主观（用户隐私关注）和客观（移动商务精准推荐服务）2个层面缓解用户的隐私顾虑并提供精准服务，主要内容如下：

第一，复杂场景下的典型移动精准推荐方法。首先，对协同过滤推荐方法的运行机制和存在的问题进行深入研究；然后，针对现有推荐方法问题和实际应用需求提出了基于情境贡献度和项目关联度的协同过滤推荐方法、融入用户兴趣漂移特征的情境化协同过滤推荐方法等2种复杂场景下的典型移动精准推荐方法。上述内容为后续章节研究用户隐私关注下的移动精准推荐提供方法原理支撑。

第二，移动商务精准推荐服务中用户隐私关注影响因素。首先，基于理性行为理论（Theory of Reasoned Action，TRA）和用户隐私关注四维度理论（Concern for Information on Privacy，CFIP）提出面向用户隐私关注问题的移动商务精准推荐服务采纳行为理论模型并提出相关假设；其次，根据移动商务特点修正问卷调查量表的测量项；最后，构建了一个六因素四维度的隐私关注结构方程模型来进行实证研究和假设验证，为后面几章展开隐私关注下移动商务精准推荐方法研究奠定理论基础。

第三，隐私关注下基于情感倾向性分析的移动上下文推荐方法。首先，在隐私关注影响因素和移动商务精准推荐服务的研究基础上，研究隐私关注强度度量、文本情感挖掘技术；其次，通过分析移动上下文中用户的情感特征在预测潜在用户偏好过程中的作用，提出融入隐私关注强度的基于用户的协同过滤推荐方法和融合上下文和情感信息的基于用户的协同过滤方法来分别预测用户的偏好；最后，在预测评分阶段，采用融合上述2种方法的混合协同过滤推荐方法实现高质量的移动商务精准推荐服务，缓解传统推荐方法的数据稀疏性等问题，并降低用户隐私关注程度。

第四，隐私关注下基于人格特质与用户关系强度的移动社交网络推荐方法。首先，在移动互联网环境下用户隐私关注会显著地受到社交群体和人格特质2个因素影响的研究基础上，将隐私偏好度融入到个体人格特质计算模型中，设计了一种融入隐私偏好度的人格特质计算方法；其次，提出一种基于社会网络交互活动和领域本体的用户关系强度计算方法；最后，将隐私关注的人格特质和用户社交关系融入到协同过滤推荐中用户相似度的计算，解决了传统的数据稀疏性等问题，并降低了用户隐私关注程度。

第五，面向用户隐私关注问题的移动商务精准推荐服务应用。首先，研究设计移动商务精准服务推荐平台 MRecommend 的体系框架；其次，结合具体手机商品移动购物应用，构建基于社会化标签的领域本体模型、基于领域本体的用户上下文模型，以及融入评论特征的手机领域本体，实现移动商务精准推荐服务中基于领域本体的多元信息表达与管理；再者，鉴于社交网络的文本短、话题丰富、情感多样、时效性强等特点，提出在主题模型的基础上进行词共现的文本建模，且引入时间因素构建动态话题情感混合模型；最后，对移动互联网企业在隐私关注和推荐策略的管理启示，包括对移动商务企业在隐私关注方面的改进建议，以及提高移动商务精准推荐质量及用户采纳移动商务精准推荐服务意愿的措施和建议。

全书的研究成果丰富了用户理性行为、隐私关注及个性化推荐等相关理论体系，有助于"后疫情时期"新零售企业提升移动商务服务质量，对加速形成强大的国内市场和构建现代商贸流通体系，发挥消费作为经济增长"第一引擎"对生产生活的引领作用，加快形成国内国际双循环的新发展格局，具有重要的理论价值和现实意义。

本书内容为浙江省哲学社会科学规划课题（22NDJC093YB）、浙江省基础公益研究计划项（LGJ21G010001）、浙江省哲学社会科学规划重点课题（21NDJC017Z）、教育部人文社会科学研究项目（18YJC870007）、国家自然科学基金项目（71802180）的研究成果，研究生周伟参与了部分研究工作与书稿撰写，书中也引用了大量同行学者的研究成果，在此一并致以谢意。 本书适于从事数据挖掘和智能信息处理研发的科技工作者阅读并使用，也可作为高等院校智能信息处理、管理科学与工程等管理类和信息类相关专业研究生和本科生的教学参考书。

鉴于作者学识有限，研究不足和错误在所难免，恳请读者批评指正。

第一章　绪　论

第一节　移动商务精准推荐服务研究背景与意义

一、研究背景

随着 5G、人工智能、大数据等数字新基建的迅猛发展，移动商务持续向着更深、更广的维度不断发展。一方面，移动智能终端（包括硬件、软件和应用）的普及让用户可以随时随地、碎片化地进行网络冲浪、在线消费、APP 程序使用、移动教育体验、移动娱乐分享等网络应用，获取海量的网络商务信息，并形成了一个庞大的移动社交网络。2019 年，我国网上零售额达 10.6 万亿元，较 2018 年增长了 16.5%，移动端占比超过 90%，移动电话用户总数高达 16 亿人。另一方面，作为移动商务中的"撒手锏"应用，移动商务精准推荐服务是在大数据环境下，通过利用移动互联网络中的传感器、社交网络以及个人设备，对参与者周围的物理环境、社会环境或个人状态进行参与式采集、传输和分析，并通过用户线上线下显式与隐式行为数据完成其兴趣和消费习惯等的挖掘，从而提供高质量的实时个性化服务，在一定程度上缓解信息过载。移动商务精准推荐服务是电商个性化服务发展到了新阶段的产物，并已在精准短视频营销、精准直播带货、精准信息推送等方面获得了广泛的变革性应用。据统计，阿里巴巴、亚马逊等电商巨头通过个性化推荐系统每年至少能够提高 35% 的销售量。如今，在国际疫情防控常态化、世界经济下行风险加剧、外需受到明显抑制的形势下，移动商务精准推荐服务将促进线上线下新零售模式的进一步发展，提振国内消费市场信心、激活蛰伏的消费潜能，引领新一轮产业革命，促进现代商贸流通体系升级。

移动商务的快速发展满足了用户对互联网商品或者服务的多样化需求，使得用户可以通过移动智能终端及时获取偏好信息。然而，"爆炸"式商务大数据使用户"迷失"在移动商务的"信息洪流"中。同时，移动用户的需求日益精细化，用户不断借助移动智能终端设备追求丰富的移动商务服务或者商品。商家若无法满足用户需求，就会不断流失用户。移动商务精准推荐服务能够基于用户与系统的交互来实现历史偏好获取、复杂信息过滤，并结合移动上下文、社交关系等辅助信息提供高质量的推荐服务来满足用户不断变化的兴趣需求。因此，国内外学者围绕移动商务精准推荐服务相关理论、技术及案例开展大规模的研究，旨在有效解决目前存在的问题。移动商务精准推荐服务的移动性、虚拟性、私人性、便捷性、个性化以及社会性等特征，使得移动用户可在"任何时间、任何地点"享受到个性化、多样化的服务。我国作为世界上手机用户、上网用户最多的国家，伴随着5G的兴起，移动网络技术和移动商务服务的发展也逐渐趋于交融，移动商务精准推荐服务必将经历更大的发展。而移动精准推荐系统是移动商务精准推荐服务的重要实现形式。与传统个性化推荐系统相比，移动商务精准推荐服务具备移动性、社交性、实时性等特征，可以高效地实现目标用户兴趣的提取、上下文信息的感知、噪声信息的过滤，最终完成对移动商务精准服务的推荐，解决移动商务"信息泛滥"带来的系列问题。

高质量的推荐系统需要持续获取用户的基础信息、网络行为信息、隐私偏好信息等内容，而且推荐效果的好坏与系统获取用户信息的丰富程度密切相关。虽然目前知名平台的推荐系统安全性较高，但是网络用户隐私信息泄露、不正当访问和非法使用等问题频发所带来的负面影响已经无法让用户"置身事外"，用户对隐私关注的程度达到了空前的高度，从而降低了用户采纳移动商务精准推荐服务的主观意愿。2015年10月，乌云漏洞报告平台披露"网易163/126邮箱过亿数据泄露"。2018年，Facebook上超5000万用户的信息在用户不知情的情况下，被政治数据公司"剑桥分析"获取并利用。2019年，《纽约时报》公开称其获得了一份有史以来规模最大、最敏感的数据。 该数据存储了华盛顿、纽约、旧金山和洛杉矶等地 1200 万名手机用户超过 500 亿个位置信息。 通过位置信息，可准确识别并勾勒出手机使用者的活动范围。 此外，《中国网民权益保护调查报告》显示，有 82.3％的网民亲身感受到其私密信息泄露对日常生活造成的不良影响。 从网民的私密信息被泄露的分布情况来看，超过 6 成网民个人身份信息和个人网上活动信息曾经被泄露，另有 49.9％的网民个人通讯信息曾经被泄露。 而在对网民个人信息泄露程度的调查中发现，有 49.7％的网民认为个人信息泄露状况严重。 网民个人信息被泄露情况如图 1-1 所示。 如何在考虑用户隐私关注情况下提供高质量的个性化推荐服务，成为国内外研究机构和互联网行业的焦点问题。

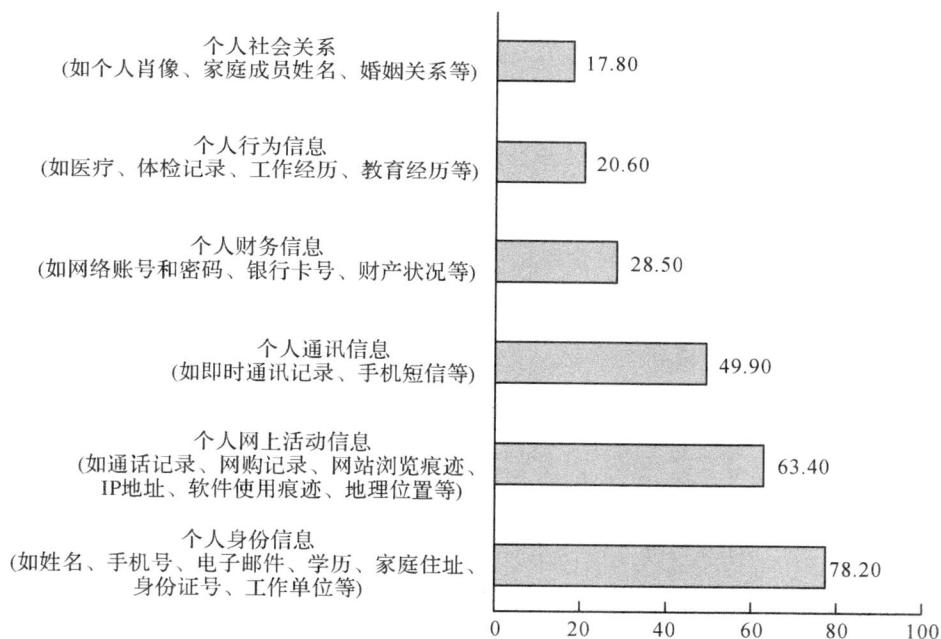

图 1-1 网民个人信息被泄露情况(单位:％)

"隐私关注"或者"隐私顾虑"（Privacy Concern，本书统称"隐私关注"）是用以测量消费者对信息隐私的顾虑/关注程度、感知态度、控制能力的概念。 Culnan 和 Armstrong（1999）提出，移动互联网活动常会涉及个人的隐私信息，如支付信息、运动状态、地理位置等。 获取用户的个人信息对于移动服务提供商的生存和发展至关重要，其既可以根据用户信息进行针对性精准推荐，又由于满足用户需求而产生了经济效益，且提高了消费者的满意度与忠诚度。 然而，用户在享受便利的同时，其隐私也被泄露了，从而引发了用户隐私担忧和保护顾虑，即对个人信息的收集、处理、分发和使用引发了用户的隐私担忧，产生了隐私关注，并影响消费者采纳移动服务的意愿，甚至导致部分用户对移动商务精准服务持否定态度，进而放弃使用移动商务精准推荐服务。 移动商务精准推荐服务已成为发展移动商务的一把"双刃剑"。 一方面，移动商务精准推荐服务服务商需要根据用户的身份、偏好、位置等时空信息来提供个性化服务，从而更好地满足用户需求；另一方面，如果用户具有较高的隐私关注，担心自己隐私信息会被不当使用，这将导致服务商无法向用户提供精准的个性化服务，使得服务质量降低。 因此，移动商务精准推荐服务提供商必须重视用户隐私关注问题，制定措施降低用户对隐私的关注程度，双方形成良性反馈机制促进用户持续使用移动商务精准推荐服务。 如何识别隐私关注的影响因素和隐私关注对用户行为的作用；如何采取科学合理有效的管理技术与方法来避免或者改善这种局面；如何实施有效的隐私保护机制；如何兼顾商业利益和保护用户隐私，为用户提供满足特定需求的移动个性化商品或服务，已成为当前移动商务精准推荐服务发展的关键问题。

目前，国内外学者在隐私保护和个性化推荐研究中取得了一定的成果。Canny（2002）在个性化推荐系统中引入关联规则挖掘技术，通过信息隐藏等方式来改变特定规则的支持度和置信度，然后，通过敏感信息的处理，提高个性化推荐系统的质量。 Shang et al.（2013）研究基于集群推荐的个体隐私策略机制，剖析基于用户的协同过滤推荐过程中的隐私关注问题，提出一种将个体私密信息进行加密和匿名处理的方法，从而保护用户隐私信息。 Sherry et al.（2013）将差分隐私用在了协同过滤推荐系统中，对项目—项目协方差矩阵进行差分隐私处理，且将推荐系统分为学习阶段和预测阶段，论证了在没有严重损失推荐的准确率情况下实施差分隐私保护是可行的，但他们没有考虑到用户的个人隐私倾向性。 总体上，现有有关网络隐私问题及其在个性化推荐中应用的研究成果大都从隐私保护单一视角出发，围绕数据加密、匿名、扰动、剔除冗余数据等计算机技术进行推荐过程的隐私保护；还有一些研究仅仅从管理学的制度文化因素、企业管理角度提出隐私保护管理启示。 上述研究视角过于狭隘，往往忽略了移动商务精准推荐服务中用户主观心理对隐私的认知影响。随着移动商务的发展，用户在采纳移动商务精准推荐服务过程中不仅对需求是否得到满足感兴趣，而且更多地开始关注推荐方式、隐私设置等内容，不断利用自身认知水平和社交群体来对网络服务进行安全评估，包括移动商务服务商是否安全和值得信任、私密信息设置是否可以由自己掌控以及自身及家人隐私信息是否会泄露等。因此，移动商务精准推荐服务需要重点解决用户采纳服务时的隐私关注问题，探索影响用户隐私关注影响因素的内在认知机理、心理行为等理论；同时，在实际应用中，迫切需要研究考虑隐私关注的个性化推荐技术。

综上所述，本书研究的科学问题是基于如下事实和趋势。

（1）隐私关注严重制约着移动商务的推广应用。皮尤研究中心在美国开展的调查显示，2012年，超过57％的移动用户由于担忧个人信息隐私问题而没有安装任何移动应用。2010年，仅13％的用户会为了获得网站内容而披露其个人信息。隐私关注以及其他的一些因素共同影响消费者对移动服务商的信任、接受移动服务与提供个人信息的意愿。信息隐私问题已成为移动用户最大的担忧之一。

（2）缺乏可感知的隐私控制是产生隐私关注的主要因素。移动网络环境容易引发用户的隐私担忧，其原因是用户担心对披露的隐私信息缺乏控制。调查显示，85％的成年人认为控制个人信息的访问非常重要。可见，对个人信息的控制在隐私保护中扮演着重要的角色。尤其是当用户感知到移动商户对个人信息的收集、分发与使用具有可控性时，会降低他们对披露个人信息的隐私担忧。用户感知到的对个人信息的控制不仅仅是客观事实的反映，也包含个人的主观信念与偏见。用户感知到的可控性比他们对信息的实际可控性对其行为的影响要大。因此，仅靠纯粹的隐私保护方法技术手段提高消费者对个人信息的可控性是不够的，还需要考虑影响用户感知的因素，从客观和主观两方面同时提高消费者对隐私信息的可控性，才能有效地降低其隐私担忧。

（3）目前，隐私关注影响下用户采纳移动商务精准推荐服务的研究相对匮乏，研究成果聚焦在未考虑隐私关注的移动用户理性行为及影响因素上。

具体而言,以往研究主要着眼于影响用户行为的多方面关系(包括制度因素、文化因素、用户因素等),并主要运用在电子商务平台上。研究方法也集中在问卷调研法和扎根理论法,而隐私关注问题研究成果不多,导致上述方法研究的结果缺乏理论支撑且较为宏观,很难解决移动商务企业实际中产生的问题。

（4）已有研究提供了商业化或者定制的工具来保护移动用户隐私信息,但缺乏统一性和系统性。同时,目前关于移动商务精准推荐服务的研究未深入研究影响用户隐私关注的因素,也缺乏隐私关注下移动商务精准服务推荐方法的创新,过于将目标局限在隐私保护技术方法上,即多数是从技术角度解决实现具体的应用。然而,面向移动商务精准推荐服务的隐私问题不仅牵涉到技术层面,而且也与社会、管理和法律等因素密切相关,缺乏深入理解和开发面向移动商务精准推荐服务隐私关注的理论方法。一方面,缺乏在研究隐私关注影响机制中分析用户的心理认知行为,未能量化具体隐私关注影响因素对用户采纳行为的影响程度;另一方面,缺乏考虑隐私关注的移动用户偏好模式挖掘方法和推荐策略。这使得当前移动商务精准推荐服务中用户不能有效缓解其隐私忧虑和感知风险,不能促进用户使用移动商务精准推荐服务。

因此,有必要在深入理解移动商务精准推荐服务中隐私关注产生的原因及其影响因素的基础上,围绕上述现有个性化推荐机制存在的隐私关注缺失问题并考虑移动商务环境的特征,建立双向的、隐私关注下的个性化推荐模型;设计高效、自动的用户隐私偏好算法及考虑隐私关注的个性化推荐方法;在提高用户对隐私信息实际可控性的同时,建立隐私关注因素影响下的推荐机制,提高用户对隐私信息可控性的感知程度,从而在客观和主观两个层面缓解移动用户的隐私担忧,以此来推进移动商务的健康发展。本研究丰富了用户理性行为、隐私关注及个性化推荐等相关理论体系,有助于"后疫情时期"新零售企业提升移动商务服务质量,具有重要的理论价值和现实意义。

二、研究意义

本书研究面向用户隐私关注问题的移动商务精准推荐服务,主要解决哪些因素会影响移动用户的隐私关注的问题，以及就如何融入隐私关注提出个性化推荐方法。 本研究不仅是对网络用户隐私关注相关理论和理性决策行为理论的补充和丰富，而且对企业开展移动商务应用和用户隐私保护等具有重大意义。 深入研究移动商务中隐私关注影响因素，为具体的移动商务精准推荐服务提供可量化的隐私关注影响机制，并为用户提供更高效的移动商务精准推荐服务，减轻用户的隐私担忧以促进用户采纳和使用移动商务精准推荐服务，促使移动商务更加健康有序地发展。 因此，本书研究意义重大，无论是在理论层面还是在实践层面都对隐私关注下的移动商务精准推荐服务理论模型与方法产生积极的影响。

1. 理论层面

首先，本书根据隐私关注与理性行为理论提出面向用户隐私关注问题的移动商务精准推荐服务采纳行为理论模型，分析了用户隐私关注影响因素和移动商务精准推荐服务采纳意愿的关系。 通过对该模型进行假设验证与路径关系分析，总结并构建了用户隐私倾向等 6 个影响因素与信息收集等四维隐私关注结构的关系，扩展了现有隐私保护层面的研究技术。 同时，基于结构方程（Structural Equation Modeling，SEM）分析方法将各个隐私关注影响因素及其对隐私关注不同维度影响进行测量并分析显著关系，从理论层面掌握用户隐私关注心理。 本书还研究了隐私关注强度、隐私关注偏好度、人格特质、社交群体等重要影响因素的相关理论，发现在移动商务精准推荐服务中用户的隐私关注显著地受到隐私倾向、个体自身性格、社会化网络中群体行为等的影响，为本书的隐私关注下移动商务精准推荐服务研究奠定了基础。通过梳理和总结相关理论研究成果，并根据用户隐私关注、移动商务精准推荐服务的特点，改进上述理论模型。

其次，现有的信息隐私相关研究主要集中于传统的电子商务环境，针对移动商务环境下的个人用户隐私关注及个性化推荐机制的研究比较缺乏，并且已有研究主要采用实证研究方法来探讨隐私保护机制如何影响隐私关注，缺乏具体可行的技术解决方法。 本研究把握移动商务环境的特征，从隐私关注的客观机制与移动用户的主观感知相融合的视角，提出具体的适用于移动商务精准推荐服务的隐私关注影响机制和个性化推荐技术方法，提高用户对个人信息的披露、分发及使用的控制，并将潜在的用户作为实验对象，采用实验模拟与问卷调查等研究方法验证其有效性，将技术方法研究与实证研究相结合，相辅相成，拓展了当前对隐私关注下移动商务精准推荐服务的研究范式，补充和丰富了当前关于移动商务信息隐私的研究内容和研究方法。

最后，本书在研究隐私关注下移动商务精准推荐服务时，对影响隐私关注的用户人格特质、自身隐私倾向性（如隐私关注强度和隐私关注偏好度等）、上下文兴趣偏好、社交群体关系等进行综合定量分析，即在研究移动精准化推荐方法时创新性地量化 6 个隐私关注影响因素对个性化推荐方法的影响。本书采用隐私关注理论、理性行为理论、心理行为理论、数据挖掘理论、社会网络理论等管理学、信息系统交叉理论研究面向用户隐私关注问题的移动商务精准推荐服务采纳模型与方法，为今后在移动商务精准推荐服务中研究隐私保护、推荐服务奠定理论基础。本书是个性化推荐领域与用户隐私关注研究相结合的一次新尝试，丰富了个性化推荐及用户隐私关注相关理论体系。

2. 实践层面

本书从用户隐私关注和个性化推荐服务相矛盾的实际问题出发，在对移动商务精准推荐服务采纳中用户隐私关注的影响因素及推荐方法理论研究的基础上，为移动商务企业提出具体的隐私保护措施与建议，并设计移动商务精准推荐机制以满足用户实际需求，促进我国移动商务健康的发展。

首先，移动商务企业与移动商务精准推荐服务开发商承受着解决隐私问题的巨大压力。本书的预期成果将为移动商务精准推荐服务和移动商务应用开发商设计出能满足用户需求的隐私保护机制提供可靠的理论指导和有效的技术方法，为移动用户提供有效的控制隐私信息披露、收集、分发与使用的技术方法，降低移动用户的隐私担忧，增加用户对移动商务精准推荐服务的信任，增强用户提供个人信息的意愿，从而有效地促进移动商务产业发展。同时，隐私保护机制不是一个孤立的系统，必然对个人隐私意识、组织诚信等社会发展的方方面面带来深远的影响。

其次，移动用户的心理、人格、隐私倾向等自身特质对其网络行为具有关键作用。 本书主要从用户主观认知角度研究移动商务精准推荐服务采纳过程中隐私关注影响因素，为移动商务企业在提供移动商务精准推荐服务时重点把握用户的隐私关注心理、网络行为倾向等提供可靠的理论基础；同时，对用户及社交群体影响的研究更能提升其采纳移动商务精准推荐服务的倾向，激发移动用户持续使用移动商务精准推荐服务，从而带来源源不断的企业利润。

最后，本书从移动用户心理认知、理性行为决策、社交群体影响等方面对隐私关注问题进行剖析，帮助目前大多数移动商务企业摆脱单一依赖隐私保护技术解决隐私担忧等问题，创新性地利用先进的移动精准推荐技术从主观角度分析用户的隐私关注心理和网络行为特征，从而基于移动用户真实需求完成精准营销策略制定、产品设计以及"智能化"的个性化推荐服务，降低用户隐私关注程度，助力我国移动商务的快速发展。 同时，有助于"后疫情时期"新零售企业提升移动商务服务质量，对加快形成强大的国内市场，发挥消费作为经济增长"第一引擎"对生产生活的引领作用，加快形成国内大循环的新发展格局，具有重要的现实意义。

第二节 主要内容与章节安排

一、研究问题及目的

针对研究背景与国内外研究现状，本书总结出目前移动商务精准推荐服务中的用户隐私关注及服务推荐存在的问题如下：

（1）关于移动商务精准推荐服务下的隐私关注影响因素的研究比较缺乏。"隐私关注影响着用户对移动商务精准推荐服务提供商的信任、采纳推荐服务与提供个人信息的意愿"这一论述已经得到了学术界和实业界的广泛认可，相关的成果无论在数量上还是质量上都呈现出进一步提高的趋势，该问题正在受到越来越多的重视。 信息系统领域的隐私关注研究虽多，但已有的研究主要集中在传统的电子商务环境，关于移动商务环境下用户隐私的相关研究较少，缺乏对移动互联网的移动性（泛在性）、虚拟性、个性化、社会性等新兴特征的深入分析，并且已有研究主要采用实证研究方法探讨隐私关注的影响因素，相应的隐私关注下的推荐机制研究十分有限。

（2）隐私关注实证研究与移动商务精准推荐服务研究之间结合不够紧密。信息系统领域的隐私保护机制研究主要采用实证研究方法，探讨隐私保护机制如何影响用户的隐私关注。相关的技术方法创新多集中在计算机领域，但往往忽略了用户的隐私感知，较少考虑影响用户隐私关注的多种主观因素，对隐私保护技术有效性的论证也相对缺乏。极少有研究既包含隐私关注的方法技术，并据此给出具体可行的管理理论方面的个性化推荐服务机制，又采用科学规范的方法对其有效性进行论证。而且，目前针对隐私关注下移动商务精准推荐服务的研究多侧重于推荐过程加密技术和算法实现，对用户认知行为、情感特征、人格特质、社交网络关系等关注不足，导致移动商务精准推荐服务较为僵化，出现不能根据上下文和用户隐私需求的变化而动态调整适应的问题。

（3）数据稀疏性（Data Sparsity）和冷启动（Cold Start）问题。协同过滤算法的关键是获取相似用户集，但两个用户之间交互行为重叠的数量（如共同购买、评分等）在用户和项目两维组成的总数中占比非常少，因此引发了数据的稀疏性问题。同时，移动商务平台在新用户的商品或者服务推荐方面还存在冷启动问题，即对于新用户的首次推荐，移动商务企业推荐的效果不理想。随着移动互联网的不断发展，推荐系统所面临的数据稀疏性和用户冷启动问题变得越来越严重。例如，在天猫公布的数据集中，有过购买行为的用户商品组合只占整个用户商品矩阵的 0.0007%，有过任意行为的"用户—商品"占整个"用户—商品"矩阵的 0.08%，这还只是公布的移动端实验数据集上的统计数据，实际整个 TMALL 数据会比这更稀疏。如何比较好地解决上述问题是移动个性化信息推荐服务向前发展面临的重要挑战。

基于以上分析，本书研究目标如下：

（1）针对移动商务环境特征，围绕移动商务精准推荐服务及在线隐私关注存在的问题进行讨论。首先，以大量的隐私关注实证研究成果为指导，从理论上深入理解影响移动用户隐私关注以及移动商务精准推荐服务采纳技术方案的影响因素；然后，深入研究归纳移动用户隐私关注影响因素及隐私关注多维度测度结构，并基于"认知—采纳"的用户视阈创新性地提出移动商务精准推荐服务服务中隐私关注的认知过程模型，通过实证研究明确隐私关注构成，影响用户隐私关注的个人关键因素及其之间的相互关系和动态影响，从而准确地揭示移动商务精准推荐服务中产生隐私关注的内在机理。这是本书后续研究的基础与前提，也是制定隐私关注下移动商务精准推荐服务策略的基本出发点，为移动商务服务商如何制定隐私策略、缓解用户隐私忧虑提供理论指导。

（2）目前针对移动商务精准推荐服务中隐私保护的研究多侧重于推荐过程加密技术和算法实现，对用户隐私认知、用户行为等关注不足，不能有效缓解用户的隐私忧虑和降低其感知风险而促进其使用移动商品服务。本书研究在隐私关注机制影响下，为移动用户与移动商务精准推荐服务服务提供商设计高质量的个性化推荐模型，研究隐私关注影响因素的量化方法及高效的个性化推荐方法；通过统计方法量化个体对隐私信息的收集、处理、分发与使用的控制程度，同时设计用户隐私关注心理机制（融入隐私关注强度和隐私关注偏好度的移动用户行为设计），试图从用户感知的角度，提高用户对个人信息感知的可控性，从而降低移动用户的隐私担忧，提高用户披露信息及采纳移动商务精准推荐服务的意愿。

（3）针对目前隐私关注、个性化服务推荐采纳服务实证研究中采用问卷调查等方式带来的弊端，本书利用算法仿真模拟、问卷调查等实证研究方法来检验用户隐私关注下移动商务精准推荐服务的有效性，对提出的模型与算法进行验证。在此基础上，进一步利用个性化推荐方法探讨隐私关注下移动商务精准推荐服务如何降低用户隐私担忧，并通过设计改进的协同过滤推荐方法缓解数据稀疏性和冷启动等问题来提高服务质量。此外，本书考虑隐私关注的移动商务精准推荐服务用户行为与推荐对策，分析"抑制因素"的隐私关注、"使能因素"的个性化推荐服务以及隐私关注上下文影响因素对使用移动商务精准推荐服务用户行为的作用，为缓解用户隐私忧虑和感知风险提供对策和建议，推动用户使用移动商务精准推荐服务。

综上所述，本书将从用户视阈研究移动用户在网络行为中的隐私关注机制、心理行为特征、理性行为决策，重点分析隐私关注影响因素对用户采纳移动商务精准推荐服务的作用，并在此基础上研究隐私关注下的移动商务精准推荐服务方法来实现高质量的移动商务精准推荐服务。 本书研究对象为移动商务精准推荐服务提供商与移动用户构成的双向交互系统；研究范围为移动商务环境中隐私关注机制、个性化推荐服务；研究视角为隐私关注客观机制与移动用户的主观感知的相融合；研究手段为移动商务精准推荐服务模型与方法研究、融入隐私关注影响因素分析的推荐机制设计、计算机仿真、问卷调查、实验室模拟。 最后，本书根据移动商务精准推荐服务中用户隐私的动态开放、敏感真实、系统整体、可挖掘性等特点，结合用户心理行为、理性行为理论和隐私关注理论，试图回答如下3个彼此关联的科学问题：①移动商务精准推荐服务中隐私关注的认知过程是什么？ （即隐私关注的构成是什么？ 影响隐私关注的关键要素是什么？ 要素间的动态影响和关系如何？ 如何测度？ ）；②移动商务精准推荐服务过程中的多元信息表达与管理是什么？ （即如何对移动用户上下文、产品/服务属性特征、移动商务应用领域知识等信息进行建模与管理？ 如何基于本体为移动商务精准推荐服务提供有效的知识表达？ ）③隐私关注下的移动商务精准推荐服务用户行为与对策是什么？ （即隐私关注对用户网络行为的作用如何？ 如何测度？ 如何考察融入隐私关注前后用户采纳移动商务精准推荐服务的倾向对比？ 如何改进移动商务环境下的个性化推荐方法以促进用户使用移动商务精准推荐服务？ 如何依据用户上下文和社交关系变化对移动商务精准推荐服务进行调整？ ）。 通过客观用户行为挖掘研究与主观问卷设计研究的结合，丰富了移动商务精准推荐服务隐私关注及其对用户行为理论、移动商务精准推荐服务隐私关注理论与方法，促进了移动商务精准推荐服务的成熟和应用，以充分发挥移动商务精准推荐服务的"撒手锏"优势，实现移动商务对推动国内国际双循环的"助力器"作用。

二、主要研究内容及创新点

本书对移动商务精准推荐服务中的用户隐私关注问题及推荐方法进行了系统的研究，主要的研究内容和创新点包括以下5个部分：

1. 复杂场景下典型移动精准推荐方法研究

传统协同过滤算法大多忽略复杂情境对客户兴趣的影响，且缺乏考虑近邻项目之间的关联性，从而影响了个性化推荐质量。为此，本书设计一种基于情境贡献度和项目关联度的协同过滤推荐方法。首先，提出基于改进型 FP-Tree 的关联规则算法，来提升大数据环境下客户行为模式挖掘的效率；其次，提出融入情境贡献度的客户兴趣挖掘算法，实现在复杂电商情境影响下对客户偏好的表达与建模；最后，提出基于项目的改进型协同过滤推荐算法，利用关联规则中频繁项集构建"项目—项目"矩阵，且引入影响客户兴趣的情境贡献度代替项目评分以应对数据的稀疏性，提高了计算项目间相似度的准确性。最终，实证研究证明了本书方法的有效性与精确性。

此外，针对移动商务精准推荐服务中难以有效适应情境与用户认知等复杂场景变化带来的兴趣漂移问题，本书提出了一个新的情境化信息推荐方法。首先，用户认知因素会引发兴趣的变化，因此，从行为动机角度分析用户兴趣变化的原因，基于"马斯洛需求层次论"设计分析信息类别与信息行为所对应需求层次的机制，并在此基础上提出了基于本体与隐马尔科夫的用户兴趣层次判定算法；其次，引入用户活跃度概念并提出融入情境的用户活跃度计算方法来解决推荐服务中的冷启动与稀疏性问题；最后，提出融入用户活跃度的动态协同过滤推荐算法，有选择性地将候选推荐内容多样化，通过监测用户反馈，学习其兴趣变化规律，判定其兴趣变化趋势并主动做出适应。实验结果表明，融入用户兴趣漂移特征的情境化协同过滤推荐方法使用户兴趣变化的适应能力得到有效提高，与其他推荐方法相比具有更高的准确度。

2. 移动商务精准推荐服务中用户隐私关注影响因素研究

针对移动商务精准推荐服务中用户隐私关注的认知过程问题，包括隐私关注的构成、影响隐私关注的要素以及如何对这些要素之间的关系进行测度，本书在总结与归纳国内外已有研究成果的基础上，重点研究了隐私关注理论和理性行为理论，并基于上述理论构建移动用户隐私关注的六维影响因素。本书还进一步开发了移动用户隐私关注前因量表，采用 SEM 研究各个影响因素（用户隐私倾向等）对隐私关注四维度（信息收集等）的影响，深入分析用户在采纳移动商务精准推荐服务过程中的隐私关注强度、隐私偏好心理及网络行为习惯。

根据目前国内外的研究综述，互联网环境下隐私关注影响因素主要有 3 个：制度因素、文化因素和个人因素。本书结合移动商务的上下文依赖、动态敏感、社会性、可挖掘性等特点将隐私关注影响因素从用户视阈归纳为用户隐私倾向、用户内控点、用户开放性、用户外向性、用户随和性和社交群体影响，提出面向用户隐私关注问题的移动商务精准推荐服务采纳行为理论模型。其中，用户隐私倾向、用户内控点表明用户的隐私关注强度及对隐私的感知控制能力，即用户自身的差异性会影响其对隐私关注态度的改变，且影响程度也不同。考虑到移动商务是一个新兴的领域，选择人格特质中的用户开放性、外向性、随和性作为移动互联网环境下影响个体隐私关注的 3 个因素，研究得出不同的人格特质将会对用户的隐私关注行为产生积极的影响。此外，本书创新性地引入移动互联网中社交群体因素来分析其对隐私关注的影响。

通过对上述 6 类移动用户隐私关注影响因素的分析，本章提出基于 SEM 的隐私关注影响因素关系模型。SEM 中总共有 28 条关系路径，各自表明 6 个影响因素在隐私关注 4 个维度上有着不同的关系强度。该模型利用问卷调研方法获取用户数据，对问卷调研测量表展开效度和信度分析，结果表明，该调研问卷通过检验，调研数据有效且可信；在此基础上，对上述数据进行 SEM 分析，并采用 AMOS 软件对数据进行路径相关性计算，得出各个隐私关注影响因素与隐私关注 4 个维度之间的关系（包括是否显著相关和相关系数）。SEM 路径模型验证本研究提出的假设，为后续用户偏好建模和个性化推荐算法设计奠定基础。

3. 隐私关注下基于情感倾向性分析的移动上下文推荐方法

隐私关注下移动用户行为会不同程度地表明其偏好。目前，一方面，主流的个性化推荐方法大都没有考虑隐私关注影响因素对移动用户行为的约束，也未定量地计算用户的网络行为与用户隐私关注之间的关系；另一方面，用户情感倾向性评论对在预测用户偏好过程中起到较大的作用，已经引起国内外学者的重视。 但是，评论挖掘与推荐技术结合方向的研究还有待进一步发展，文本评论挖掘时大都未考虑上下文的影响。 在传统的单纯利用用户评分信息计算用户相似度的基础上，如何融合隐私关注强度、上下文评论中的用户情感倾向性是本书的重点。 因此，本书提出一种隐私关注下基于情感倾向性分析的移动上下文推荐方法。

考虑到个人的情感因素在其决策生成过程中起着重要的作用，本书基于情感词汇本体库的文本情感倾向性分析方法（Sentiment Tendency Andalysis Algorithm Based on Sentiment Vocabulary Ontology，STAS）从人类认知决策理论的角度来改进推荐系统预测潜在未知的用户偏好的模型，即利用文本情感分析技术提取情感特征，进行文本情感挖掘。 又考虑到移动用户上下文的依赖性和复杂性，以及移动用户对实时性的要求，本书采用基于词典的文本情感分析方法来提取用户的情感特征。 STAS 具体过程为：首先，采用改进的大连理工大学的情感词汇本体系（Information Retrieval of Emotional Vocabulary Ontology in Dalian University of Technology，DUTIR）来构建评论词汇本体库和情感词汇本体库，抽取常用的评价对象；其次，利用基于条件随机场（Conditional Random Field，CRF）模型半监督学习方法抽取评价搭配对象，包括评论对象、评论词、评论短语的抽取；最后，对用户情感类别进行归纳，利用 STAS 对其进行情感倾向性判断，将情感评论信息划分为 3 种类别 7 个情感特征。

在此基础上，本书分析 6 类隐私关注影响因素对移动用户采纳移动商务精准推荐服务的影响，引入"隐私关注强度"的概念，提出融入隐私关注强度的基于用户的协同过滤方法，利用用户隐私关注强度来寻找近邻集，并利用已知评分来预测目标用户的评分。 另外，目前推荐系统未能在移动商务环境下取得良好的推荐效果，主要原因是过于依赖"用户—项目"评分数据，却缺乏对移动上下文、网络评论等重要信息的考虑。 本书提出融合上下文和情感信息的基于用户的协同过滤方法，在采集用户评论的同时也获得了用户的上下文信息，并利用基于情感词汇本体库的文本情感倾向性分析方法来预测评论整体的倾向性（即用户的情感强度），从而将"用户—项目"矩阵中的用户偏好评分值替换为情感强度值；在计算用户上下文间的相似度的基础上，结合用户的评分和上下文相似度来进行协同过滤推荐。最终，基于情感倾向性分析的移动上下文推荐方法融合融入隐私关注强度的基于用户的协助同过滤方法和融合上下文和情感信息的基于用户的协同过滤方法的预测评分生成推荐结果。基于情感倾向性分析的移动上下文推荐方法方法融合了隐私关注强度、情感倾向性等信息，较好地解决了移动推荐中的数据稀疏性等问题，降低了用户隐私关注程度。在标准数据集合上的仿真测试和在真实数据的集中应用的结果表明，与其他个性化推荐方法相比，基于情感倾向性分析的移动上下文推荐方法有着良好的查准率和查全率，更重要的是能缓解用户的隐私关注问题。

4. 隐私关注下基于人格特质与用户关系强度的移动社交网络推荐方法

针对移动社交网络中隐私关注影响因素（人格特质和社交群体）下的个性化推荐服务问题，传统的基于用户的协同过滤推荐主要依靠用户对商品/服务的评分信息，忽略了用户人格特质、网络社交关系等其他重要因素对用户偏好的影响。如何考虑在传统的单纯利用用户评分信息计算用户相似度的基础上，融入人格特贡、用户关系强度这两个影响因素是本研究的重点。此外，本书基于人格特质和社交群体均会对移动用户隐私关注产生影响的研究结论，提出了隐私关注下基于人格特质与用户关系强度的移动社交网络推荐方法。

该方法引入了心理学领域的"大五人格"特质理论，介绍了开放性、谨慎性、外向性、随和性以及神经质的概念和内涵，重点分析了开放性、外向性、随和性这 3 个人格特质对移动用户网络行为的影响，并创新性地将隐私偏好度融入到个体人格特质计算模型中。本书又将上述 5 个影响因子进行量化，设计了一种融入隐私偏好度的人格特质计算方法，建立客观化网络行为特征与考虑隐私偏好的人格特征之间的"大五人格"预测模型，克服了传统的心理自测量表带来的数据难以获取、规模不大以及调查对象的不认真、不诚实导致数据不可用等问题，且考虑了隐私偏好度。

在此基础上，本书提出一种基于社会网络交互活动和领域本体的用户关系强度计算方法。 该方法对交互活动进行活动领域的划分，计算属于同一活动领域的用户间关系强度，使之后用户关系强度应用于移动个性化信息服务推荐时，能迅速定位响应的兴趣领域，提高推荐的针对性，实现精准推荐。同时，以交互活动文档为依据，计算同一领域中用户的单向综合关系强度，其中包括直接关系与间接关系，克服了以往研究中只能计算直接关联用户关系强度的局限，提高计算结果的准确性。 最终，将隐私关注的人格特质和用户社交关系强度融入到基于用户的协同过滤推荐中的用户相似度计算中，解决了移动推荐中的数据稀疏性等问题，并降低了用户隐私关注程度。 在标准数据集合上仿真测试并在真实数据集中应用的结果表明，与其他个性化推荐方法相比，基于人格特质与用户关系强度的移动社交网络推荐方法有着良好的准确率和精确度，更重要的是能缓解用户的隐私关注问题。

5. 面向用户隐私关注问题的移动商务精准推荐服务应用研究

针对研究构建的理论与算法应用于移动商务环境下面向用户隐私关注问题的移动商务精准推荐服务中的问题，本书通过推荐系统提供给用户高质量的移动商务个性化服务，能够将平台浏览者转变为购买者，使老用户成长为忠实客户。 首先，研究设计移动商务精准服务推荐平台 MRecommend 的体系框架，包括网络数据采集模块、情感倾向性计算模块、MRecommend 算法模型（基于情境贡献度和项目关联度的协同过滤推荐方法、隐私关注下基于情感倾向性分析的移动上下文推荐方法、隐私关注下基于人格特质与用户关系强度的移动社交网络推荐方法等）；其次，结合具体手机商品移动购物应用，构建了基于社会化标签的领域本体模型、基于领域本体的用户上下文模型，以及融入评论特征的手机领域本体，实现移动商务精准推荐服务中基于领域本体的多元信息表达与管理；再者，鉴于社交网络的文本短、话题丰富、情感多样、时效性强等特点，提出在主题模型的基础上进行词共现的文本建模，且引入时间因素构建动态话题情感混合模型；最后，为移动互联网企业提出在隐私关注和推荐策略的管理启示，包括对移动商务企业在隐私关注方面的改进建议，以及提高移动商务精准推荐质量及用户采纳移动商务精准推荐服务意愿的措施和建议。

三、章节安排

本书的模型、方法及应用研究主要围绕信息隐私调研分析与移动商务精准推荐服务采纳模型理论研究（第一、二章）；典型移动精准推荐方法（第三章）；隐私关注影响因素研究（第四章）；隐私关注下移动上下文推荐方法（第五章）；隐私关注下移动社交网络推荐方法（第六章）；实践应用研究（第七、八章）这5个阶段展开。 本书共分为8章，各章节的内容安排如下：

第一章：绪论。 首先，阐述本研究工作的背景及意义，对国内外的研究现状进行分析；其次，分析隐私关注影响下移动商务精准推荐服务的特点以及基于隐私关注的移动推荐系统所面临的挑战；最后，给出研究目标、主要研究内容以及本书的组织结构。

第二章：隐私关注下移动商务精准推荐服务相关理论。 首先，描述移动商务精准推荐服务的相关理论，阐述移动用户购买行为与在线决策的机理；其次，对移动商务精准推荐服务系统相关研究进行梳理，阐述移动用户在采纳精准推荐服务全过程中涉及的技术、方法等内容；最后，对国内外隐私及隐私关注的相关理论进行分类综述。

第三章：复杂场景下的典型移动精准推荐方法。 首先，对协同过滤推荐方法的运行机制和存在的问题进行深入研究；其次，针对现有推荐方法问题和实际应用需求提出了基于情境贡献度和项目关联度的协同过滤推荐方法和融入用户兴趣漂移特征的情境化协同过滤推荐方法两种复杂场景下的典型移动精准推荐方法。 上述内容为后续章节研究用户隐私关注下的移动精准推荐提供了方法原理支撑。

第四章：移动商务精准推荐服务中用户隐私关注影响因素。 首先，基于理性行为理论和结构性隐私关注模型提出面向用户隐私关注问题的移动商务精准推荐服务采纳行为理论模型并提出相关假设；其次，根据移动商务特点修正问卷调查量表的测量项；最后，构建了一个六因素分别影响隐私关注四维度的结构方程模型实证研究验证假设，为后文展开隐私关注下移动商务精准推荐方法研究奠定理论基础。

第五章：隐私关注下基于情感倾向性分析的移动上下文推荐方法。 在第四章研究隐私关注影响因素和移动商务精准推荐服务的基础上,本章首先研究隐私关注强度度量、文本情感挖掘技术;其次,通过分析移动上下文中用户的情感特征在预测潜在用户偏好过程中的作用,提出融入隐私关注强度的基于用户的协同过滤推荐方法和融合上下文和情感信息的基于用户的协同过滤方法来分别预测用户的偏好;最后,在预测评分阶段采用融合上述两种方法的混合协同过滤推荐方法实现高质量的移动商务精准推荐服务,缓解传统推荐方法的数据稀疏性等问题,并降低用户隐私关注程度。

第六章:隐私关注下基于人格特质与用户关系强度的移动社交网络推荐方法。　在第四章研究移动互联网环境下用户隐私关注会显著地受到社交群体和人格特质两个因素影响的基础上,本章首先将隐私偏好度融入到个体人格特质计算模型中,设计一种融入隐私偏好度的人格特质计算方法;其次,提出一种基于社会网络交互活动和领域本体的用户关系强度计算方法;最后,将隐私关注的人格特质和用户社交关系融入到协同过滤推荐中的用户相似度的计算中,解决传统的数据稀疏性等问题,并降低用户隐私关注程度。

第七章:应用研究。　构建应用平台实现本书提出的模型与方法,并应用于面向用户隐私关注问题的移动商务精准推荐服务中,为移动商务企业的隐私保护机制和精准推荐策略研究提供参考。

第八章:研究总结与展望。　总结本书理论模型与方法技术,进一步讨论每个章节的研究结论,并展望未来的研究方向。

第二章　隐私关注下移动商务精准推荐服务相关理论

目前，解决个性化推荐中隐私问题的有效手段比较匮乏。研究主要聚焦于隐私保护视阈来改进个性化推荐系统，方法设计上也偏重于具体隐私保护技术，总体上隐私保护效果不理想，缺乏考虑用户隐私心理认知过程。然而，用户对隐私的认知水平也随着互联网的深入发展而不断提高。移动商务服务商在给用户提供个性化推荐服务的过程中，用户对自身隐私是否会泄露、家人朋友是否会被打扰、采纳移动商务精准推荐服务后是否具有安全的隐患等隐私问题高度关注，并在决定是否接受移动商务精准推荐服务时主动权衡收益与风险。因此，本章根据研究主题对国内外相关研究进行综述，找到支撑理论，为后续研究奠定理论基础。

第一节　移动商务精准推荐服务概述

一、精准营销及个性化推荐理论

1. 精准营销

精准营销（Precision Marketing）属于近年来科技网络的高速发展带来的产物，源于大数据，并以其为基础在不断发展。具体而言，精准营销以 4C 理论、让渡价值理论、市场细分理论、直接沟通理论与客户链式反应理论为基础；核心思想是坚持运用定量分析方法，帮助企业分析市场，开展营销活动；最终在精准定位的基础上，充分挖掘消费者信息，与客户进行互动沟通，为其提供精准的、个性化的信息推送，以及运用促销手段将客户的需求和企业的产品相匹配，试图引导消费者购买产品，达成企业的营销目标的过程。

精准营销有 4 个特征：一是目标用户精准化，指在营销前要确定好目标用户，将产品与顾客相匹配之后才可以实行推送；二是销售策略高效化，指推送过程中要根据顾客的偏好来选择销售方式，硬塞式的营销只会带来消极的影响；三是营销行为经济化，指在推送完成后，企业与顾客之间的交流更为便利、快速，企业可以很快知晓顾客的反馈，与传统营销相比，成本大大降低；四是量化营销结果，指企业可以根据网络来判断最终顾客是否对产品感兴趣或表示接受，这种判断方式更为快速，且可以量化，为以后的改进优化打下了基础。

2. 个性化推荐

与精准营销一样，个性化推荐也是随着大数据的蓬勃发展而出现的。 由于现代的"互联网＋"环境，网络数据每天都以不可思议的速度在增长着。面对海量信息，传统的搜索引擎显然已经不足以支持用户的需求了，并且信息垃圾、信息重复会使得用户的体验下降，因此个性化推荐是一种必然的趋势。 它是以个体用户为中心，根据用户信息使用的行为、习惯、特点和偏好提供满足用户个性化需求的服务。

随着网络科技的不断发展，个性化推荐方法、系统已经随处可见，而它们都是基于最原始、最基本的 2 种推荐策略而衍生出来的：一是基于用户的推荐，指通过计算找到与目标用户兴趣爱好等各方面信息相似度高的其他用户，将他们已购而目标用户未购的商品进行推送；二是基于商品的推荐，指已经有很多人购买 A 商品，并且这部分人中较多人还购买了 B 商品，那么就可以将 B 商品推荐给其他已经购买 A 商品却还未购买过 B 商品的人。 这 2 种方法都是基于用户信息来进行个性化推荐，所以挖掘用户信息是最重要的前提。

二、移动精准推荐系统

当通过移动终端连到无线互联网后，用户可以随时随地获取信息资源，如搜索新闻、购物、观看视频、听音乐；用户也能随时随地为互联网创造新的信息资源。随着移动互联网及其应用的发展，网络中潜在可用的信息资源量也日益增长。然而，移动终端的界面显示、终端处理、输入/输出等能力有限，移动用户接收信息的能力也有一定的局限性，信息资源的"爆炸式增长"使得移动用户无法利用自身的现有能力处理接收到的大规模的信息，无法对这些信息进行有效整合和使用。这使得移动用户想要高效地获取与用户个性化需求相匹配的信息服务变得非常困难，信息过载现象日益凸显。应对上述问题的解决途径包括搜索引擎和推荐系统（Recommender Systems，RS）。前者是属于"拉"模式，需要用户主动通过关键词搜索的方式搜索自己所感兴趣的信息。后者属于"推"模式，即系统根据用户以前的行为历史记录，在分析和学习用户偏好的基础上，把用户潜在感兴趣的信息推送给他们。总的来说，RS 的方法更为便捷和智能，已成为学术界多学科多领域学者研究的重要方向之一，并在产业界得到了不同程度的应用。

1. 传统互联网推荐系统

（1）推荐系统概述

推荐系统研究归属于科学和社会经济生活的交叉领域，其巨大的潜力被处于信息革命前沿的互联网企业首先意识到。一个推荐系统，可能会对公司的收益产生重大影响。例如，Netflix 上的 DVD 租赁业务有 60% 是基于个性化推荐产生的，亚马逊的 35% 交易额来源于其个性化推荐系统。

推荐系统的发展已经有 30 多年的历史，却尚未形成统一的定义。Resnick 和 Varian 在 1997 年提出了被学术界和产业界普遍认可的推荐系统的概念。他们认为："推荐系统通过电子商务平台为消费者给出关于商品购买的建议，从而帮助消费者来实现商品的购买决策，RS 模拟了在线销售人员辅助消费者实现商品购买的过程。"推荐系统的任务目标就是构建用户与信息产品两者之间的二元关系，它利用用户习惯及其行为偏好数据，以特定的方法进行分析，来预测他们未来可能的喜好和兴趣，并以合适的形式将过滤和筛选的结果提供给他们。

在学术界，Goldberg et al. 在 1992 年首次提出了"协同过滤"的概念，并将其应用在邮件过滤系统中；2 年后，Group Lens 提出了基于用户的协同过滤算法，用于新闻过滤。 自从第一批协同过滤方法提出以来，国内外研究人员结合管理科学、认知科学、市场营销以及信息检索等领域的理论与方法体系，从不同的角度提出了一系列新的推荐机制与算法。 这些研究成果主要刊登在推荐系统的国际会议或期刊上，如 2009 年起美国计算机协会主办的推荐系统会议、上下文感知推荐系统专题研讨会、知识发现与数据挖掘会议和信息检索特别兴趣组等。 特别是推荐系统年会每年刊登的优秀研究成果，涵盖了当前推荐系统研究的主流领域，反映出国际上推荐系统研究的热点问题与发展趋势。

在产业界，推荐系统作为信息服务系统在电子商务、音乐、电影和视频、社交网络、基于位置的服务、阅读、个性化邮件和广告等各个商业领域得到了广泛的应用，如表 2-1 所示。 电子商务领域是个性化推荐系统的第一大应用领域。 亚马逊的推荐系统在业内有"推荐之王"之称，它的推荐应用已经嵌入到网站的各个场景中。 其商品推荐维度来自用户在平台上的行为信息，如搜索行为、点击行为以及用户对商品的再浏览，基于位置服务的环境数据，以及用户的社交信息等，对上述数据进行建模，其推荐结果还会综合考虑来自领域专家的人工处理。 社交网站通过分析用户在网站上留下的沟通信息和人脉关系，帮助用户结识新朋友，从而提升用户对网站的黏性；在线电台记得用户"跳过"的歌曲并标注为用户不喜欢的歌曲，在以后的推送中避免出现这些歌曲，从而为用户提供更具个性化的服务。

表 2-1　典型的个性化推荐应用领域

领　　域	平　　台
电子交易	亚马逊、ebay、淘宝网(Taobao)、京东(JD)、当当网(Dangdang)等
电影和视频	Movielens、Netflix、YouTube 等
音乐	潘多拉(Pandora)、Last. fm、八宝盒(8box)、CDnow 等

领　域	平　台
社交网络	Facebook、Twitter、LinkedIn、豆瓣（douban）、微信（WeChat）等
阅读	Google Reader、Flipboard 等
基于位置的服务	滴滴打车（Didi Taxi）、Foursquare 等
短视频	抖音、快手等

（2）推荐系统结构

一个典型的推荐系统包括 3 个不可分割的功能模块，即用户兴趣建模模块、推荐对象建模模块以及推荐算法模块。通用的推荐系统模型流程如图2-1所示。

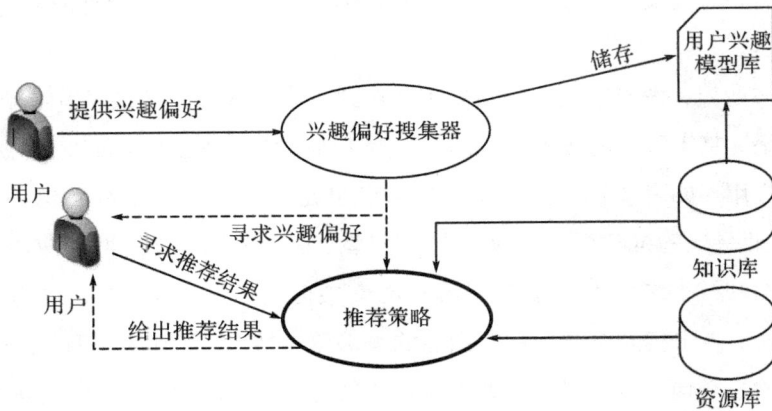

图 2-1　通用的推荐系统模型流程

用户兴趣建模旨在解决 2 个重要问题：一是通过追踪和分析用户的多源访问数据来挖掘用户偏好；二是以恰当的表示方式对用户兴趣进行展示。构建用户兴趣模型的目的在于构建一种能表达特定用户信息需求、兴趣偏好等的模型，用来管理和存储用户的历史访问信息、个体背景和兴趣偏好信息等，并从上述信息中提取出有用的知识，以处理用户的兴趣需求的发现和预测，从而为用户提供个性化的信息服务。建模的关键资源具体包括显式反馈和隐式反馈两类行为数据。前者是指用户明确地说明其对物品是否感兴趣或者感兴趣的程度，比如"喜欢/不喜欢"、评分、星级、购买行为等。与显式反馈相对的是隐式反馈，它不直接反映用户的倾向，这些数据往往来自系统自动捕获的用户自然产生的行为数据，如用户的浏览、点击、关闭或者停留等各种行为。用户兴趣模型的表达主要包括基于关键词的表示方法、基于概念和概念层次的表示方法以及基于语义的表示方法。

推荐算法模块在个性化推荐系统中的地位非常重要，决定了整个推荐系统的总体性能的优劣性。该模块以推荐算法为技术支撑，主要作用是根据用户兴趣建模阶段产生的信息，采用某种推荐算法或者某些组合推荐算法对用户兴趣进行预测分析。在实际的商业应用中，由于没有一种单独的推荐方法可以提供最好的服务给所有用户，各大网站通常都会考虑几种不同的推荐技术，以及这些推荐方法对不同场景的适用性，从最简单的基于产品流行度的推荐到一些更加复杂的推荐技术，从而使得推荐的结果更优。本书将在第三章对典型的现有推荐技术及算法进行具体的介绍。

推荐系统是一个完整的系统，绝不仅仅局限于推荐算法和架构。推荐对象建模模块也是这个系统中的有机组成部分；推荐结果在什么位置、以何种形式展示给用户也是推荐系统需要考虑的重要问题。推荐对象模型以建议、评分以及评论等形式进行展现。另外，在展现的具体方式中，提供推荐理由也是一个重要的组成部分。向用户提供推荐的理由，往往会增加用户的信任感，使用户更加容易采纳系统为他提供的推荐结果。如果仅是简单直白地告知某用户 A 一个他可能感兴趣的物品 P，用户不一定会采取任何行为，但是如果给出具体的推荐理由是"你的好友 B 也购买了该物品 P"，则用户 A 可能会有进一步点击或者其他访问的行为。

（3）推荐系统常用方法

推荐系统的核心功能就是选择和目标用户有相似兴趣的其他用户喜欢的产品，这种基本计算思路能被各种方法实现。国内外学者在推荐方法的研究上产生了很多成果，将其进行总结归纳可分为 4 种：基于协同过滤的推荐、基于内容的推荐、基于混合的推荐和基于知识的推荐。

第一，基于协同过滤的推荐是使用频率最高的方法，采用客户之间的评分形成客户—项目评价矩阵，核心是找出与目标客户有共同或者相似偏好的近邻客户，相似性通常是通过计算客户之间对不同商品的评价得出，然后在预判目标客户对未知项目的评分时采用近邻集中的邻居对该商品的已有评价来计算评分值，计算方法有统计方法与数据挖掘等，最后对结果进行从高到低的排序，将排序集中排名靠前的 N 项商品推荐给目标客户，这一过程我们称之为 Top-N 推荐。

第二，基于内容的推荐主要对客户要购买的商品或者服务进行研究，给目标客户推荐和已知项目相似的其他项目，核心是项目与项目之间相关性的计算方法。目前内容特征的大都用项目属性的文字进行描述，比如使用词频—倒排文档频率来计算文本型项目特征。基于内容推荐的其他研究还包括自适应过滤和阈值设定等。

第三，基于混合的推荐方法综合了内容推荐和协同过滤推荐的优点，因此，在一定程度上具有更高的推荐质量，目前在电子商务领域的应用很广，但它需要解决实时计算的复杂性等问题。如 Billsus（2000）提出的 Daily Learning System 通过计算推荐结果的可信度，然后选择一个列表的结果；Melville（2002）使用独立的基于内容的特征来补偿用户提供的简单的排序。有研究者考虑将基于用户的与基于项目的协同过滤方法进行融合，用来解决个性化推荐过程中的用户多兴趣问题，取得了良好的效果，但并未深入分析近邻用户与未知项目之间的相关性，导致推荐的精确度随着数据稀疏性增强后其结果存在不确定性。此外，该方法没有分析多兴趣的变化问题，也就很难在实际中展开具体的应用。

第四，基于知识的推荐重点引入推理技术，与前面 3 类不一样，客户兴趣并不是核心且可以不用首先构建，而是采用关联规则等数据挖掘技术生成规则进行直接推荐的。但是一般只能应用在某一个特定行业，如在饭店食品推荐中，Bruke（2000）提出了对饭店的菜式进行知识的挖掘，形成一定的规则后推荐给消费者。知识里面包含了解释客户某一特定需求的内容，也定义了相关之间的关系，所以在某种程度上推荐将更高效，但是泛化能力弱。效用知识在推荐系统中必须以机器可读的方式存在本体知识库中，如 Middleton（2004）提出的 Quickstep & Foxtrot 系统，针对的是科研论文推荐问题，利用本体技术构建该主题的知识库，然后向研究者做出精准推荐。

2. 移动精准推荐系统的定义与特征

近年来,随着移动互联网的快速发展,移动精准推荐研究逐渐成为移动商务应用领域中国内外学者最为关注的课题之一。 移动精准推荐系统是传统互联网推荐系统为了适应移动商务发展而产生的,其基本思想与传统的推荐系统一脉相承,但因为用户处于移动网络环境和移动的情境中,其推荐方法和技术不能直接应用到移动推荐环境中。 用户的移动性是指用户可以在任何时间、任何地点使用移动设备访问移动应用系统。 如用户需要获得一个合适的旅游景点推荐信息,旅游地点和当前用户位置、天气差异、沿途的交通状态等因素都会影响用户对信息内容、呈现形式等的需求。 设备的移动性是指设备便于携带,可以随着用户的移动而移动,而其中的推荐系统也在进行实时工作,可以及时捕获用户移动设备的状态信息以及相关环境数据,准确地给出适合屏幕和环境的推荐结果。 同时,由于移动设备主要为手机或平板电脑,这两类设备与个人计算机相比,在显示器、CPU 和内存等方面都存在明显差异,这些因素使其对推荐的实时性和精确度要求更高。 此外,在移动计算背景下,用户接入的 4G、WiFi 等无线网络具备泛在性的特点。 和传统的互联网相比较,移动计算的信息推荐能力会更强,服务的共享模式会更灵活;通过移动设备互联组成点对点网络,RS 可以为附近的设备提供推荐。

与传统推荐系统相比,移动精准推荐系统中的用户与项目有其自身特征。 移动推荐系统的用户具有两大特征:(1)个人属性,即设备私有化和位置具体化。 其中,移动设备属于私人用品,使个人信息更固定、更准确;位置具体化是指大部分移动设备拥有 GPS 定位功能,能够提供精准的位置信息,保证基于位置推荐的准确性。 (2)社交属性。 例如,通过用户授权获取手机通讯录信息从而得知用户的私人社交圈,并实现基于"朋友"的推荐,使可信度更高。 另外,移动推荐系统因为设备私有化的优势,能更方便地通过第三方社交账号(如微信、抖音、微博等)登录,获取用户第三方社交信息,实现精准化推荐。 移动推荐与传统互联网推荐的主要差异,如表 2-2所示。

表 2-2　移动精准推荐与传统互联网推荐的差异性对比

	传统互联网推荐	移动精准推荐
设备移动性	不需要	手机、平板电脑等可以随用户移动
推荐服务的获得	需要接入到有线网络	接入到移动通信网络， 便可以随时随地获取推荐服务
源数据的获取	传统互联网的用户访问记录	用户的通信行为信息、移动互联网的 用户访问记录以及上下文信息等
普适性	较少	动态感知用户的上下文信息
推荐实时性	要求较低	要求较高
推荐结果展示	列表方式、基于评价的方式	基于地图的方式、列表方式、 基于评价的方式

三、移动商务精准推荐服务中的隐私问题

移动互联网的个性化服务中常会涉及个人的隐私信息，如支付信息、运动状态、地理位置等，获取用户的个人信息对于移动服务提供商的生存和发展至关重要。企业根据这些信息为用户提供更有效的个性化服务，从而提高消费者的满意度与忠诚度，获取更大的利润。而用户在享受服务便利的同时，也泄露了其隐私，引发了用户隐私担忧和保护顾虑，即隐私关注，甚至导致部分用户对移动商务精准推荐服务持否定态度，进而放弃使用该服务。一方面，服务商需要根据用户的身份、偏好、位置等时空信息来提供个性化服务，从而更好地满足用户需求；但另一方面，如果用户具有较高的隐私关注，担心自己隐私信息会被不当使用，这将导致服务商无法向用户提供良好的个性化服务，使服务质量降低。

移动商务环境下的隐私保护具有以下特性。首先，移动环境下用户隐私具有社会性、个体性的特点，即用户隐私受到社会因素和个体因素的共同影响，如美国和欧洲隐私的界定标准远高于日本，并且在同样社会形态和政治需求下，不同人对隐私的主观需求、对隐私风险的感知程度也是不一样的。其次，移动用户的隐私具有动态性。移动设备不但能获取用户静态的个人信息，如姓名、手机号、交易历史等，还能随时随地获取用户动态变化的上下文

信息，如地理位置、运动状态（静止、跑步）等。移动用户的隐私担忧程度随着上下文的改变而改变，用户披露隐私信息的决策过程和上下文有密切的联系。最后，移动用户隐私具有很强的整体性、综合性，受到自然要素、社会要素和经济要素等的共同作用；并且，隐私具有很强的可挖掘性，用户隐私常常会因位置隐私等的暴露而被挖掘出其他更重要的信息，如通过安装微信、滴滴打车等 APP 时读取的手机位置信息，可以挖掘出与用户关联的支付方式、职业、住所、消费习惯等，就可以用来追踪和分析用户的行为。如何在移动商务精准推荐服务的使用和隐私保护之间实现平衡，如何促进用户的使用行为，等等，这些都成了当前研究的热点问题。

第二节　隐私及隐私关注概述

一、隐私和信息隐私的定义

在现代汉语中，"隐私"的意思是"隐蔽、不公开的私事"。在英语中，隐私"Privacy"，可翻译为"隐私，秘密"。英文和汉语的意思基本一致，但也存在中西方的文化差异，汉语中的"隐私"侧重其个人主观方面的感受，而英语中则更加体现了其客观性。隐私（Privacy）权，即控制、收集和使用个人信息的权利。自从 Warren 和 Brandeis 在 1890 年首次提出"隐私权"后，许多学者从法学、社会学、哲学、管理学等不同视角对其进行了研究，如 Westin et al.（1967）从法学角度阐述，隐私是生活在群体中个人独处的权利；Lanier et al.（2008）则从管理学角度提出，消费者隐私是指消费者有权利控制个人信息传播给他人的时间、方式和程度。在社会学领域，隐私被 Altman et al.（1977）定义为个体或者群体自我选择的控制机理。心理学的研究表明，隐私是因为个体的羞耻感，使得个体希望影响其他个体对自身的看法，从而建立良好社会印象的一种意向。在探讨互联网环境中的隐私问题时，一些学者尝试从信息控制视角来定义消费者的隐私，如 Jones 与他的合作者 Goodwin（1991）将消费者的隐私解释为消费者对他人信息出现和信息被传播给其他人的控制能力。 Belanger et al. （2008）在 Clarke et al. （2008）的基础上提出了"信息隐私（Information Privacy）"的概念。 他们认为信息隐私包括"人际交流隐私"和"数据隐私"2 个维度，从而明确了信息隐私研究的范畴。 从以上各个学者的研究来看，隐私的含义在不同的研究领域有其自身特点，同时随着社会环境的变迁，隐私的内涵会发生动态改变，并发展出新的外延。

二、隐私数据的分类

关于隐私数据的分类，Banisar et al. （1999）把个人隐私分为信息隐私、通信隐私、空间隐私以及身体隐私 4 个方面： （1）信息隐私，指的是与个体密切相关的数据信息方面的管理，往往包括身份证号、财产和收入情况、目前的婚姻状况、消费偏好以及网络访问情况（如登录地址、浏览行为、访问内容）； （2）通信隐私，指的是个体利用手机、微信、邮件等多种通信方式与他人进行沟通，传递信息； （3）空间隐私，指的是个体进出私人空间（如家庭）或非私人空间（如工作单位及其他公共场合）； （4）身体隐私，指的是为了保障个体身体完整性，预防药物测试等侵入性操作。 此外，Bansal（2016）从隐私所有者的视角出发，将隐私分为个人隐私和公共隐私 2 类。 前者往往是指个体的专属信息，如个体的身份证号等，这些信息一般是不希望暴露给他人的；后者往往是指群体隐私信息，如某公司的薪酬水平、家庭总收入情况等。 而中国人特别关注群体隐私。 在中国传统文化中，社会生活是以家庭为单位而展开的。 国外的学者 Nah et al. （2004）则从个体角度把消费者的隐私分为 4 类，分别是个体隐私、信息隐私、交流隐私以及位置隐私。 姜国庆（2016）将移动社交网络的隐私信息分为 4 类：①基本用户信息，如，用户在注册移动社交网络 APP 时提交的姓名、年龄、职业、电话号码、家庭住址等个人信息；②位置信息，主要是指用户实时及历史的位置经纬度数据以及根据位置数据被推理出的其他个人隐私信息；③轨迹信息，与位置信息有着密切的联系，是一种特殊的位置信息，从狭义上讲，由多个位置信息串联而成、反映用户特定行为规律的位置信息序列被称为轨迹信息，从广义上讲，任何用户的访问、浏览等行为，或由某些行为被推理出的个人信息，如生活习惯、个人兴趣也可称为轨迹信息；④社交关系信息，通常是指基于社交环境产生的用户与用户之间关系链的隐私信息，如由于用户的信息共享、互动交流而产生相关文字信息、图片信息、音频及视频等信息。

本研究将隐私信息归纳分为静态隐私、动态隐私以及挖掘隐私 3 类，如表 2-3 所示。

表 2-3　隐私信息分类表

隐私信息类型		隐私信息子类型及实例
静态隐私	物理身份信息	(1)生物特征信息：指纹、瞳孔、身高、DNA 等； (2)财务信息：银行账号秘码、工资账号等； (3)社会信息：政治党派、工作职位、身份证号、驾驶执照等； (4)家属信息：子女、配偶、父母等； (5)地址信息：家庭住址、单位地址等
	网络身份信息	主要为互联网上的数字信息，包括电子邮件地址、微博账号、微信账号、QQ 账号以及密码
动态隐私	历史状况信息	(1)低识别率信息：用过的 LBS 服务、使用偏好等； (2)高识别率信息：用户在某一时间所处位置信息
	实时数据信息	用户当前实时信息，如当前用户所处位置
挖掘隐私	分析挖掘信息	通过对历史信息的分析挖掘得出隐私信息，如趋势、变化、爱好以及社会关系等的预测
	关联组信息	通过关联组合得到某些隐私信息，如通过疾病状况个病变症状信息，组合关联得到用户的疾病状态

三、隐私关注及影响因素

1.隐私关注的概念和测度

对于隐私关注概念的理解国内外学者也是众说纷纭，由于研究视角不同，关注的内涵和外延也不尽相同，但普遍认为隐私关注是消费者对控制、收集和使用其个人信息的关注。Park et al.（2007）认为，隐私关注是个体对私人信息的一种焦虑的感受；Campbell（1997）从感受到的公平程度的角度指出，隐私关注是个人相对应的隐私情境主观感受，它受个人经验和生活环境的影响，同时也受行业、文化、法律和法规等外界环境的影响；Castaneda et al.（2007）提出，消费者对在交易过程中形成的信息或与交易相关的信息被他人获取和后续使用等问题的关注；Dinev et al.（2005）提出，隐私关注是消费者在互联网上提供个人信息的意愿程度。

隐私关注是一个较为抽象的概念，导致隐私关注的测量量表也经历了从单一维度到多维度发展的历程，既有基于心理学、战略理论的传统隐私关注量表，如CFIP、网络用户隐私信息担忧（Internet Users Information Privacy Concerns，IUIPC）、三维度量表等，也有基于社会契约理论、交易情境等的互联网隐私关注量表，如Rifon（2005）提出的测量隐私关注和后续行为的多维量表，Sheehan和Hoy（2000）提出的互联网环境下隐私关注的第一份五维量表，等等，如表2-4所示。

表 2-4 隐私关注测量量表

应用领域	量表和维度	理论与共享
传统市场	Stone量表，三维（收集存储、使用和发布）	基于应用心理学，最早提出用于测量企业雇员隐私关注程度的量表
	CFIP二阶量表，四维（收集、错误防范、二次使用、非适当访问）	基于战略理论，获得普遍认可，并成为互联网环境下隐私量表研究的基石，同时也被广泛用于互联网环境
互联网环境	Dinew和Hart量表，单维	提出特别适用于网络交易情境的隐私关注
	Rifon量表，单维	用于考察隐私关注与用户行为之间的关系
	Sheehan和Hoy量表，五维（认知、使用、敏感、熟悉、补偿）	最早用于测量互联网环境下的多维度量表，并为探讨隐私关注前因变量提供依据
	IUIPC量表，三维（收集、控制、认知）	基于社会契约理论，专门用于测量互联网环境中的隐私关注，并通过验证
移动电子商务	基于传统量表，包括从单维到多维；如四维（信息收集、不适当访问、信息错误、二次使用）	LBS服务中隐私关注与用户感知风险与信任等关系，并通过验证

2. 隐私关注的影响因素及其产生的影响

Dyke et al.（2007）指出，用户的隐私担忧与其对隐私信息感知的控制力相关，用户感知的隐私授权水平越高，其隐私担忧越少。 Taddei et al.（2013）对信任、隐私担忧、感知的信息控制和信息披露行为这四者之间的关系进行实证研究，发现信任对隐私担忧有显著影响；以信任为调节变量，感知的信息控制对隐私担忧和信息披露行为有显著影响；以隐私担忧为调节变量，信任对信息披露行为有显著影响。 Olivero et al.（2004）发现，当意识到隐私威胁增加时，用户倾向于降低信任度，并对个人隐私信息要求有更多的控制力。Midha et al.（2012）指出，消费者授权是与个人对身份识别信息的分发和使用所感知的控制程度相关的心理概念，研究结果发现，消费者授权对信任有正向影响，并且相比女性，这种影响对男性更大；隐私担忧对信任有负向影响，并且相比男性，这种影响对女性更大。 隐私关注还会受到其他各种因素的影响。 Cespedes et al.（1993）指出，当用户意识到企业不经过他们的允许而收集、使用他们所披露的个人信息时，将引发用户的隐私担忧。Schoenbachler et al.（2002）指出，用户对公司的信任度越高，他们的隐私担忧会越少，也就更愿意提供个人信息。 Taylor et al.（2009）通过实证分析发现，信任会减少隐私担忧，隐私担忧对用户行为有负向影响，以补偿作为调节变量，现金或非现金补偿能减少信任对隐私担忧的影响。 Mohamed et al.（2012）通过实证调查分析指出，社交网站用户对安全威胁感知到的消极后果，会显著影响他们对信息隐私的担忧。 Shukla（2014）通过实证调查分析发现，网站出错率越高，用户感知的风险越高，隐私担忧越多，那么用户对交易过程的满意度也就越低，最终降低用户的购买意愿。 Li（2014）发现，具体网站的隐私担忧负向影响用户的行为意愿，网站声誉和网站熟悉度负向影响用户对该网站的隐私担忧，而隐私倾向正向影响用户对具体网站的隐私担忧。 此外，隐私经历、个性差异（如内向、外向、自主、依赖性等）、社会意识、文化差异和人口差异（如性别、年龄、收入、教育程度等）等也会影响用户的隐私担忧。

在这些因素中，针对移动环境，Zhang et al.（2013）研究了人口差异和隐私担忧之间的关系，发现用户的年龄以及受教育程度显著地影响其隐私担忧，进而影响用户参与移动商务的行为。 Raschke et al.（2014）发现，在位置服务中，隐私保护信念显著地负向影响用户对信息的收集、非授权使用以及不适当访问的担忧，隐私风险意识显著地正向影响月户对信息收集与错误的担忧。隐私担忧会对用户的行为产生影响。Eastlick et al.（2006）发现，隐私担忧对网上购物意愿有显著的影响。Akhter（2012）通过实证调查分析发现，对个人隐私信息担忧的用户较少在网上进行购物。Son et al.（2008）的研究表明，信息隐私担忧影响用户的隐私保护响应，涉及如下3个维度：信息提供，包括拒绝、提供错误信息；私人行为，包括移除个人信息、负面的口碑；公共行为，包括向网上公司抱怨、向第三方抱怨。Angst et al.（2009）的研究结果表明，信息隐私担忧与电子健康档案的使用态度直接影响用户的选择行为意向。Li et al.（2011）通过实证调查分析发现，隐私担忧会显著增加隐私风险信念，降低消费者网上披露信息的意愿。Hong et al.（2013）证明了隐私担忧对信任信念有消极的影响，而对风险信念有积极的影响。隐私担忧程度较高的用户在处理个人信息时，不愿相信网站，更倾向于发现向网站提供个人信息的风险。Sharma et al.（2014）研究了社会化商务中用户披露信息意愿的影响因素，发现感知的隐私风险对用户披露信息的意愿有显著的负向影响。Sheng et al.（2008）发现，隐私担忧影响用户采纳移动服务的意愿。Zhou et al.（2014）发现，隐私担忧对隐私风险有显著的正向影响，并且两者对用户持续使用移动社交网络服务均有显著的负向影响。

四、隐私关注研究理论

本书在研究隐私关注对移动商务精准推荐服务采纳影响中涉及信息技术采纳理论、结构性隐私关注模型和"大五人格"理论。

1. 信息技术采纳理论

信息技术采纳模型被研究者用来研究用户对信息系统的采纳行为，而其中理性行为理论、技术接受理论又是国内外学者研究较多的理论之一。

（1）理性行为理论

理性行为理论来源于社会心理学，又称为"理性行动理论"，于1975年首次被美国学者菲什拜因和阿耶兹提出。其主要用来解释动机和信息对行为的影响，认为个体倾向于按照能够使自己获得有利的结果且符合他人期望的方式来行动。该模型的核心思想是：消费者的一些公开行为表现取决于个体的行为意向（Behavioral Intention，BI），而个体的行为意向取决于个体对行为的态度（Attitude）和个体的主观规范（Subjective Norm，SN）。这也说明消费者期待个体行为能获得良好的结果，而这个行为恰恰是符合其他人的期待的，会引起他人共鸣（见图2-2）。

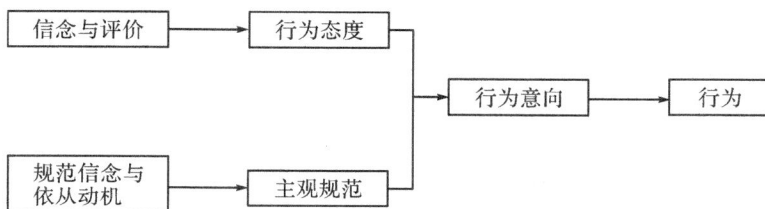

图2-2　理性行为模型

理性行为理论由于其解释能力较为突出，因此，在很多领域被广泛应用。Ko和Kim（2009）采用理性行为理论，聚焦于韩国消费者的时尚用品购买行为研究，发现有用性、娱乐性以及易用性与感知价值是正相关关系，与即时连接是负相关关系。Jiang et al.（2009）研究在中国文化环境下，消费者的隐私关注影响因素以及其与消费者行为意愿的关系，并以理性行为理论基础，提出了一种消费者的在线隐私关注和行为意向影响因素的概念模型。但是，在实际环境中，理性行为理论的理性人假设往往是很难成立的。在决策制定的过程中，面对复杂的环境因素影响，个人很难掌握充分的信息，因此也就很难做出理性的决策行为。

（2）技术接受模型

由于理性行为理论的局限性，Davis（1985）在理性行为理论模型的基础上提出了技术接受模型（Technology Acceptance Model，TAM）。该模型扩展了态度—行为意向的关系，用来专门研究个体对新的信息技术和信息系统的接受行为。该理论包括6个变量：行为、行为意向、行为态度、感知有用性、感知易用性以及外部变量。感知有用性是指个体感知到某信息系统对他是有用处的，能够实现某种目标；感知易用性是指个体主观感受到该信息系统的使用的难易程度。该模型认为，个体对信息系统的使用行为取决于个体对信息系统使用的行为意向，而个体的行为意向受到个体对信息系统感知有用性和使用态度的影响，而使用态度则取决于个体对信息系统的感知有用性和感知易用性这两个要素。系统的感知有用性不仅受到系统感知易用的影响，其他外部变量如个体的性别、年龄等变量也会作用于个体的感知有用性（见图2-3）。

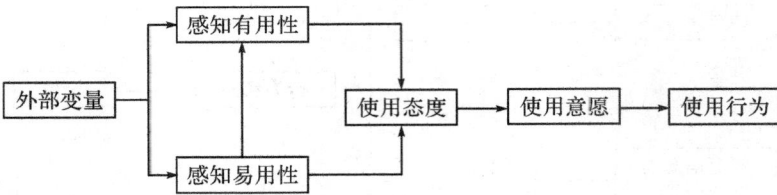

图 2-3　技术接受模型

目前，TAM 模型已经成为信息技术或者系统采纳研究中影响力最大的模型之一，被国内外的学者广泛研究。Goh et al.（2011）以移动图书馆为研究对象，构建了以 TAM 为基础的基于短信模式的用户采纳模型，其实证研究围绕学生展开，发现了不同性别在查询信息服务时存在一定的差异。Sentosa et al.（2012）融合计划行为理论（Theory of Planned Behavior，TPB）理论、TAM 模型和信任因素，并结合个体的心理因素，提出一种新的电子商务推荐系统用户采纳模型。他们对研究成果进行归纳总结，发现影响用户对推荐系统采纳意向的关键要素是感知有用性和用户的信任感。同时，来自社区的影响和用户的使用态度也在模型中担任重要角色。裴延萌等（2014）将隐私担忧与服务体验两个要素引入 TAM 模型，来研究用户对位置服务的采纳行为。结果表明，虽然个体的隐私顾虑对其使用位置服务的态度具有负向影响，但是并不显著影响其采纳位置服务的意向。邓孛（2015）以网络百科为研究对象，在原 TAM 模型的基础上进行扩展，引入信息质量、界面质量、经济价值以及社会影响等因素。其研究表明，信息质量与感知有用性呈正相关关系，界面质量与感知易用性呈正相关关系，社会影响正向影响行为意向，从而影响个体的采纳行为。

2. 结构性隐私关注模型

Smith 在 1996 年提出著名的结构性隐私关注模型，即 CFIP 模型。该模型包括信息收集、信息错误、二次使用和非法访问等 4 个维度 15 个因素。信息收集是指个体在已知或未知的状况下被企业获取信息；信息错误是指个体的信息被错误地获取或修改，导致收集的数据不完整或者有误；二次使用是指企业在未得到个体授权的情况下，将个体的信息提供给其他方进行使用的行为，从而导致个体的隐私信息发生泄露；非法访问是指未经允许访问个体隐私信息的相关行为，如黑客等非法组织入侵企业数据库。

CFIP 模型改变了传统单一维度的测量方法，奠定了隐私关注量表研究的基石，在互联网环境的隐私关注研究中被广泛使用。周涛等（2010）采用 CFIP 量表研究隐私关注对用户接受基于位置的服务的影响。研究结果表明，收集和二次使用是影响感知风险的主要因素，而信息错误是影响信任的主要因素，信任会影响感知风险，两者共同决定了用户的使用意愿。Hoadley et al.（2010）针对在线社交网络的隐私关注问题，也采用 CFIP 量表对 Facebook 的用户进行研究。其结果表明，一个简单的信息访问通过引入信息流功能会引起"不切实际"的失控，从而触发用户的隐私担忧。另外，Zorotheos et al.（2009）在研究网络消费者的购买意愿时，也采用 CFIP 量表进行测量。

3. 隐私关注和"大五人格"理论

人格（Personality）又称个性，是指个体所拥有的独有的遗传素质与后天环境相互作用而形成的，能够代表个体灵魂本质及个性特点的心理行为模式。个体的人格特征在一定时期内处于一种较为稳定的状态，影响并决定着个体的隐私关注认知模式。"大五人格"理论是建立在统计学的基础上，按照词汇学的方法，对大量描述特质的术语进行识别，然后再通过聚类统计等方法形成若干子集合，不断地进行改进淘汰后，最终形成了外向性、随和性、尽责性、情绪稳定性和开放性等 5 个因素，构建成了经典的五因素模型（见表 2-5）。

"大五人格"模型被很多研究者用来研究个体的内在人格与隐私关注态

度、行为意向等之间的关系。国外学者 Junglas et al.（2005）将"大五人格"框架中的 5 个因素作为隐私关注的前因变量，探索在位置服务环境中，个体性格特征是否影响用户的隐私关注水平。其研究发现，个体的隐私偏好与"大五人格"因素有很大的关系。Vinitzky et al.（2010）探讨了个体人格与 Facebook 使用行为之间的关系。其研究结果发现，个体人格和 Facebook 使用行为是强相关关系；外向性得分较高的个体，隐私倾向使用更多的功能；随和性得分高的个体，拥有的好友数比得分低的更多。Nunes（2008）将"大五人格"模型融入到隐私保护下的个性化推荐模型中，采用人格特征相似性，来改进具有相似隐私关注偏好的用户集。

表 2-5　五因素以及子维度

因素	含　义	子维度
外向性	衡量内外向性格的指标,包括广泛社交、健谈、果断、雄心勃勃、充满热情的性格特征	热情、乐群性、独断性、忙碌、寻求刺激、积极情绪
随和性	衡量人际交往的指标,包括和善友好、协作性、值得依赖的性格特征	信赖、直率、利他、顺从、谦逊、慈善
尽责性	衡量责任感的指标,代表对工作的敬业和认真的程度	胜任力、条理性、尽责、追求成就、自律、深思熟虑
情绪稳定性	衡量情绪化程度的指标,包括冷静、性格温和、低焦虑、遇事沉着的性格特征	焦虑、生气、敌意、沮丧、自我意识、冲动性、脆弱性
开放性	经验开放性是衡量智慧水平的指标,包括经验的丰富性、高智商、富于想象力以及求知欲的特点	想象力、审美、感受丰富、尝新、思辨、价值观

第三节　本章小结

本章首先对精准营销及个性化推荐理论、移动商务精准推荐系统的研究进展以及信息推荐中隐私问题进行分析及总结，阐述移动用户购买行为与在线决策的机理。然后，对隐私和信息隐私的定义、隐私关注测度及其影响因素等进行研究，重点对本书研究移动商务精准推荐服务中用户隐私关注影响因素中涉及的相关理论进行剖析。 通过上述研究可以得出，移动商务环境下考虑个人用户隐私关注的个性化推荐服务研究仍处在起步阶段，迫切需要新视角、新理论和新方法的提出。

第三章　复杂场景下的典型移动精准推荐方法

目前，实现移动商务精准推荐服务的典型方法主要包括协同过滤推荐、混合推荐等。随着5G、电商直播带货等新技术、新业态、新场景的发展，涌现出了基于复杂情境推荐、社交网络推荐等方法。因此，本章在介绍复杂场景下协同过滤推荐方法之后，重点提出基于情境贡献度和项目关联度的协同过滤推荐方法及融入用户兴趣漂移特征的情境化协同过滤推荐方法，在一定程度上解决传统个性化推荐方法存在的数据稀疏性、冷启动、可扩展性，以及无法适应复杂场景变化引发的用户兴趣漂移等问题。同时，为后续章节研究用户隐私关注下的移动精准推荐提供方法、原理支撑。

第一节　协同过滤推荐方法概述

"协同过滤"（Collaborative Filtering，CF）一词的提出要追溯到 Goldberg et al.（1992）提出的第一个协同过滤推荐 Tapestry 系统。协同过滤推荐方法因其有效性而在推荐系统中被广泛地应用。协同过滤推荐的基本假设是用户的评分模式具有相似性。该方法借鉴了用户在生活中选择感兴趣的视频、商品、音乐等产品时，如果很多朋友都喜欢此类型的视频，则此用户喜欢这一类型视频是大概率事件。协同过滤算法的主要出发点是"协同"，即根据已有的用户—物品交互历史，利用众人或众物品的集合智慧进行推荐。随后，

Resnick et al.（1967）提出了 GroupLens 系统，这是第一个自动化的过滤系统，用来推荐用户喜欢的网络新闻。 后来，国外许多学者都对它展开了深入研究，并在 Resnick 的基础上对 GroupLens 系统进行多方面的改进，从而使它成为一个开放式架构的分布式系统。 目前，很多实际的应用系统如亚马逊、Ringo、Digg 等都采用了协同过滤算法进行推荐。 协同过滤方法主要包括两大算法，分别是基于内存的协同过滤方法和基于模型的协同过滤方法。

一、基于内存的协同过滤方法

基于内存的协同过滤方法的思想是假设个体与个体、物品与物品间具有某种程度的相似性，即行为相似的用户或物品具有相似的偏好或特征。 该方法首先计算用户（或项目）之间的相似度，然后聚合最相似的若干用户（或项目）的评分进行预测。 该类方法包括基于用户的协同过滤和基于项目的协同过滤，在有些文献中也被称为基于用户的最近邻居模型和基于物品的最近邻居模型。 此类方法需要将数据库调入到机器的内存再进行运算，因此，需要耗费一定的计算资源和时间才能产生推荐结果。

1. 基于用户的协同过滤方法

基于用户的协同过滤方法假设用户在某些项目的行为表现比较相似，那么他们在其他项目的行为表现也相似。 根据假设，基于用户的协同过滤方法先计算用户相似性，即寻找最近邻居；然后计算目标用户的若干最近邻居用户对物品的评分的加权平均值，以此作为目标用户对物品的评分，产生若干推荐列表。 在寻找最近邻居过程中，一般采用统计计算方式搜索目标用户的相似用户，相似度越高，用户就越相近。 常用的相似度计算方法包括余弦相似性、修正的余弦相似性和相关相似性。

余弦相似性：将用户对项目的评分看作 $N \times 1$ 向量形式，那么两个用户之间的相似性可以利用项目的评分向量间的夹角余弦来进行计算，两者之间夹角越小，意味着两用户之间相似性越高；反之，相似性越低。 余弦向量相似性计算公式如式（3-1）所示。

$$\text{Sim}_{ij}^{\cos} = \frac{r_i r_j}{|r_i||r_j|} \tag{3-1}$$

式中，r_i 和 r_j 是 N 维用户空间的评分向量。

修正的余弦相似性：余弦相似性在应用中没有考虑到用户评分的标准化问题，如某系统要求用户对每一首音乐用 1 到 5 星的投票来分别表示"难听"（★）、"还行"（★★）、"喜欢"（★★★）、"爱听"（★★★★）、"超好听"（★★★★★），对于某些用户来说，两星以上就是自己偏好，而对于另外一些用户来说，他们喜欢三星及以上。 为了消除这种影响，可以通过减去用户对项目的平均评分来修正用户的评分。 用户 i 和用户 j 的相似性计算公式如式（3-2）所示。

$$\text{Sim}_{ij}^{\cos} = \frac{\sum_{p \in I_{ij}} (R_{i,p} - \overline{R_i})(R_{j,p} - \overline{R_j})}{\sqrt{\sum_{p \in I_i} (R_{i,p} - \overline{R_i})^2} \sqrt{\sum_{p \in I_j} (R_{j,p} - \overline{R_j})^2}} \tag{3-2}$$

式中，$I_{i,j}$ 表示两用户 i 和 j 都评分过的项集合，$R_{i,p}$ 和 $R_{j,p}$ 分别表示用户 i 和用户 j 对项目 p 的评分，$\overline{R_i}$ 和 $\overline{R_j}$ 分别表示用户 i 和用户 j 对所有项评分的平均分。

相关相似性：采用皮尔逊系数相关系数来进行度量，如式（3-3）所示。

$$\text{Sim}(i,j) = \frac{\sum_{t \in I_{i,j}} (R_{i,t} - \overline{R_i})(R_{j,t} - \overline{R_j})}{\sqrt{\sum_{t \in I_{i,j}} (R_{i,t} - \overline{R_i})^2} \sqrt{\sum_{t \in I_{i,j}} (R_{j,t} - \overline{R_j})^2}} \tag{3-3}$$

式中，$I_{i,j}$ 是分别被用户 i 和 j 评论过的项目集合，$R_{i,t}$ 和 $R_{j,t}$ 分别表示用户 i 和用户 j 对项目 t 的评分，$\overline{R_i}$ 和 $\overline{R_j}$ 分别是用户 i 和用户 j 对所有项的评分的平均分。

在实际应用中，由于数据稀疏性等问题，传统相似度计算所需要的属性不一定能够获得，有学者提出一种新的相似度计算方法——结构相似性，此方法基于网络结构相似性，是一种简单且高效的方法。 为了计算用户或者商品之间的结构相似性，通常将含有系统完全信息的"用户—商品"两部分图转化为"用户—用户"或者"商品—商品"的网络。 在最简单的情况下，两个用户如果选择过最少一个相同商品就认为他们是相似的。 Lü（2012）将此类相似性方法粗略地归类为节点相关的和边相关的、局部的和全局的、无参数的和含参数的相似性等等。

图 3-1 给出了将基于用户的协同过滤方法应用于图书推荐的例子。给定一个待推荐用户 U_1，根据该用户的历史购买行为记录，计算得到一个邻居用户 U_3，然后将用户 U_3 喜欢的图书 P_4 推荐给用户 U_1。

用户/图书	P_1《昆虫记》	P_2《黄金时代》	P_3《白夜行》	P_4《麦田里的守望者》
用户 U_1	✓		✓	推荐
用户 U_2		✓		
用户 U_3	✓		✓	✓

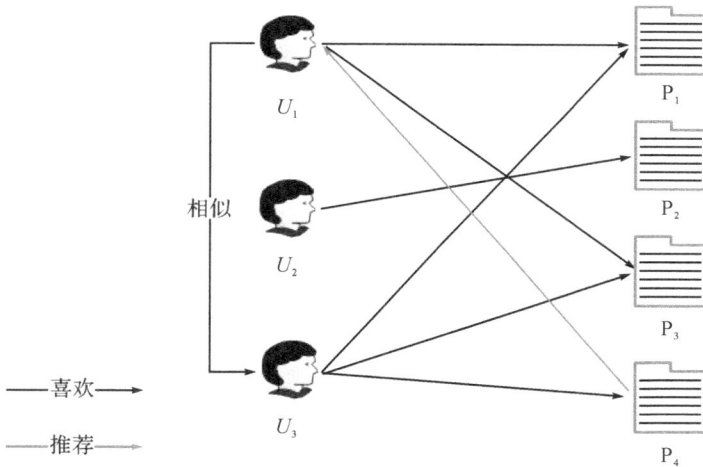

图 3-1　基于用户的协同过滤原理图

2. 基于项目的协同过滤方法

基于项目的协同过滤方法是 Sarvmr et al. 在 2001 年提出来的又一经典协同过滤算法。其基本原理与基于用户的协同过滤类似，主要区别在于计算最近邻时不是基于用户的角度，而是从项目的角度出发。该方法假设如果某些用户对项目的行为表现得比较相似，那么其他用户对这些项目的行为也表现得相似。根据假设，首先计算项目之间的评分相似度，其次挑选与目标项目最相似的其他项目（也就是若干最近邻居），最后把待推荐用户的若干最近邻居对目标项目的评分的加权平均值作为待推荐用户对目标物品的预测评分。项目的相似性计算是基于项目的协同过滤方法的核心步骤，其计算过程与基于用户的协同过滤类似，也可以采用夹角余弦相似性、改进的夹角余弦相似性以及相关相似性等方法。

图 3-2 是基于项目的协同过滤方法用于图书推荐的例子。对于《昆虫记》，根据用户 U_1、U_2、U_3 的历史购买记录，喜欢《昆虫记》的用户都喜欢《老人与海》，则可以认为《昆虫记》和《老人与海》是比较类似的，而用户 U_3 喜欢《昆虫记》，则可以推断出用户 U_3 也有喜欢《老人与海》的可能。

用户/图书	P_1《昆虫记》	P_2《黄金时代》	P_3《老人与海》
用户 U_1	√		√
用户 U_2	√	√	√
用户 U_3	√		推荐

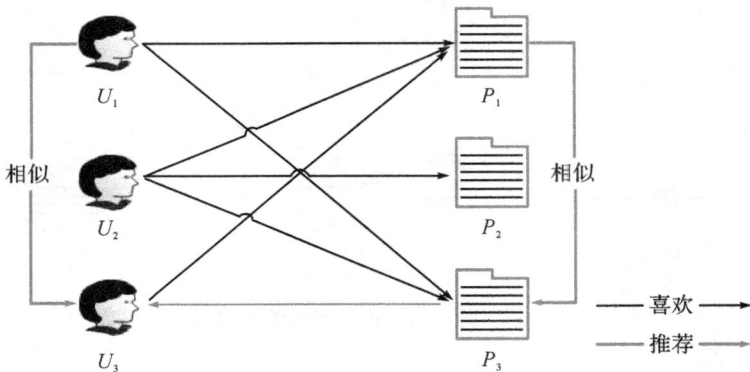

图 3-2　基于项目的协同过滤原理图

与基于内容的推荐算法相比，基于项目的协同过滤方法有下列优点：

（1）能够推荐视频、音乐、图像等多媒体资源，而这些多媒体资源无法采用基于内容的协同过滤方法进行推荐。

（2）协同过滤算法基于相似性原理，可以分享他人的经验，规避了基于内容的协同过滤存在的内容分析不到位的问题，也可以过滤一些较为复杂、表达困难的概念。

（3）推荐的多样性：当推荐任务的目标是尽可能地推荐用户喜欢的产品的时候，一个保险的方法就是推荐那些受大众欢迎的热门产品和评价高的产品。但是这样的推荐对用户的价值往往不大。协同过滤算法可以给用户推荐那些不是很容易被用户发现，但用户潜在喜欢的产品。

二、基于模型的协同过滤方法

以模型为基础的协同过滤方法是采用历史输入数据训练出用户行为模型，再进行预测。在基于模型的协同推荐方法中，如何构建有效的用户模型是算法的重心，一般会采用聚类算法、贝叶斯网络、聚类算法、降维技术、图模型和回归模型等方法进行学习，其中降维技术是使用最多的方法之一。基于降维的协同过滤推荐能够通过减少维度有效地保存信息内容，同时大大降低计算的复杂性和内存的需求。常见的数据降维技术包括奇异值分解（Singular Valne Decomposition，SVD）、贝叶斯聚类、概率潜在语义分析和潜在狄利克雷分配（Latent Dirichlet Allocation，LDA）。

此外，基于模型的协同过滤算法在模型的构建过程中需要花费一定的时间去训练和学习，所以在构建模型时绝大多数都不是在线的，并在一定的周期内再进行更新。与基于内存的协同过滤算法相比，该方法在构建用户模型中，往往对项目评分矩阵进行了一定的处理，结果是虽然提高了算法的运行效率，但是在一定程度上影响了算法的精确度指标。而且，该方法无法对最终的推荐列表结果进行清晰的解释。

三、混合推荐方法

混合推荐方法的核心机制是将两个或两个以上的推荐算法组合起来进行推荐，这样可以避免单个推荐模型存在的不足，从而提升系统整体的推荐性能。混合推荐算法从组合时机、组合目标等不同角度来制定组合策略以实现推荐算法的组合。常见的混合推荐算法有基于加权的混合推荐算法、基于特征增强的混合推荐算法和基于分级的混合推荐算法。

（1）基于加权的混合推荐算法

该算法从组合目标的角度出发，通过对不同推荐算法的推荐列表赋予不同的权重进行加权组合以生成最终的推荐列表。 一般情况下，固定权重法是最简单的加权组合方式，但其无法依据推荐算法和场景的变化动态调整推荐系统的性能。 除线性加权之外，常用的还包括基于限制玻尔兹曼机和基于梯度提升树等加权混合推荐算法，这些算法都采用动态获取权重的方式且推荐效果较好。

（2）基于特征增强的混合推荐算法

该算法将用户或项目不同维度的特征构建成更全面的综合性特征，使得原始特征得到增强，然后再计算用户之间或者项目之间的相似度进行相似推荐。 以项目特征模型为例，该算法一方面可以从标签信息中获取类别特征，另一方面可以从文本、图像等中提取内容特征。 此外，它还可以根据用户的评分数据构建项目特征。 最后，它将这几部分特征拼接成项目的综合特征并添加到推荐模型中进行推荐。

（3）基于分级的混合推荐算法

该算法是一种机制简单却高效的推荐算法，主要思想是先根据特定的推荐场景对推荐算法的性能进行层级划分，然后按照算法优劣次序为用户生成候选推荐项目，继而从这些候选项目中挑选出最终推荐列表。 这种方式既保证了推荐的精准性，也保证了推荐的多样性。

混合推荐算法虽然在计算复杂度上比单一的推荐算法高，但通常可以更精准地捕捉用户的兴趣爱好特征或项目特征，更好地规避单一模型存在的不足，从而提供高精准、可解释性强、丰富多样的个性化推荐服务。

四、协同过滤推荐方法存在的问题及对策

1. 数据稀疏性问题及对策

电子商务系统产生了海量的商务数据，包括用户、商品、交易行为等。例如，淘宝月度活跃用户数超过 8 亿人，平台上的商品数量已经超过 10 亿个，但已知的用户—项目交互数据占所有用户—项目的比例非常少，这使得相似性寻找变得非常困难。 此外，即使针对每个用户—项目的平均评价很高，但它们往往遵循幂律分布或韦伯分布，也就是说分布很不均匀，这意味着大

部分用户—项目只有很低的评分。

　　针对协同过滤推荐方法存在的数据稀疏性问题，国内外学者对已有的方法进行了归纳总结，这些方法分别是新相似性方法、零值填补、图论技术、混合推荐技术、融合推荐结果等。当数据稀疏性问题较为明显时，传统的相似性计算方法无法给出合适的推荐列表，因此，需要研究新的度量方法去进行相似性的计算。

　　张莉等（2014）将"用户活跃度"定义为用户评分的总项目，并提出基于用户兴趣类别的用户活跃度计算方法，将原用户—项目评分矩阵扩展为用户—项目—活跃度矩阵，改进聚类算法进行基于用户的协同过滤方法进行推荐。Bobadilla（2011）提出了一种基于遗传算法来获取相似度的最优函数。该函数是基于值和权重线性组合，与传统度量方法相比，其效率和精度都要更优越。

　　关于空值填补，较为常见的措施是采用用户或项目评分均值、评分范围的均值等默认值来填补零值。Wang（2019）提出通过用 SlopeOne 思想填补用户—商品矩阵中空值的方法，有研究者提出用 Bayes 分类或者线性回归预测来填补空值。

　　国外学者 Su et al.（2008）在研究中，对各种填补方法进行填补原始评分矩阵的效果分析，发现各种方法的准确率和评分矩阵本身的结构有很大的相关性。当评分矩阵相对稠密时，贝叶斯分类方法是这几种方法中效果最佳的填补方法；当评分矩阵异常稀疏时，均值填补的准确性最高。Aggarwal et al.（2013）提出了基于 Horting 图技术的协同过滤推荐算法。该技术是一种基于图的方法，用点来表示用户，用户与用户之间的边用来度量相似度。通过在图中为用户搜索最近节点，综合各邻居节点给出最终的推荐列表。何洁月等（2016）在条件受限玻尔兹曼机模型基础上，提出基于实值的条件受限玻尔兹曼机模型，将用户在社交网站行为背后隐含的信息与用户的社交关系融入到该模型中，很好地解决了数据稀疏性问题。

　　混合推荐技术是为了解决稀疏性问题而产生的，通过将不同方法融合来解决此问题。如协同过滤方法可以和基于内容的推荐方法进行融合来进行处理。Lee et al.（2008）在协同过滤方法中融合了时间维度，他们认为，用户的兴趣和时间有一定的联系，当前的兴趣热点往往可以从近期的购买行为中反映出来。因此，他们提出基于时间权重的协同过滤方法，来提高用户的推荐满意度。

推荐结果融合是指在构建评分矩阵上，采用不同的算法来计算用户对项目的偏好，将各种结果进行融合，可以提高结果的可靠性。如在计算用户相似度阶段，王兴茂等采用改进型最大最小距离聚类算法来对用户进行聚类，在推荐阶段用项目之间的类别相似度来预测目标用户的待评分项目。

2. 可扩展性问题及对策

网站中用户和项目的数量都是非常庞大（拥有数以百万计的商品），导致用户—项目评分矩阵变成高维矩阵。随着用户和项目数目的与日俱增，算法的计算量呈线性增加，因此，网站非常有必要考虑计算成本问题。

在实际的商务应用中，用户和项目的数量往往是在百万及以上数量级，算法的计算复杂度为 $O(l \times p)$，其中，l 为用户数，p 为商品数。算法的时间复杂度会严重影响系统的推荐实时响应性能。因此，国内外学者针对协同过滤方法的可扩展问题从聚类、降维技术、数据集缩减等角度展开了一系列的研究。聚类的目的在于通过减小最近邻搜寻空间来提高算法的效率，聚类的对象包括项目和用户。如韦素云等（2013）针对 Amatriain et al.（2010）提出的基于专家的协同过滤方法带来的专家用户的科学选择问题，对专家进行了重新定义。他们将"专家"定义为在一定领域内活跃度较高的用户，首先对专家进行聚类，再通过计算普通用户与专家间的相似度来进行项目的推荐。降维是为了减少相关的数据量但不减少主要信息的内容，大多数降维技术都和特征提取相关，能够利用隐藏的变量或所谓的潜变量，以描述共生的数据背后的原因，常用的方法包括主成分分析方法（Principal Component Analysis，PCA）和 SVD。其中，SVD 是最常用的降维方法，该方法将原来 $\boldsymbol{R}$ 矩阵的 NM 维降低到 $NK + KM$ 维矩阵 $[K < \min(N, M)]$，故也被称为矩阵分解。很多学者已经证实，这种方法可以达到更好的数据降维效果。李远博等（2016）采用 PCA 方法对用户的评分矩阵进行降维，保留最能代表用户兴趣的特征向量，从而提高算法的运行效率和推荐质量。在实际应用中，

数据集缩减也是常用的方法之一，该方法通过对评分数据集进行缩减来完成减少原始数据量的工作，从而达到提高算法效率的效果。 Acilar et al. （2009）则利用基于人工免疫网络（Artificial Immune Network）的优势，将其融入到协同过滤模型中，并使用该算法对用户的原始评分矩阵进行压缩，以删减用户数目降低数据稀疏性。 此外，李红梅等（2015）改进了局部敏感哈希技术，采用该算法对海量高维数据进行降维和索引处理，从而快速获得目标用户最近邻集，再采用加权方法进行推荐预测。

3. 冷启动问题及对策

冷启动问题是指当新的用户进入网站时，尚未产生行为数据，因此没有足够的信息给他们进行推荐；而新上线的项目，由于暂时没有用户对它施加任何评价，则无法作为推进列表的项目推荐给用户。

通常将冷启动问题分为用户冷启动和项目冷启动两类。 针对该问题，最简单、最常见的解决方法是推荐热门排行榜。 Netflix 的研究也表明，新用户在冷启动阶段确实更倾向于热门排行榜，而老用户会更加需要长尾推荐，这也是 Netflix 推荐算法的一个重要策略。 第二种方法是使用额外数据来源，如用户的人口统计信息、社会网络信息等。 如时念云等（2016）将用户的人口统计数据如年龄、性别等信息融入到用户的相似度计算中来度量用户的总体相似度，并引入信任机制，将两者进行结合后获得的混合值作为推荐的依据。也有研究者通过在不同的网站服务中识别个体用户。 例如，百分点开发出一种技术，可以跟踪用户在一些电子商务网站的活动。 因此，对于在网站 A 的冷启动用户，我们就可以根据该用户在网站 B、C 和 D 的历史记录为其推荐网站 A 的产品。 Kim et al.（2015）结合社交网络标签使用过滤标签来发掘用户对项目的偏好。 Zhang et al.（2015）提出一种基于社交网络标签的推荐算法，将标签选择频率作为用户对不同话题的喜好度，标签-项目的组合可以视为它们之间的语义联系。 第三种方法是利用混合方法计算相似性或者产生预测评分。 如 Sobhanam et al.（2013）介绍了一种基于关联规则的推荐算法，该方法结合了关联规则和聚类分析技术来解决冷启动问题；Chen et al.（2014）通过识别所有待推荐用户的"专家"，通过计算"专家"对用户的影响程度，再结合对用户评分矩阵的分解来解决冷启动问题。

第二节　基于情境贡献度和项目关联度的协同过滤推荐方法

一、研究提出及描述

随着移动互联网与大数据技术的发展，移动商务领域应用个性化推荐服务日益普及，如亚马逊公司研发的基于协同过滤算法与关联规则的推荐系统为其贡献了 30% 左右的销售额。 但是互联网平台在大规模应用推荐技术时发现，现有的方法无法获取持续的客户流量，且存在推荐精确度低、预测商品可信度差等问题。 分析其原因，可归结为移动商务环境下客户面临"信息超载"与"情境扰动"，而传统推荐技术捕捉网络消费者行为不全面，导致商品推送无法符合其动态兴趣。 同时，在目前的移动商务环境下，客户的兴趣和需求往往会随着时空相关的情境变化而漂移，进而影响客户的消费决策行为。 目前，国内外学者在研究个性化推荐技术时，重点对应用最广泛的协同过滤推荐算法中的"稀疏性""冷启动"等问题进行了大量的研究，提出了很多改进方法。 但是，移动商务中情境的复杂性使得在推荐时必须要考虑客户内外情境对推荐过程的影响，而且情境的缺失已经使得传统推荐模型的准确度出现断崖式下滑。 因此，有学者开始尝试将情境引入到推荐过程中，但是在客户兴趣建模方面相对比较薄弱，基本都是采取简单的模型，甚至直接利用客户注册时提交的偏好信息来完成兴趣提取。 另外，传统协同过滤算法产生候选项目集不合理且无关联项集多，客户和项目两者之间出现了"孤岛现象"。 上述模型与方法在现实应用中暴露出的问题越来越多，严重阻碍了推荐系统在电商平台中的广泛应用，导致电商平台客户不断流失。

因此，本研究针对现有推荐方法不足和实际应用需求提出了一种新的协同过滤推荐模型，即基于情境贡献度和项目关联度的协同过滤推荐方法（ Collaborative Filtering Recommendation Model Based on Context Contribution and Item Relation, CFCI）。 具体工作包括：（1）提出基于改进型 FP-Tree 的关联规则算法（Association Rules Algorithm Based on Improved FP-Tree，ARIF）进行客户兴趣模式的高效挖掘；（2）提出融入情境贡献度的客户兴趣挖掘算法（Users' Interests Mining Algorithm Integrating Context Contribution，UICC），基于 ARIF 对客户的兴趣进行挖掘，并对情境约束下的客户偏好模式进行建模，描述客户购买行为的变化，分析情境对客户购买行为变化的影响；（3）提出一种基于情境贡献度和项目相关度的协同过滤推荐算法（Collaborative Filtering Algorithm Based on Item Relation，CFIR），增加候选项目集中客户兴趣项的数量，以减缓数据稀疏、冷启动带来的传统算法计算准确性差等问题。

二、基于情境贡献度和项目关联度的协同过滤推荐方法

CFCI 的运行机制如下：第一，采集融入情境的客户在线行为数据集，包括情境数据、客户交易数据，用于不同客户在线行为数据及规则的监测；第二，ARIF 提取出不同时刻的具有一定支持度与显著度的规则集，分别标记为 T 时刻和 $T + K$ 时刻；计算不同情境对 T 时刻规则集的影响，对 $T + K$ 时刻规则集的影响（计算情境关联度与情境强度），通过对比情境引入后客户兴趣模式变化来计算情境的贡献度，形成融入情境贡献度的兴趣规则集，且监测规则的不断变化；第三，根据客户情境化兴趣进行基于项目的改进型协同过滤推荐，通过计算关联项目的相似度完成高质量个性化推荐。其中，CFCI 在分析传统的基于项目的协同过滤算法的基础上，创新性地在候选项目集的选取过程中引入"项目关联度"概念，通过将传统项目相似度矩阵替换为项目关联度矩阵来构建候选项目集。由此，不仅使候选项目集中项目间具有相关性，而且还关注到客户的兴趣并反映了其需求的变化，从而增加了候选项目集中客户偏好度高的项目数量；然后，在计算项目相似度时，采用本研究提出的"情境关联度×情境强度＝情境贡献度代替评分"，可以在数据稀疏的情况下取得较好的推荐精确度。CFCI 的架构如图 3-3 所示。

1. 基于改进型 FP-Tree 的关联规则算法

为了解决关联规则的"支持度-置信度"问题，目前，学者们从兴趣度、

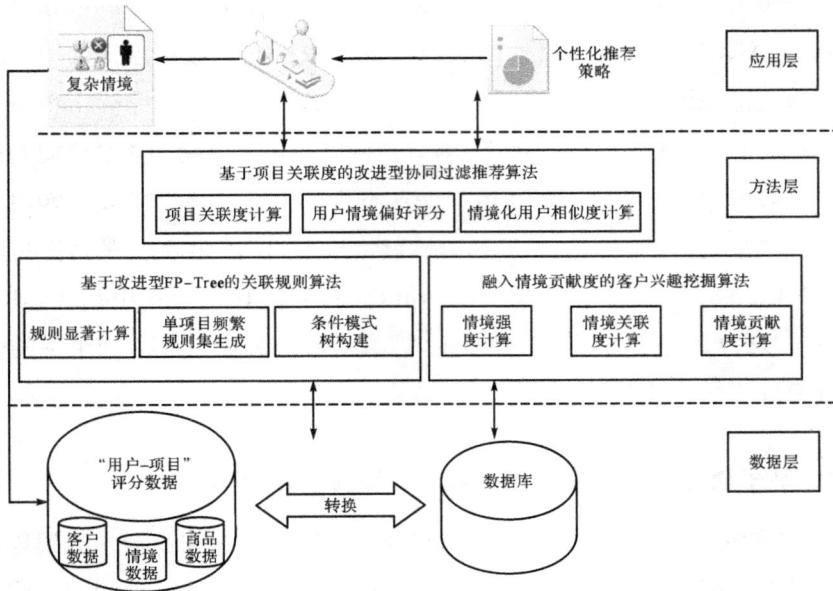

图 3-3　基于情境贡献度和项目关联度的协同过滤推荐模型

信任度、规则强度等指标去改进关联规则的度量标准，但是都难以保证规则的统计显著性。在统计学中，T 检验是一种经典的显著性检验方法。因此，本节在算法生成关联规则过程中引入 T 检验，建立融入显著性检验的改进型 FP-Tree 的关联规则算法。

设 $A \rightarrow B$ 是从数据集 D 挖掘出的一个关联规则，$P(B)$ 表示在 D 中包含项集 B 的百分比，$P(B \mid A)$ 表示在 D 数据集内，包含项集 A 的同时也包含 B 的百分比，n_A 为样本量。

定义 3.1　设 $\text{Sig}_{A \rightarrow B}$ 为 A 到 B 的显著度，或 B 由 A 获得的显著度。

$$\text{Sig}_{A \rightarrow B} = \frac{P(B \mid A) - P(B)}{\sigma_P} \qquad (3\text{-}4)$$

式中，$\sigma_p = \sqrt{\dfrac{P(B)(1 - P(B))}{n_A}}$。

如果 $\text{Sig}_{A \rightarrow B} > \text{min\_sig}$，则称规则 $A \rightarrow B$ 满足最小显著条件。其中，$\text{min\_sig} = u_\alpha$ 称为最小显著度，u_α 为正态分布下显著水平 α 时的临界 u 值。

ARIF 对 FP-growth 算法进行了一定的改进。一方面，在建立 FP-Tree

的过程中，只保留可以生成单项目频繁规则的频繁项目；另一方面，引入显著度的概念，使生成的规则是统计上显著的。

对于数据库 DB，p 为一频繁项目，最小支持度阈值 min_sup$_i$，对所有的类属性 c，规则 $R:P \to c$ 都不是频繁规则，则 DB 中所有的频繁规则都不包括项目 p。

因此，在建立 FP-Tree 的过程中，可以去除那些不能生成单项目频繁规则的频繁项目，进一步减少 FP-Tree 的节点数目，以改进 FP-Tree 的构建过程。

具体基于改进型 FP-Tree 的关联规则算法 ARIF 描述如下。

输入：（1）DB 为事务数据库，含有 N 条记录；（2）最小支持度阈值；（3）最小显著度阈值。

输出：用户兴趣规则集。

步骤 1：建立 DB 的条件模式树 CFP-tree。

（1）循环扫描事务数据库 DB，收集条件项集 F-itemsets 和其支持度，根据支持度降序排列 F-itemsets；

（2）创建一棵 CFP-tree 树，先将根节点设为 T，并且标记它的值为"null"；

（3）对每个 DB 中的对象 obj，根据 F-itemsets 的顺序选择和排序频繁条件项集，以 $[p \mid P]$ 形式描述排序后的频繁条件项集中的对象，其中，p 为第一个项目，P 为其他的项目列表；

（4）递归调用 insert-tree（$[p \mid P]$，T）方法，将以 p 为首项目的条件项目集 $[p \mid P]$ 插入到 $point = T$ 所指向的 CFP-tree 中，并在最后插入的结点中附上该对象所对应的兴趣属性值及其出现次数。

步骤 2：由 CFP-tree 挖掘用户兴趣规则集。

（1）计算生成 CFP-tree$\mid a$，$a \in$ F-itemsets；

（2）对所有的频繁路径 $\langle X, Y, count \rangle \in$ CFP-tree$\mid a$ 进行扫描，将 $\langle X, Y \rangle$ 存储于 CFP；

（3）对所有的 $\langle X, Y \rangle \in CFP$ 进行扫描，如果 CFP 中新生成的 $\langle X, Y \rangle$ 在原来的 CFP 不存在，则更新接收条件模式基 $\langle X, Y \rangle$；

（4）由所有的 CFP 生成 CFP-tree $|a$，由 a 的条件模式树生成满足最小显著度和最小支持度阈值的用户兴趣关联规则。

2. 融入情境贡献度的客户兴趣挖掘算法

给定一个融入情境的客户行为数据集，内有 N 条购买行为记录 T，设支持度阈值为 $\lambda_{support}$ 和显著度阈值为 $\lambda_{significance}$。在此基础上，利用情境强度和情境关联度的计算来度量行为模式规则。

定义 3.2 情境强度（Context Intensity），表示客户行为受某一时刻情境 $C_{context}$ 或情境集合 C_0 的影响程度，即通过情境强度的计算来量化情境对客户行为模式产生的影响。

定义 3.3 情境关联度（Context Correlation），表示情境与行为之间的相关程度。为准确反映情境 $C_{context}$（这里 $C_{context}$ 即为 c_{ij}，$\overline{C}$ 即 $c_{\overline{ij}}$）对客户行为 Q 产生或者改变的贡献率，本节给出情境关联度的计算公式：

$$correlation\,(C_{context} \Rightarrow Q) = \frac{p\,(Q\,|\,C_{context})}{p\,(Q\,|\,\overline{C_{context}})} \qquad (3-5)$$

如果 $C_{context}$ 的存在并没有影响 Q，则该值等于 1；如果 $C_{context}$ 的存在对 Q 有诱导作用，则该值大于 1；如果相关程度越高，该值越大。

定义 3.4 情境贡献度（Context Contribution），表示在情境关联度和情境强度的综合影响下对客户行为模式产生的贡献度，通过某个客户行为与某一情境的相关程度和该客户行为在该情境下强度的乘积得到，并且可以累加。

假设 3.1 如具在情境 $C_{context}$ 下，规则 $C_{context} \Rightarrow Q$ 成立，则需要满足条件

$$p\,(Q\,|\,C_{context}) > p\,(Q\,|\,\overline{C_{context}}) \qquad (3-6)$$

即客户在 $C_{context}$ 情境作用下发生行为 Q 的概率大于在 $\overline{C_{context}}$ 情境作用下发生行为 Q 的概率。也就是说，在 $C_{context}$ 情境约束下，Q 行为得到加强（关联度）。

$$correlation\,(C_{context} \Rightarrow Q) = \frac{p\,(Q\,|\,C_{context})}{p\,(Q\,|\,\overline{C_{context}})} > 1 \qquad (3-7)$$

假设 3.2 $\mu = p\,(Q\,|\,C_{context}) - p\,(Q\,|\,\overline{C_{context}})$，$\mu > 0$，是规则 $C_{context} \Rightarrow Q$ 成立的必要条件；$\mu = 0$，表示行为 Q 不受情境 $C_{context}$ 影响；$\mu < 0$，是"情

境 C_{context} 作用下不倾向于有行为 Q 的发生" 规则成立的必要条件。 $\mu > 0$ 且满足某个显著的阈值是 $C_{\text{context}} \Rightarrow Q$ 规则成立的充分条件。

融入情境贡献度的客户兴趣挖掘算法 UICI 将对情境约束下的客户行为进行关联规则挖掘，得出客户的兴趣规则，具体如下。

输入：情境信息集合，客户行为数据。

输出：情境关联度、强度、贡献度，情境约束下的兴趣规则集。

步骤 1：挖掘不包含情境信息的交易记录，利用基于改进型 FP-Tree 的关联规则算法提取满足 λ_{support} 和 $\lambda_{\text{significance}}$ 的规则模式集，对任一规则计算其支持度和显著度。

步骤 2：筛选出包括季节、CPI、家庭收入、学历、意图等情境因素，用 c_{ij} 表示，其中， i 表示第 i 个情境因素， j 表示第 i 个情境因素 c_i 的第 j 个划分或簇。

步骤 3：计算情境强度 e_{ij} 、情境关联度 b_{ij} 以及情境贡献度 $b_{ij}e_{ij}$ 。

（1）计算情境关联度 b_{ij}

$$correlation(C_{\text{context}} \cap P \Rightarrow Q) = \frac{p(Q \mid C_{\text{context}})}{p(Q \mid \overline{C_{\text{context}}})} \qquad (3\text{-}8)$$

得 $\mu = p(Q \mid C_{\text{context}} \cap P) - p(Q \mid \overline{C_{\text{context}}} \cap P)$ ，其中， P 是条件属性，C_{context} 是情境属性， Q 是行为属性；

（2）计算情境属性 C 的强度 e_{ij}

$$e(C_{\text{context}} \cap P \Rightarrow Q) = \frac{\mu}{\sqrt{\dfrac{p(Q \mid P \cap \overline{C})[1 - p(Q \mid P \cap \overline{C})]}{N}}} \qquad (3\text{-}9)$$

通过 b_{ij} 和 e_{ij} 的乘积计算情境贡献度。

步骤 4：根据情境，得出如 $P \Rightarrow Q$ 等不同模式规则在当前情境划分 c_{ij} （或 c_{ij} 的集合 C_k ，即条件 P 中包含情境 c_{ij} 或 C_k ）下， $P \Rightarrow Q$ 的支持度和显著度。

步骤 5：比较不同划分 C_k （或 c_{ij} ）下，规则 $P \Rightarrow Q$ 的 $\lambda'_{\text{support}}$ 和 $\lambda'_{\text{significance}}$ 越高，表明情境对规则的贡献度越高，进而确定 e_{ij} 、 b_{ij} 、 $b_{ij}e_{ij}$ 以及情境约束下客户的兴趣模式 $C_{\text{context}} \cap P \Rightarrow Q$ 。

3. 基于项目关联度的改进型协同过滤推荐算法

本研究提出一种基于项目关联度的改进型的协同过滤算法，具体包括：第一，考虑传统算法在候选项目集的产生上的不准确的问题，利用关联规则提取项目之间的关联关系来生成"项目—项目"关联矩阵，并通过计算该矩阵生成候选项目集；第二，考虑评分数据稀疏会带来项目相似度计算准确性降低的问题，提出将融合情境强度与关联度的情境贡献度代替主观评分来计算项目间的相似度。CFIR 不仅利用频繁项集概念在候选项目集中提高客户感兴趣项目的占比，而且在电商平台客户 u 优化了候选项目集之后，"用户—项目"评分矩阵中元素值使用情境贡献度来预测目标项目的评分。

定义 3.5 项目关联度：两个或者多个项目被某客户共同收藏或一起购买的概率，即从客户行为角度分析项目之间的相关性，且用数值量化出来。设 r 为项目关联度，r_{ij} 为项目 j 对项目 i 的关联度，则 r_{ij} 等于项目 i 与项目 j 被共同收藏或购买过的客户数除以在项目 i 的总客户收藏或购买数。具体公式如下：

$$r_{ij} = \frac{N_i \cap N_j}{N_i} \qquad (3\text{-}10)$$

其中，N_i 表示收藏或购买过项目 i 的客户数，N_j 表示收藏或购买过项目 j 的客户数。依据项目关联度可以建立项目关联矩阵 $\boldsymbol{G} = n \times n$（见式 3-11），其中 r_{ij}（$i, j = 1, 2, \cdots, n$）为项目 j 对项目 i 的关联度。通常情况下，项目间的关联度是不同的，关联度的高低反映在关联矩阵中就是元素值的大小，而且项目关联矩阵一般是不对称的。

$$\boldsymbol{G}_{n \times n} = \begin{bmatrix} 0 & r_{12} & \cdots & r_{1n} \\ r_{21} & 0 & \cdots & r_{2n} \\ \cdots & \cdots & \cdots & \cdots \\ r_{n1} & r_{n2} & \cdots & 0 \end{bmatrix} \qquad (3\text{-}11)$$

本研究的改进是基于 Pearson 的相似度计算方法，将情境贡献度（反映客户兴趣）代替原来的评分值应用到"用户—项目"矩阵中。如果在两项目评分客户中，共同评分客户的兴趣度比较接近，那么，两项目在一定程度上也就越相似。为此，本节提出将情境贡献度代替评分来计算项目之间的相似度，CFIR 具体算法如下。

输入：客户 u，客户—项目评分矩阵 $\boldsymbol{R}$。

输出：Top-N 推荐项目集。

步骤 1：调用 UICI 算法、关联度计算方法计算情境贡献度、项目关联度。

步骤 2：利用"客户—项目"评分矩阵 $\boldsymbol{R}$ 推算出项目相似度矩阵 $\boldsymbol{S}$ 和项目关联矩阵 $\boldsymbol{G}$；$\boldsymbol{G}$ 中项目由基于改进型 FP-Tree 的关联规则算法提取而来，$\boldsymbol{R}$ 中元素值为情境贡献度。

步骤 3：针对某一个项目 $i \in I_u$，从 $\boldsymbol{G}$ 中获取 i 的 K 个最近邻居集 $N_i = \{i_1, i_2, \cdots, i_k\}$，其中 I_u 为客户有过购买和评分行为的项目集，合并所有 N_i 得到项目集 C。

步骤 4：从 C 中删除 I_u 中已经存在的项目，获得候选项目集 C'。

步骤 5：对每个项目 $j \in C'$，根据相似度矩阵 $\boldsymbol{S}$，预测客户 u 对项目 j 的兴趣评分。

步骤 6：通过加权计算预测评分 R_{ui}，将 C' 中每个项目按预测兴趣评分依次降序排序，并将结果集中最前面的 N 个推荐给客户 u。

$$R_{ui} = \overline{R_i} + \frac{\sum_{k \in I_u} \mathrm{Sim}_{ki} \times (R_{uk} - \overline{R_k})}{\sum_{k \in I_u} |\mathrm{Sim}_{ki}|} \quad (3\text{-}12)$$

式中，R_{ui} 是客户 u 对项目 i 的预测评分，项目 i 的平均贡献度为 $\overline{R_i}$，项目 k 的平均贡献度为 $\overline{R_k}$，项目 i 和项目 k 的相似度为 Sim_{ki}，待被客户预测的项目近邻集为 I_u。

三、实验验证及结果分析

1. 数据集的描述与处理

数据采集时间周期为 2015 年 6 月到 2016 年 1 月，来自某 B2C 电子商务平台的数据库（包括移动 APP），选取 2 万条交易记录用于分析本节模型与方法的有效性，包括行为数据与情境数据。其中，客户的基础信息主要是从客户注册信息中获取的，平台数据库在客户首次注册向 Web 服务器提交表单时就记录了客户的个体信息，包括客户的基本背景情况以及客户特征信息。经过系统分类标注，数据集中包含的部分属性及情境有性别、生活周期、教育、收入、消费价格指数、天气、季节、节日、区域等，商品类目偏好有服装、配饰、美容、数码、家居、母婴、食品、文体、娱乐等。将上述包含情境的客户数据集进行属性缺失和属性异常清洗、抽取、转换等预处理操作，然后根据实验要求分成训练集和测试集两部分，便于验证模型。

2. 基于改进型 FP-Tree 的关联规则算法实验分析

实验数据采用加州大学欧文分校（University of California Irvine，UCI）数据库中开放的标准测试数据集和电商平台数据，将 ARIF 算法与数据控制语言（Data Control Language，DCL）算法进行多方面比较。其中，第 1 组测试是关于算法准确率的实验，是在 UCI 数据库上进行的。设置 ARIF 最小支持度阈值为 0.01，最小显著度阈值为 0.05，数据库覆盖阈值为 4，实验结果如图 3-4 所示。第 2 组实验是在 UCI 数据库上进行的，该数据库有 1000 个事务，事务的平均长度为 10，是关于网络通信量的实验，参数设置同第 1 组实验，实验结果如图 3-5 所示。第 3 组实验的数据来自真实电子商务平台，测试不同最小显著度阈值对准确率的影响，其他参数采用缺省值，实验结果如图 3-6 所示。

由这 3 个图可以看出，ARIF 算法在精确度、网络通信量方面都优于 DCL 算法，且本书提出的显著度概念对规则提取精确度有较大影响。ARIF 性能对后续的推荐质量起到关键作用。

3. 融入情境贡献度的客户兴趣挖掘算法实验分析

首先，融入情境贡献度的客户兴趣挖掘算法设置最小频繁项集为 2，支持度阈值 $\lambda_{support}$ 为 0.05，显著度阈值 $\lambda_{significance}$ 为 0.05，置信度阈值 $\lambda_{confidence}$ 为 0.06。其次，使用基于改进型 FP-Tree 的关联规则算法挖掘规则，获取规则 120 条，如表 3-1 所示。最后，通过情境强度与情境关联度计算方法获得情境贡献度值，用于约束上述规则集并形成情境知识，为后续个性化推荐服务。

通过监测 T_1 时刻与 T_2 时刻规则集的变化规律来表明情境对客户兴趣模式的影响。

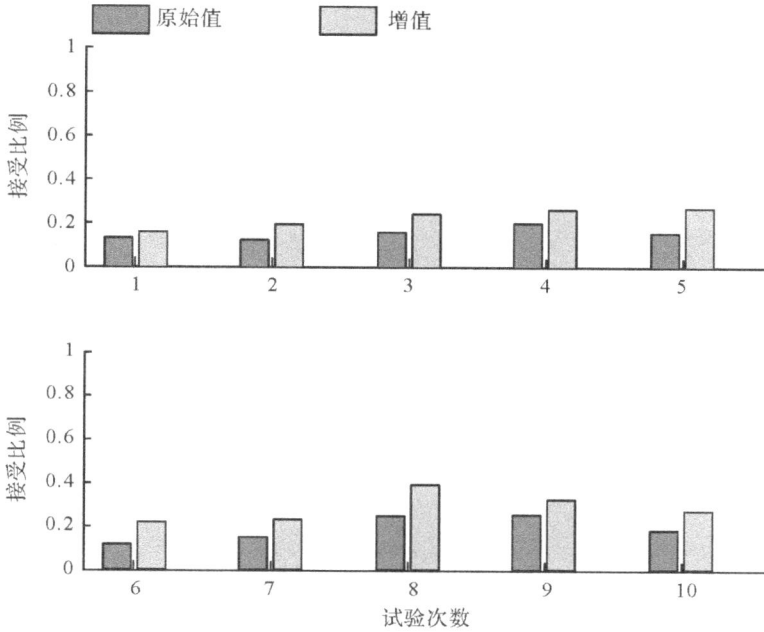

图 3-4 准确率对比图

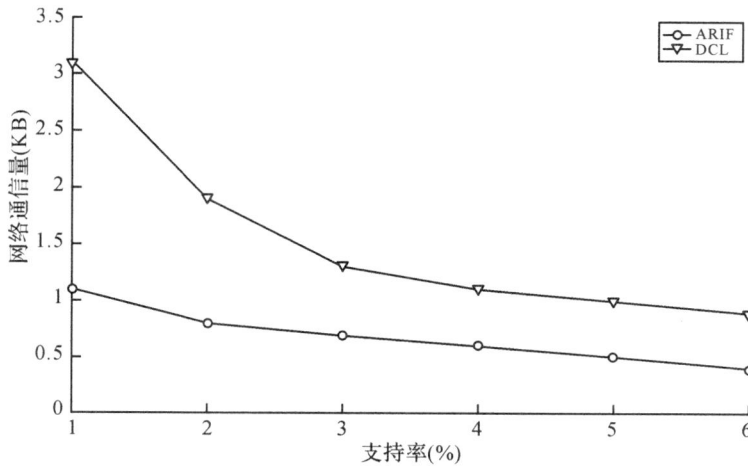

图 3-5 网络通信量对比

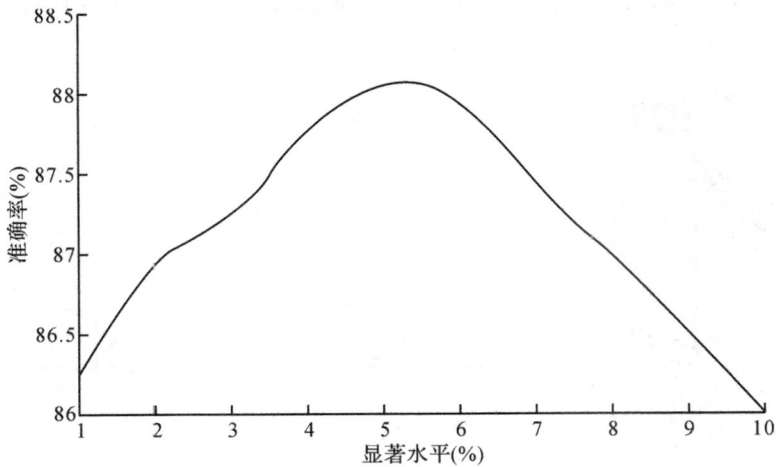

图 3-6 显著水平对准确率的影响

表 3-1 含情境知识的关联规则集(T_1 时刻,部分)

序号	规则	支持度(%)	置信度(%)
1	CPI 为[1%,3%),一线大城市,女⇒箱包	10.13	29.89
2	已婚没有孩子,女⇒女装	11.24	47.96
3	一线大城市,本科及以下,男⇒鞋、箱包	5.28	27.11
4	春季,运动,户外,男⇒男装	13.17	8.98
5	CPI 为[3%,+∞),重要节假日,男⇒手机、数码	14.15	31.14
6	CPI 为[0%,1%),非节假日,男⇒鞋	9.17	6.87
7	非节假日,一线大城市,男,运动,户外⇒鞋、数码	9.49	26.21
8	春季,女,已婚有孩子⇒母婴产品、女装	12.69	62.12
9	男,年轻单身,研究生及以上⇒手机、数码	7.61	47.59
10	女,年轻单身⇒女装、化妆品	18.23	63.15

情境的影响（规则条件的变化）体现在关联规则的结果，以及支持度与置信度数值上，如表 3-2 所示。例如，将表 3-2 的第 4 条规则与表 3-1 的对比，发现该规则的结果部分由"男装"变成了"家用电器"，分析其原因可知，推动该模式变化的关键情境因素是季节（夏季升温）。

表 3-2 情境变化后的关联规则集(T_2 时刻,部分)

序号	规则	支持度(%)	置信度(%)	变化
1	CPI 为[3%,+∞),一线大城市,女⇒化妆品	9.25	33.33	条件与结果部分变化
2	已婚有孩子,女⇒女装	9.37	36.65	支持度与置信度下降
3	一线大城市,高中及以下,男⇒鞋、箱包	5.01	16.10	支持度与置信度下降
4	夏季,运动,户外,男⇒家用电器	10.27	22.56	结果发生变化
5	CPI 为[3%,+∞),中小城市,女⇒女装	11.02	31.68	条件与结果部分变化
6	男,已婚有孩子,户外⇒家居用品	10.39	61.45	条件与结果部分变化
7	非节假日,一线大城市,男,运动,家里⇒鞋	7.12	10.34	结果部分变化
8	冬季,女,已婚有孩子⇒母婴产品、女装	15.34	65.04	支持度与置信度上升
9	男,年轻单身,本科及以上⇒手机、数码	9.12	48.23	支持度与置信度上升
10	春季,女,年轻单身⇒女装、化妆品	19.31	64.76	支持度与置信度上升

4. 基于项目关联度的改进型协同过滤推荐算法实验分析

为了验证 CFIR 算法的有效性,本节采用 MovieLens 数据集进行测试,比较 CFIR 与传统基于项目协同过滤算法(Collaborative Filtering Item Based,CFIB)的性能。 实验一:对利用 CFIR 算法与 CFIB 算法生成的候选项目集大小进行对比,结果如图 3-7 所示。 图 3-7 中纵坐标表示根据 2 个算法各自得出的候选项目集的大小;横坐标表示候选近邻数的大小,从 2 开始,步长为 2,逐步增加到 20,曲线表示平均候选项目集变化的趋势。 结果表明,随着候选近邻数的增加,CFIB 算法产生的候选项目集的大小快速增加;当候选近邻数为 20 时,候选项目集已经接近 310,这表明系统需要为每个客户预测至少 310 个评分。 相比之下,CFIR 算法候选项目集要小很多,而且增速也明显比前者慢。

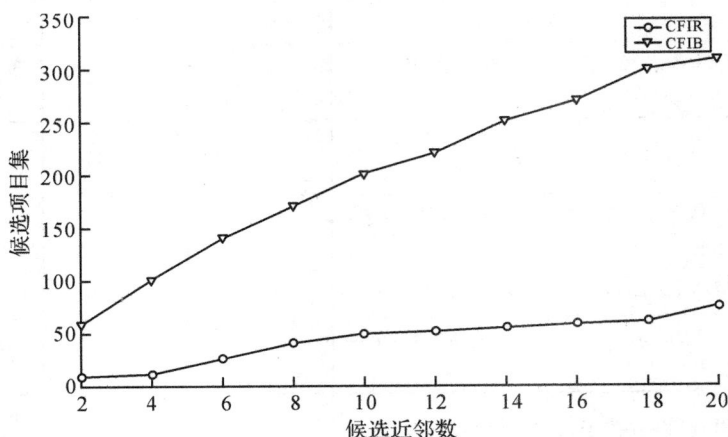

图 3-7　MovieLens 数据集——候选集项目集比较

　　实验一结果表明，本节算法拥有较少的候选项目集，接下来说明这样是否会降低客户感兴趣的项目数。 实验二：比较 CFIR 与 CFIB 在 MovieLens 数据集上的覆盖程度，即产生的候选项目集在客户实际偏好项目中的占比，以候选项目集中预测客户偏好的项目数除以测试集中客户实际偏好的项目数的值来表示。 图 3-8 表明，横坐标表示候选近邻数的大小，纵坐标表示根据两个算法各自得出的兴趣项目覆盖率。 相比较 CFIR，传统 CFIB 算法的覆盖率较高，初始值达到 40%；当近邻数为 20 时，其覆盖率高达 81%，而 CFIR 算法在初始与近邻数为 20 时得出的项目覆盖率分别为 17% 和 51% 左右。 另外，CFIR 与 CFIB 的项目覆盖率会随着候选近邻数的不断增加而逐步攀升。CFIB 候选项目集的规模增加非常快，增加候选项目集的大小，可在一定程度上提高客户感兴趣项目的覆盖率，但大大降低了客户实际感兴趣项目的比例，这对推荐的准确率有重大影响，而且会在现实电子商务应用中出现较大的瓶颈。 同时，当分析客户感兴趣的项目占总候选集数量的比例时，CFIR 算法明显优于 CFIB 算法，如图 3-9 所示。 横坐标表示候选近邻数取值，纵坐标表示客户实际感兴趣的项目所占比例。 随着横坐标候选近邻数的不断增加，客户感兴趣项目所占比例却呈现不断下降的趋势。 例如，当近邻数为 10 时，CFIB 算法客户感兴趣项目所占比例在 8% 左右，而 CFIR 算法客户感兴趣项目所占比例为 16％左右。

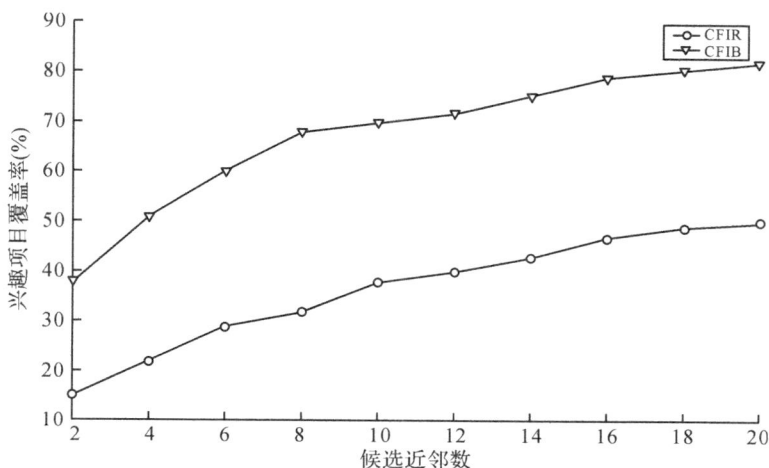

图 3-8　MovieLens 数据集——候选集项目集覆盖率

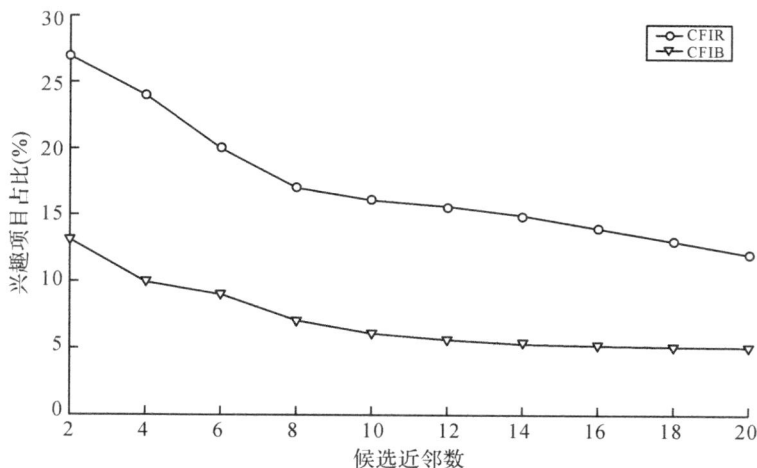

图 3-9　MovieLens 数据集——候选集感兴趣项目比例

　　融入情境之后的推荐算法稀疏问题亟待解决。为了验证 CFIR 算法的有效性，实验三将 CFIR 算法与 CFIB、基于 SVD 的协同过滤算法进行对比。在用传统 CFIB 算法和基于 SVD 的协同过滤算法计算相似度时，本节采用余弦相似度，且后者保留维数为 815。图 3-10 表示在实际数据集上 3 种算法下平均绝对误差（Mean Absolute Error，MAE）值的对比，其中，横坐标代表近邻数，从 5 开始，步长为 5，逐步增加到 50；纵坐标是 MAE 值。由图 3-10 可知，三者中传统 CFIB 算法的效率最差，本书的 CFIR 算法与基于 SVD 的协同过滤算法效果相当。基于 SVD 的协同过滤算法可以利用 SVD 提前降维，因此在一定程度上减缓了数据的稀疏性问题，而 CFIR 算法则改进了项目相似度的计算方法，也使得项目间的相似度更准确。

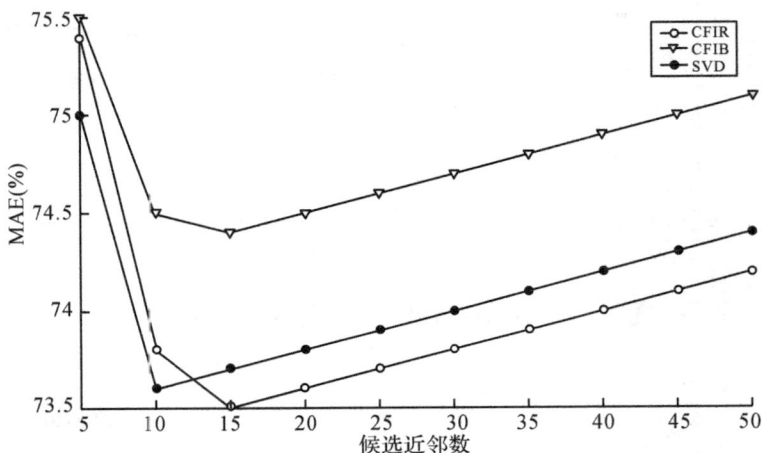

图 3-10　实际数据集——MAE 比较

实验四：对实验三中 3 种算法在实际数据集上进行推荐精度的对比，结果如图 3-11 所示。实验时选择候选近邻数和近邻数分别取 5 和 15，横坐标为推荐列表长度 Top-N，从 2 开始，步长为 2，逐步增加到 20，纵坐标为推荐的精确度。由图 3-11 可知，CFIR 算法的精确度最高，而且要远高于 CFIB 和 SVD 算法；CFIB 算法和 SVD 算法的最高精确度分别为 14％和 11％，比 CFIR 算法的最低精确度（20％）还要低。除了精确度高低有区别之外，三者之间的精确度变化趋势有所不同。将推荐列表长度 Top-N 逐步增长，基于 SVD 的协同过滤算法和 CFIB 算法会随之不断增长，但增长幅度逐渐下降趋于不变；而 CFIR 算法基本上在初始前 2 个 Top-N 取值时便达到了最高值，然后逐渐降低。这主要是因为 CFIR 算法在推荐列表长度不大时，更容易找出关联性强的项目，而当基于 SVD 的协同过滤算法与 CFIB 算法精确度达到最高峰后，推荐列表长度的继续增加降低了 CFIR 算法的总体 Top-N 精确度水平。

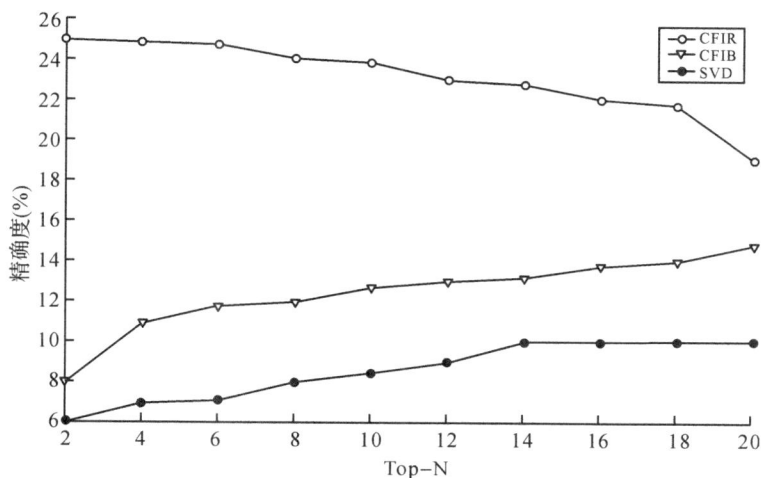

图 3-11 实际数据集——精确度比较

第三节 融入用户兴趣漂移特征的情境化协同过滤推荐方法

一、研究提出及描述

人的理解力和决策力在面对信息过多的情况下所产生的信息过载问题正成为大数据环境下商务应用的"双刃剑"。目前，移动精准推荐服务能够提供给用户个性化的信息，因此，在解决信息过载方面具有极大优势，但动态变化的"情境"对用户选择信息产品或服务的决定也可能产生重要影响，并且随着移动商务的迅猛发展，这种影响越来越显著。因此，近年来考虑用户位置、时间、心理特征等"情境"因素的情境化推荐研究引起了广泛的关注，成为新的热点，其核心在于根据当前情境识别用户兴趣并提供符合其兴趣与情境的信息。另外，随着移动商务精准推荐服务研究和应用的不断深入，研究者进一步意识到，服务推荐的关键是对用户需求进行认知，服务推荐的目标是通过推荐活动实现"服务按需提供、内容按需推荐"。然而，第一，有关学者通过研究发现，现实世界中用户的偏好受到用户所处环境的直接影响，复杂多变的情境变化可能导致用户偏好的变化，并且这种变化随环境变化可能发生得更加频繁、迅速。 第二，用户复杂的认知过程使得原本就难以把握的用户兴趣变化具备随机性和跳跃性等特点。 传统个性化服务机制滞后式的学习方法使系统不具备灵活应对用户复杂兴趣漂移的能力，这就需要一种新的方法去分析和处理这类情况。 第三，对于企业来说，只有客户的行为是可观察的，而真正引起兴趣变化的原因是隐藏的。 当客户兴趣发生变化时，对应的个性化推荐模型必须能做出及时的调整，因为此时客户兴趣这个目标概念已经发生了变化。 事实上，客户兴趣漂移是降低推荐系统的实际应用性能的主要因素之一。 所以，通过掌握客户的兴趣变化，以便更好地对客户需求进行分析和理解是非常有必要的。 只有这样，才能在客户兴趣发生变化时，及时对其进行识别，并能做出合理的调整，从而提高移动商务精准推荐效果。

隐性情境的变化将会导致目标概念或多或少的变化，通常该现象被称作概念漂移（Concept Drift）。 漂移既包括兴趣随静态情境变化的渐变式迁移，也包括随动态情境或者用户需求层次变化的突变式进化。 本书将那些看似随机但实际有规律的用户兴趣的大幅度变化，称作兴趣进化。 "进化"一词表征事物发展存在规律。 目前，传统推荐机制对用户需求变化的适应能力不同：（1）"伪预测"机制，包括基于内容和协同的信息过滤，前者发现与用户已有兴趣相似的资源，后者找到与当前用户兴趣相似的其他用户的行为对象进行推荐，该类方法基于相似性的本质决定了其旨在围绕用户当前需求提供更全面服务的实质，服务内容对需求变化的适应性较弱；（2）"情境化"推荐机制，包括基于复杂情境预过滤、基于复杂情境后过滤、基于复杂情境建模的推荐求解问题，这些文献表明移动商务精准推荐的情境敏感性已经被证实会对用户信息需求产生影响，并最终影响用户的行为，但现有对推荐过程的研究中没有对情境、用户认知和兴趣间关联性进行分析，缺乏对情境、用户、资源三者关联要素间相互作用机制的描述，且用户兴趣的不断变化是制约移动商务精准推荐服务质量的关键因素。

因此，本章针对存在的问题，提出融入马斯洛需求层次理论的情境化推荐模型。 第一，针对用户兴趣变化规律问题，本节追根溯源，从行为动机、心理学、信息行为理论等角度，深入挖掘引发用户兴趣变化的因素。 更重要的是，本节将上述理论结果建模为计算机系统能够捕获和解决的问题，将若干信息科学外的理论引入到个性化服务系统问题中，为该研究方向的发展提供一个研究思路。 第二，从用户主观认知和用户上下文环境（情境）两方面研究了引起用户兴趣变化的因素。 区别于传统的用户兴趣变化研究，本节的研究对象不仅仅是兴趣漂移中的渐变式变化现象，更倾向于那些随机性较大、规律不明显的大幅度用户兴趣变化现象。 引入需求层次论原理则强调由于用户主观认知变化带来的具有一定层次性和跳转性的用户兴趣变化，解释了人的主要需求的分类与层次，为适应用户兴趣变化的信息服务提供了支持。 第三，针对人的需求层次性及进化性、情境的动态性引起的兴趣漂移特征，本节提出基于本体与隐马尔科夫的用户兴趣层次判定算法、融入情境的用户活跃度计算方法和融入用户活跃度的动态协同过滤推荐算法，优化传统推荐机制适应用户需求变化的能力，提供具有大幅度兴趣变化适应性的情境化信息服务，从而提高服务质量。

二、基于马斯洛需求层次理论的情境化信息推荐模型

本节针对所论述的问题，提出了如下新的解决思路。 用户兴趣的渐变是较容易被把握的，因为通过观察带有时间信息的用户行为数据便可以对其进行建模。 然而，具有一定跳跃性的用户兴趣变化则通常表现为兴趣的突变，究其原因往往是由用户主观认知发生的变化而引起的，对其应该采用具有层次性和跳转性的模型加以建模。 在心理学、用户行为学中，关于用户兴趣变化规律的研究存在众多理论，其中，马斯洛需求层次论原理基于行为动机的分析方法，凭借其解释的合理性和高度实用性而占据重要位置。 其结论主要阐述了人的主要需求的分类与层次，以及用户在这些层次间的跳转规律。 因此，本节提出基于马斯洛需求层次理论的情境化信息推荐模型（Contextual Information Recommendation Model Based on Maslow's Hierarchy of Needs，CIRMM）。 首先，基于该原理本文设计了信息层次分类本体（Ontology of Hierarchical Information Category， OHIC）、信息行为层次判定模型（Decision Model of Hierarchical Information Behavior， DHIB），用于判定用户兴趣所属的层次；其次，引入用户活跃度的概念并提出了融入情境的用户活跃度计算方法（Active Calculation of User Incorporating into Context，ACUC）用于解决新用户冷启动、数据稀疏性等问题；最后，提出融入用户活跃度的动态协同过滤推荐算法（Dynamic Collaborative Filtering Recommendation Algorithm Incorporating User Active，DCFUA）将活跃度、情境融入到用户兴趣漂移的监督和检测中，解释人的主要需求的分类与层次，以及用户在这些层次间的跳转规律，并采用动态协同过滤算法完成推荐。该模型建模了用户大幅度的兴趣变化行为，优化了传统推荐机制适应用户需求变化的能力，包括推荐内容多样化、监测用户"兴趣进化"并予以应对，能提供具有大幅度兴趣变化适应性的个性化信息服务，从而提高了移动商务服务质量。

1. 基于本体与隐马尔科夫的用户兴趣层次判定算法

不同类别的信息能够满足用户不同层次的兴趣需求。信息行为与日常行为的一致性保证了需求层次论在分析信息行为上的适用性。本节借助该理论构造 OHIC 和 DHIB，提出基于本体与隐马尔科夫的用户兴趣层次判定算法（User Interest Hierarchical Decision Algorithm Based on Ontology and HMM，UIHOH），对用户信息行为进行层次分析，如图 3-12 所示。

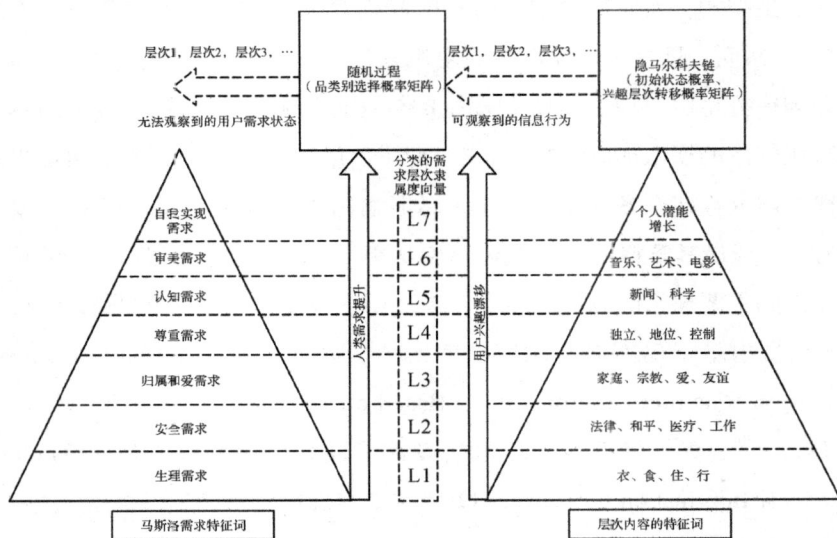

图 3-12　基于本体与隐马尔科夫的用户兴趣层次判定算法框架

OHIC 能够用以判定各类别内容满足各层次兴趣的程度，包括两级品类目录（如新闻、健康、家庭、娱乐、社交、艺术等）、各品类别内容的特征向量、各兴趣层次及其特征词列表、各品类别隶属于各兴趣层次的隶属度向量。

DHIB 使用隐马尔科夫模型来对用户在不同兴趣层次间跳转的过程进行建模，如式（3-13）所示。其中：$Levstat$ 表示兴趣层次的隐藏状态集合；$Catobsv$ 是 n 个品类别观测状态集合；Π 是初始状态的概率；A 是兴趣层次转移概率矩阵，元素 A_{ij} 为在 $t-1$ 时刻处于第 i 层兴趣状态并在 t 时刻跳转到第 j 层兴趣状态的概率，即 $A_{ij} = P(X_t = j \mid X_{t-1} = i)$；$B$ 是品类别选择概率矩阵，元素 B_{ij} 为处于第 i 层兴趣状态时选择第 j 个信息类别的概率，即 $B_{ij} = P(Y_t = j \mid X_t = i)$。DHIB 使用维特比算法（Viterbi Algorithm），以 $Levstat$、$Catobsv$、Π、A、B 为参数，输入 $Input$，得到兴趣层次转移序列 $Output$，且该序列具有最大概率。

$$\begin{cases} Levstat = \{Lev_1,\ \cdots,\ Lev_i,\ \cdots,\ Lev_7\} \\ Catobsv = \{Cat_1,\ \cdots,\ Cat_i,\ \cdots,\ Cat_n\} \\ \Pi = (\pi_i),\ A = (A_{ij}),\ B = (B_{ij}) \\ Input = \langle C_1,\ C_2,\ \cdots,\ C_n \rangle \\ Output = \langle L_1,\ L_2,\ \cdots,\ L_n \rangle \end{cases} \tag{3-13}$$

基于上述内容，UIHOH 算法描述如下：

$Input$ 是用户的信息行为所对应的信息类别序列；

$Output$ 是对应隐藏的需求层次兴趣状态转移序列。

UIHOH 具体步骤如下。

（1）信息类别的需求层次判定

步骤 1:构建各兴趣层次的内容，根据需求层次论阐述的各层次内涵，将内涵映射为各信息类别的内容。

步骤 2:计算各信息类别的兴趣层次隶属度向量，其中某类别隶属第 i 层需求的程度 $Need_i$ 的计算方法为：

$$Need_i = \frac{\sum_{j=1}^{Terms(i)} Weight(j)}{\sum_{k=1}^{7} \sum_{j=1}^{Terms(k)} Weight(j)} \tag{3-14}$$

其中：$Terms$ 代表描述该类别的特征词与描述某兴趣层次的特征词的交集；$Terms(i)$ 代表与第 i 层特征词交集的元素个数；j 为词汇序号，$Weight(j)$ 是该词的权重，值可以为词频（Word Frequency）。

步骤3： 使用工具构造本体并开发程序，程序输入品类别 C_i，输出 C_i 的需求层次隶属度向量 $V(C_i)$。

（2）信息行为的需求层次判定

步骤1： 元素 B_{ij} 计算如式（3-15）所示，其中，T_j 为某品类别浏览次数，$Need_i(C_j)$ 为第 j 类信息对第 i 层的隶属度，n 是所有品类别的个数。

$$B_{ij} = \frac{Need_i(C_j) \times T_j}{\sum_{k=1}^{n} Need_i(C_k) \times T_k} \tag{3-15}$$

步骤2： 利用维特比算法进行运算，局部概率 $\delta_t(i)$ 为时刻 t 处于状态 i 的最大概率。利用该定义递归可得到所有状态节点的局部概率，递推公式如式（3-16）所示，其中，kt 为时刻 t 的观测值。

$$\begin{cases} \delta_l(i) = \boldsymbol{\pi}(i) \times B_{ikl} \\ \delta_t(i) = \max_j [\delta_{t-1}(j) \times A_{jt} \times B_{ikt}] \end{cases} \tag{3-16}$$

步骤3： 得到终止状态后，逐步回溯可得到整个状态转移序列，若每个状态赋予反向指针 $\boldsymbol{\Phi}$，argmax 用来计算使括号中表达式的值最大的索引 j，公式如下：

$$\boldsymbol{\Phi}(i) = \mathrm{argmax}_j [\delta_{t-1}(j) \times A_{ji}] \tag{3-17}$$

2. 融入情境的用户活跃度计算方法

（1）用户活跃变

为了弥补目前移动商务推荐过程中用户直接打分和评论打分的缺陷，现将用户活跃度的概念引入到用户对产品的打分中。但由于移动商务中用户体系庞大，这就会使得用户—产品评分矩阵中存在数据稀疏性问题。在市场用户调查中，虽然有些用户没有购买产品，但不能说明用户对产品没有兴趣，也不能说明用户对产品的评分为 0；如何确定在无购买关系下用户与产品兴趣度的打分问题是解决移动商务业务数据稀疏性问题的重要环节。因此，本节在推荐业务中，引入用户活跃度的概念，并根据用户是否购买过产品，将用户活跃度分为 2 类。

用户活跃度定义 1：用户访问品类的活跃程度。 用户对品类活跃度的表现方式一般分为：在同一个兴趣品类上停留的时间，从一个品类离开后到返回该品类的时间间隔，按兴趣高低排序下品类被访问的频次。

把 $Interest\_Cat(u, i)$ 定义为用户 u 对品类 i 的活跃度，$ST(u, i)$ 定义为用户 u 对品类 i 在同一个兴趣品类上停留的时间，$IT(u, i)$ 定义为用户 u 对品类 i 从一个品类离开后到返回该品类的时间间隔，$FR(u, i)$ 定义为用户 u 对品类 i 按兴趣高低排序下品类被访问的频次。用户活跃度计算公式为：

$$Interest\_Cat(u, i) = \int [ST(u, i), IT(u, i), FR(u, i)] = \frac{ST(u, i)}{\overline{ST(i)}}$$

$$\times W_{ST} + \frac{IT(u, i)}{\overline{IT(i)}} \times W_{IT} + \frac{FR(u, i)}{\overline{FR(i)}} \times W_{FR} \qquad (3\text{-}18)$$

式中，$\overline{ST(i)}$ 表示同一个兴趣品类上停留的平均时间，$\overline{IT(i)}$ 表示从一个品类离开后到返回该品类的平均时间间隔，$\overline{FR(i)}$ 表示按兴趣高低排序下品类被访问的平均频次，W 分别表示各自的权重。

用户活跃度定义 2：用户购买产品（品牌）的活跃程度。 用户对产品活跃度的表现方式一般分为购买者的购买频度、最后一次购买的时间以及其所处的地域因素等方面。 用户活跃度计算公式为：

$$Interest\_Buy(u, i) = r_{ij}[FR/(T - t)] \qquad (3\text{-}19)$$

式中，$Interest\_Buy(u, i)$ 表示用户 u 对产品 i 的活跃度，r_{ij} 为用户所在地域 D_i 的相对重要性权重，FR 表示在 $[0, T]$ 这段观测时间内的购买频度，t 表示最后一次购买的时间。 具体而言，购买频度指衡量一定时间内（一般以月为单位）某用户购买产品的频率分布，计算频度时需综合考虑购买产品的天数、周数、旬数等因素，这样可以有效降低突发性事件如特殊节日等造成的干扰，确保产品使用比较有规律的用户活跃度较高，以提高计算的准确性。

购买频度计算公式为：

$$FR(u, i) = (D_n + W_n + P_n)\big/ C \qquad (3\text{-}20)$$

式中，C 为常量，表示考察某用户活跃度的一个时间段的天数；D_n 表示

在 C 天内该用户的活跃天数；W_n 表示在 C 天内该用户的活跃周数；P_n 表示在 C 天内该客户的活跃旬数。

综上，在移动商务推荐过程中，会使用上述两个用户活跃度定义中的全部或部分参数来表示用户活跃度，同时根据用户与产品不同的情况对参数设置不同的权重。

$$Interest(u, i) = \begin{cases} Interest\_Cat(u, i)，品类活跃度 \\ N \times Interest\_Buy(u, i)，购买活跃度 \end{cases} \quad (3-21)$$

式中，$N = \overline{Interest(u)}$，为用户—产品矩阵中用户 u 的平均活跃度（都有订购记录的产品）。

$N = \overline{Interest(i)}$，为用户—产品矩阵中产品 i 的平均活跃度（都无用户订购记录但有用户品类访问记录的产品）。

对有产品购买记录的用户通过用户活跃度定义 2 的引入对产品打分进行优化，同时将无产品购买记录但有浏览访问行为的用户对产品的打分用用户活跃度定义 1 来代替。

（2）融入情境的用户活跃度计算方法

移动商务用户的消费行为、消费习惯和认知习惯都有着明显的地域性，东部沿海地区的经济发达程度往往高于中西部地区，因此网购人群的覆盖面、渗透率等也呈现出东部高于中西部的特点。与网购行业密切相关的物流行业，也呈现东部发展快于中西部的特征。因此，本节考虑多个情境，不仅关注启发式算法中的最后一次购买间隔因素，也将 BG/NBD 模型中的网购个体过去的购买次数因素考虑进来，最重要的是将地域因素融入到启发式算法中，作为判断用户的活跃度权重指标。地域因素隐性地反映了网络个体所在区域经济状况、区域经济与网购消费结构的关联性、区域经济状况与移动商务客户消费行为的关联性。常规的协同过滤算法通常采取问卷调查等方式，让用户直接参与的打分对 10 万或百万级别以上用户的电子商务网站来说，难度较大且会消耗大量的成本；另外，直接打分算法还带有客户的主观偏差，不能真实反映出用户对产品的喜好程度，以至于影响推荐结果。正确反映电子商务业务中用户对产品的兴趣度打分是解决电子商务协同过滤推荐结果准确度偏差问题的关键要点。因此，本节引入融入情境的用户活跃度的概念，提

出 ACUC 如下:

定义 3.6 地域因素及其相对重要性权重。将网购消费者 i、j 所在的地域分别命名为 D_i 和 D_j;w_{ik} 和 w_{jk}($k = 1, \cdots, n$)分别表示地域 D_i 和 D_j 中影响居民消费特征的指标。本节考虑人均 GDP(w_{i1} 或 w_{j1})、人均可支配收入(w_{i2} 或 w_{j2})、人均社会消费品零售额(w_{i3} 或 w_{j3})以及网络购物渗透率(含手机)(w_{i4} 或 w_{j4})这 4 个信息量作为衡量地域差异的指标。定义地域 D_i 的相对重要性权重为 $r_{ij} = \sum_{j=1}^{4} [w_{ij}/(w_{ij} + w_{ji})]/4$ $(i, j = 1, \cdots, n)$。

定义 3.7 网购个体的购买模式。$X = (r_{ij}, FR, t, T)$ 表示个体的购买模式,其中,r_{ij} 为个体所在地域 D_i 的相对重要性权重,FR 表示在 $[0, T]$ 这段观测时间内的购买频度,t 表示最后一次购买的时间,阈值 $Para_{active}$ 用来划分用户活跃度 $Interest(u, i)$。

推论 3.1 当 $Interest(u, i)$ 越大时,表示该地域因素的相对重要性权重相对越大,顾客过去的购买频度相对越大,顾客最后一次的购买间隔相对越小,则顾客未来的购买可能性就越大,顾客越活跃;反之,顾客越不活跃。

假设 3.3 顾客的未来购买可能性和顾客过去的购买频度是正相关关系,而与顾客距离最后一次购买时间间隔是负相关关系。

假设 3.4 顾客的未来购买可能性和个体所在的地域因素是正相关关系,即个体所在区域的人均 GDP、人均可支配收入、人均社会消费品零售额以及网络购物渗透率(含手机)越高,个体未来购买的可能性则越大。

假设 3.5 当 $Interest(u, i) > Para_{active}$ 时,即在时间 T 时其活跃概率大于阈值 $Para_{active}$,个体是活跃的;当 $Interest(u, i) \leqslant Para_{active}$ 时,即在时间 T 时其活跃概率小于等于阈值 $Para_{active}$,个体是不活跃的。

假设 3.6 为了检验判别的好坏,先根据估计阶段和验证阶段内顾客的购买情况来分类。当顾客在验证期内至少发生一次购买行为时,则视顾客为"活跃"的;如果在验证期内未发生消费行为,则视顾客为"不活跃"的。这样就可以通过对比预测结果和实际反应将个体划分为 a、b、c、d 4 种类型。

推论 3.2 消费者被正确划分为活跃(active),即 $Interest(u, i) >$

$Para_{\text{active}}$，且其在后续时间里发生了至少一次购买行为，记作 a；消费者是活跃的，却被错误划分为不活跃（inactive），即 $Interest(u, i) \leq Para_{\text{active}}$，则表示其在接下来的时间里发生了至少一次购买行为，记作 b；消费者是不活跃的，却被误划分为活跃，即 $Interest(u, i) > Para_{\text{active}}$，则消费者不会在后续时间内发生购买行为，记作 c；消费者被正确划分为不活跃，即 $Interest(u, i) \leq Para_{\text{active}}$，且顾客在接下来的时间里没有发生购买行为，记为 d。

ACUC 算法的目的是找到一个最优值 $Para_{\text{active}}$ 来正确划分活跃与不活跃，这时（a＋d）/（a＋b＋c＋d）的比值最大，并根据这个阈值判断个体的活跃度。

ACUC 算法思路如下。

输入：X 为一个未知类别的移动商务客户样本，$X \in \{D_1 \cup D_2\}$，D_1 为估计阶段数据集，D_2 为验证阶段数据集。其购买模式为（r_{ij}，FR，t，T），其中：r_{ij} 为网购个体 X 所在地域 D_i 的相对重要性权重，FR 表示在（0，T）区间里的购买频度，t（$0 < t \leq T$）表示最后一次购买的时间。

输出：$Para_{\text{active}}$，用户活跃度 $Interest(u, i)$。

步骤 1：变量初始化，$Para_{\text{active}} = 0.0$，$k \in [0, +\infty)$，$\text{Max} = 0$，$\text{Sum} = 0$。

步骤 2：求出最佳阈值 $Para_{\text{active}}$。

步骤 3：求出用户活跃度，且令 $p(X_i) = 1$，$p(X_i) = 0$，分别表示活跃用户和不活跃用户。

步骤 4：活跃度标准化。

$$\text{Norm}[Interest(u, i)] = \frac{\dfrac{w - \overline{A}}{\sigma_A} - \min\limits_{v \in A}\left(\dfrac{v - \overline{A}}{\sigma_A}\right)}{\max\limits_{v \in A}\left(\dfrac{v - \overline{A}}{\sigma_A}\right) - \min\limits_{v \in A}\left(\dfrac{v - \overline{A}}{\sigma_A}\right)} \qquad (3\text{-}22)$$

由于通过产品活跃度计算出来的数值并不是落入区间 [0，1]，这就会对最终个性化推荐算法的准确度产生较大影响。第一，利用 z-score 标准化方法，将用户活跃度进行处理，最终符合标准正态分布。第二，对符合标准正态分布的用户活跃度集合进行归一处理，目的是使最终标准化的数据落在 [0，1] 内。其中：w 为原始用户活跃度，$\overline{A}$ 是属性 A 原始值的均值，σ_A

是属性 A 原始值的标准差。

$Interest\_Buy(u, i)$ 可能出现分母为 0 的情况，即 $T-t=0$，表示顾客最后一次购买行为发生在估计阶段结束的时候。一般来说，顾客在验证阶段的购买可能性非常大，所以，本节采用一个很大的值来替代 $r_{ij}[x/(T-t)]$，以此来保证远大于划分的 $Para_{\text{active}}$ 值。

通过 ACUC 算法求出活跃度后，对每位电子商务客户兴趣状态做出判断：如果 $Interest(u, i)$ 大于 $Para_{\text{active}}$，用户属于活跃客户；反之，属于非活跃客户。同时，算法可以根据阈值来判断用户兴趣是否随着情境发生了漂移，如用户活跃度不大于阈值，说明用户可能在该品类或者产品上的兴趣发生变化了，故考虑是否要重新推荐。

3. 融入用户活跃度的动态协同过滤推荐算法

现实中，用户—产品二维活跃度模型并不能准确代表用户之间的相似度，因为用户在不同情境下针对相同产品的活跃度是不同的。因此，需要建立用户—产品—情境的三维活跃度矩阵，并假设情境 c_n 和情境 c_m 是两个不同的情境，当用户在不相同的情境下对同一个产品的偏好没有特别大的区别时，那么情境 c_n 和情境 c_m 是相似的。

在用户的情境属性发生改变后，并不一定需要进入动态推荐的流程。在用户情境发生改变后，如何进行动态推荐是本研究的创新之处。本节提出 DCFUA，其具体的推荐算法过程如下：

（1）利用用户活跃度计算情境相似度，预判用户是否兴趣漂移

步骤 1：假设用户 u，情境由 c_n 变化成情境 c_m。在情境 c_n 下，用户和产品的活跃度矩阵为 $\textbf{Matrix}_{c_n}(u, p)$；在情境 c_m 下，用户和产品的活跃度矩阵为 $\textbf{Matrix}_{c_m}(u, p)$；判断情境是否相似的阈值为 $Para_{ci}$。

步骤 2：计算出情境 c_n 和情境 c_m 的相似度 $Sim(c_n, c_m)$。情境 c_n 和情境 c_m 在产品 i 上的相似度的计算公式为：

$$Sim(c_n, c_m, i) = \frac{\sum_{u=1}^{n}(r_{u,i,c_n}-\overline{r_{i,c_n}})(r_{u,i,c_m}-\overline{r_{i,c_m}})}{\sqrt{\sum_{u=1}^{n}(r_{u,i,c_n}-\overline{r_{i,c_n}})^2}\sqrt{\sum_{u=1}^{n}(r_{u,i,c_m}-\overline{r_{i,c_m}})^2}} \qquad (3\text{-}23)$$

式中，c_n、c_m 为两个情境；u 代表同时在两个情境中针对产品 i 均有活跃度的用户集合；r_{u,i,c_n} 代表用户 u 在情境 c_n 下对产品 i 的活跃度；r_{u,i,c_m} 代表用户 u 在情境 c_m 下对产品 i 的活跃度；$\overline{r_{i,c_n}}$ 代表情境 c_n 下对产品 i 的平均活跃度；$\overline{r_{i,c_m}}$ 代表情境 c_m 下对产品 i 的平均活跃度。

步骤 3：根据求出的情境 c_n 和 c_m 的相似度，与设置的阈值进行比较。 当相似度 $\text{Sim}(c_n,c_m) > Para_{ci}$ 时，判定情境 c_n 和 c_m 是相似的，对用户不再进行计算推荐；当情境相似度 $\text{Sim}(c_n,c_m) \leqslant Para_{ci}$ 时，判定情境 c_n 和 c_m 是不同的情境，用户情境发生改变，因此需对用户进行兴趣漂移监测与处理。

（2）用户兴趣漂移监测与处理

步骤 1：在情境 c_m 下，基于用户和产品的活跃度矩阵 $\boldsymbol{Matrix}_{c_m}(u,p)$ 对用户开展协同过滤推荐，该用户在此矩阵中对活跃度取值来自与情境 c_m 最相似的情境矩阵中用户的活跃度值，并最终产生推荐产品集。 这个作为 Set_{Cand}，按照推荐优先度由高到低进行排序，选择部分产品放入 Set_{Rec}。

步骤 2：使用 OHIC 计算 Set_{Cand}（推荐候选内容）、Set_{Rec}（待推荐集合）中所有信息的层次隶属度，记为 $\boldsymbol{V}(C_i)$。

步骤 3：使用 DHIB 将时间窗口 $Para_{\text{Win}}$ 内的行为序列作为输入，得到输出。

步骤 4：用户渐变式的兴趣漂移处理方法。 根据输出，统计用户浏览信息类别的数量 Cat_k 和浏览总量 Inf_k。 两者比值 $\boldsymbol{Div_k} = Cat_k \big/ Inf_k$ 称为多样度；所有层次的多样度组成 $\boldsymbol{Div} = \{\cdots, \boldsymbol{Div_k}, \cdots\}$，称为多样性向量，表示用户在满足各兴趣层次时需要信息多样化的程度；将 Set_{Cand} 中信息的层次隶属度向量 $\boldsymbol{V}(C_i)$ 与 $\boldsymbol{Div}$ 求余弦相似度，将相似度大于 $Para_{\text{sim}}$ 的信息放入 Set_{Rec}。 因此，多样化需求程度较大的需求层次可以拥有较多的信息量，从而增多了出现类别。

步骤 5：用户突变式的兴趣漂移处理方法。 设置监测器，监测窗口 $Para_{\text{Win}}$ 内的用户活跃度 $Interest(u,i)$，若 $Interest(u,i)$ 小于阈值 $Para_{\text{active}}$，则说明用户兴趣发生较大变化。统计 $Para_{\text{Win}}$ 内类别 C_i 中的信息被接受的比例 $A(C_i)$，计算其平均接受率 $\overline{A}$，若 $A(C_i) < \overline{A}$，则 $C_i \in Set_{\text{Low}}$；若 $A(C_i) \geqslant$

$\overline{A}$，则 $C_i \in Set_{High}$。计算 Set_{Low}、Set_{High} 中 $\boldsymbol{V}(C_i)$ 的向量中心，分别记为 $\boldsymbol{V}_c(Set_{Low})$、$\boldsymbol{V}_c(Set_{High})$，则

$$\boldsymbol{V}_C(Set) = \frac{1}{n} \times \sum_{i=1}^{n} \boldsymbol{V}(C_i) \qquad (3\text{-}24)$$

式中，i 为集合 Set 中的类别序号，n 为集合 Set 中的类别数量。

步骤 6：同样地，计算 $\boldsymbol{V}_c(Set_{Low})$、$\boldsymbol{V}_c(Set_{High})$ 的余弦相似度均值，分别记为 $L(Set_{Low})$、$L(Set_{High})$。

$$L(Set) = \frac{1}{m} \times \sum_{j=1}^{m} \frac{\boldsymbol{V}(C_j) \cdot \boldsymbol{V}_c(Set)}{\|\boldsymbol{V}(C_j)\| \cdot \|\boldsymbol{V}_c(Set)\|} \qquad (3\text{-}25)$$

式中，j 为集合 Set 中的类别序号，m 为集合中的类别数量

若 $L(Set_{Low}) > Para_{Low}$，且 $L(Set_{High}) > Para_{High}$，说明 Set_{Low} 和 Set_{High} 两集合中的各类信息所能满足的用户需求层次相似，即用户的兴趣呈现明显的层次性，由此断定情境的变化带来用户需求层次间的跳转从而会引起用户兴趣的变化，进而采取应对措施。

步骤 7：计算 Set_{Cand} 中所有信息的 $\boldsymbol{V}(C_i)$ 与 $\boldsymbol{V}_c(Set_{High})$ 的余弦相似度，若大于 $Para_{Evn}$，则将信息放入 Set_{Rec}；计算 Set_{Rec} 中所有信息的 $\boldsymbol{V}(C_i)$ 与 $\boldsymbol{V}_c(Set_{Low})$ 的余弦相似度，若大于 $Para_{Evn}$，则将信息从 Set_{Rec} 删除；以上步骤使 Set_{Rec} 中的信息对应的兴趣层次与可能跳转后的兴趣层次更一致，最终将 Set_{Rec} 推荐给用户。

之所以选择在检测情境变化后计算活跃度的变化，一是通过情境变化的检测可以减少提升计算的效率；二是利用活跃度变化可以减少用户—产品评价矩阵的计算量。当计算机系统运算能力足够大时，也可以采取比较简便的算法，就是在情境变化的判定后，直接开始推荐和计算相似邻居集。

三、实验及分析

1. 数据集与评价指标描述

本节采用的数据来自某 B2C 平台，以 2018 年 11 月作为实证研究的起始时间，观测终止时间为 2019 年 10 月（含 10 月份）。数据集包括用户购买成

交记录、商品购买评论记录、商品浏览日志记录（如点击、购买、加入购物车、收藏等行为）等。从该网站的数据库中，抽取 2018 年第 4 季度第 1 次在网站中注册用户并成功购买商品的客户，排除无效样本共计 890 个样本。该数据集包含 890 个客户的个人信息、周期内的消费明细以及消费统计信息（重复购买次数、最后一次购买时间、顾客月平均消费金额数、分时段购买次数等）、客户访问日志（商品类目的点击等）等。周期内前 2 个季度视为估计阶段，后 2 个季度为验证阶段。将顾客第 1 次购买行为看作是整个观测期的 0 起点，因此重复购买次数从第 2 次消费开始计数，最后一次购买的时间是从第 1 次购买到最后一次购买的时长距离。同时，选择样本数据较多的前 7 个省市作为本书的研究地域，这 7 个省市分别是上海、四川、河南、浙江、北京、广东和山东（城镇居民情况）。

推荐模型的评价指标也是推荐系统一个重要的研究分支，比较常用的评价指标包括推荐精准度、产品覆盖度、用户满意度以及产品多样性和新颖性等等。另外，在个性化推荐中，经常用召回率、准确率作为评测用户模型表示性能的指标。把全部实验数据按比例划分成不相交的训练集和测试集，利用训练集数据建立用户兴趣模型，然后按照用户兴趣模型从测试集中选取产品推荐给用户。

推荐精准度通常采用 MAE 或均方根误差（Root Mean Square Error, RMSE）来度量。假设 N_u 为用户 u 评价的测试集合，R_{ui} 为用户 u 对物品 i 的实际评分，R'_{ui} 为预测评分，从而有：

$$\text{MAE} = \frac{\sum_{(u,i)\in N_u} |R'_{ui} - R_{ui}|}{|N_u|} \tag{3-26}$$

$$\text{RMSE} = \frac{\sqrt{\sum (R'_{ui} - R_{ui})^2}}{\sqrt{|N_u|}} \tag{3-27}$$

Top-N 问题，即给用户推荐 N 项最可能感兴趣的物品，主要是根据对用户过去的行为记录进行分析而建立的用户兴趣偏好模型，可以通过预测精准度（Precision）和覆盖召回率（Recall）来衡量推荐的精准度，即

$$\text{Precision} = \frac{\sum\limits_{N} |hit_u|}{\sum\limits_{N} |pre_u|} \qquad (3\text{-}28)$$

式中，N 为数据集中预测的用户数，$|hit_u|$ 为对用户 u 预测他（她）会购买的商品（品牌）列表个数，pre_u 对用户 u 预测的商品（品牌）列表与用户 u 真实购买的商品（品牌）交集的个数。

$$\text{Recall} = \frac{\sum\limits_{M} |hit_u|}{\sum\limits_{M} |Buy_u|} \qquad (3\text{-}29)$$

式中，M 为实际产生成交的用户数量，Buy_u 为用户 u 真实购买的商品（品牌）个数，hit_u 预测的商品（品牌）列表与用户 u 真实购买的商品（品牌）交集的个数。

最后，利用 F_1-Score 来拟合准确率与召回率 $F_1\text{-Score} = \dfrac{2 \times P \times R}{P + R}$。

2. 用户兴趣层次性实验结果与分析

首先对用户需求进行标记：（1）底层需求有生理层（NL1）、安全层（NL2）、爱与归属层（NL3）、尊重层（NL4）；（2）高层需求有认知层（NL5）、审美层（NL6）、自我实现层（NL7）。本节对 3 组用户行为序列进行处理，模拟了在不同的兴趣层次跳转情况下的信息浏览行为，以检验模型是否能反向得到与模拟的跳转趋势一致的跳转输出。如图 3-13 所示，输入 3 组行为序列 ICV1、ICV2、ICV3；图 3-14 为输出的 3 组兴趣层次转移序列 ILT1、ILT2、ILT3。结果显示，基于 UIHOH 计算出的兴趣转移曲线与实际兴趣转移趋势一致。所以，UIHOH 有效。

从上述实验结果数据可得出以下结论，如表 3-3 所示。以用户 User$_1$ 和用户 User$_2$ 为例：User$_1$ 随着其年龄、收入的增长与学历的提升，兴趣逐渐从服装、饰品转变为服装、文体，而其结婚后开始更多关注母婴类产品；User$_2$ 随着其年龄、收入的增长与地域的变迁，兴趣逐渐从服装、文体转向数码、文体类产品。

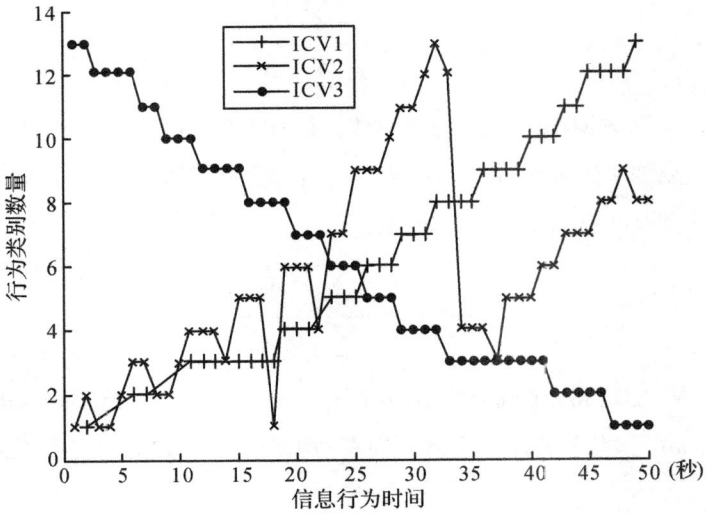

图 3-13　用户行为分类序列

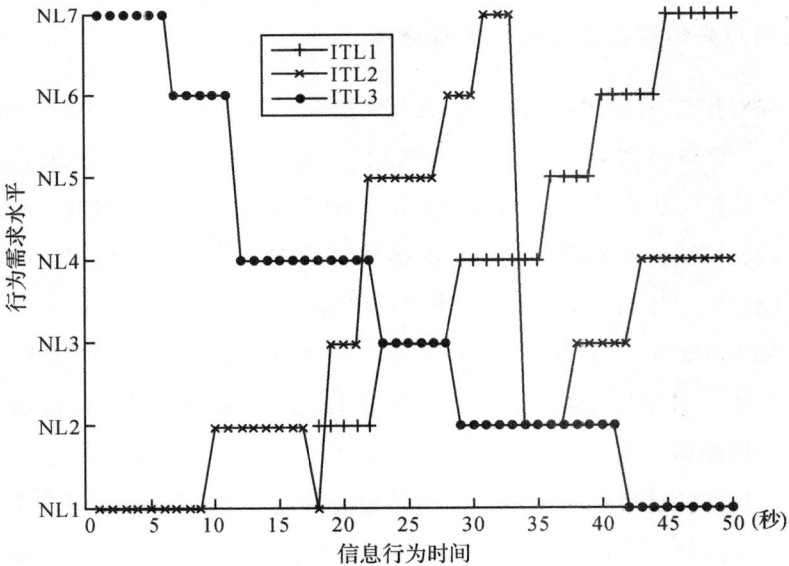

图 3-14　用户需求层次序列

表 3-3　用户背景情境对兴趣主题的影响

用户	性别	地域	婚否	收入（元）	年龄（岁）	教育	兴趣主题1	兴趣主题2	兴趣主题3
User₁	女	华东	否	3000	25	本科	服装	饰品	娱乐
			否	6000	27	硕士	服装	文体	美容
			是	10 000	29	硕士	母婴	文体	服装
User₂	男	西北	否	3000	25	本科	服装	文体	娱乐
		华东	否	6000	27		文体	食品	数码
		华东	是	9000	29		数码	文体	母婴

通过 UIHOH 的计算方法，本节列举了用户 User₃—User₆ 的兴趣漂移模式的描述，如表 3-4 所示。

表 3-4　部分用户兴趣漂移模式描述的实例

用户	用户浏览兴趣漂移模式描述
User₃	数码、母婴、食品 → 数码、食品、文体
User₄	服装、配饰、娱乐 →服装、配饰、数码→ 服装、数码、美容
User₅	服装、美容、食品 → 服装、配饰、美容 → 服装、数码、美容 → 服装、配饰、数码
User₆	美容、文体、食品 → 服装、文体、食品 → 服装、母婴、文体 → 服装、母婴、美容 → 服装、母婴、食品

3. ACUC 实验结果与分析

与北上广等一线城市不同，受地域限制，线下实体店在三、四线城市覆盖率有限，特别是中高档品牌。然而，中国三、四线城市的富裕消费者正在逐渐增多，为了能享用到更优质商品，他们往往更热衷于网购，如表 3-5 所示。因此，本节首先利用人均 GDP、人均可支配收入、人均社会消费品零售额和网络购物渗透率（含手机）这 4 个指标计算地域重要性权重，如表 3-6 所示。

表 3-5　7 个省、市的经济与消费统计数据

地域 指标	上海	四川	河南	浙江	北京	广东	山东
人均 GDP（元）	157300	55774	56388	107624	164000	94172	70653
人均可支配收入（元）	69442	24703	23903	49899	67756	39014	31597
人均消费支出（元）	45605	19711	16332	32026	43038	28995	20427
网络购物渗透率（含手机）（%）	85.1	74.6	80.7	89.8	86.9	97.1	76.2

数据来源：《2019 年中国统计年鉴》《各省市国民经济与社会统计公报》《CNNIC 统计报告》。

从表 3-6 中看出，各个地区的地域文化的形成在很大程度上与它的经济的发展状况、网络普及率密切相关。

表 3-6　7 个省、市的相对重要性权重计算结果

地域	四川	河南	浙江	北京	广东	山东
上海	0.6769	0.6824	0.5624	0.5012	0.5860	0.6489
四川		0.5080	0.3767	0.3241	0.3996	0.4663
河南			0.3697	0.3183	0.3922	0.4583
浙江				0.4388	0.5250	0.5919
北京					0.5849	0.6480
广东						0.5677

利用 ACUC 计算方法求出客户的活跃度阈值为 0.3，并据此确定个体的活跃度。活跃度阈值计算如表 3-7 所示。"活跃"正确划分比是预测为活跃人数与实际为活跃人数的百分比，"不活跃"正确划分比是预测为不活跃人数与实际为不活跃人数的百分比，"活跃"却被错误划分比是预测为不活跃人数与实际为活跃人数的百分比，"不活跃"却被错误划分比是预测为活跃人数与实际为不活跃人数的百分比。从表 3-7 可以看出，通过 ACUC 算法得到的阈值 0.3 划分正确率最高，这将为模型协同过滤推荐的精确性打下良好的基础。

表 3-7　活跃度阈值计算

	ACUC:0.3	启发式算法:21	BG/NBD:P(Active)=0.5
"不活跃"正确划分比	87.31	84.67	85.17
"活跃"正确划分比	73.26	60.37	50.46
正确划分比	80.29	72.52	67.82
"不活跃"却被错误划分比	12.25	15.78	14.24
"活跃"却被错误划分比	22.72	36.95	46.14
错误划分比	17.49	26.37	30.19

4.动态协同过滤推荐实验结果与分析

首先，验证 DCFUA 改进个性化信息服务适应用户兴趣变化的有效性。为体现模型有效性，使用 MAE、精准度和召回率来分别度量服务质量，实验结果如图 3-15 所示。 其中，CBF 代表基于内容推荐，CFR 代表基于协同过滤推荐，DCFUA 为本节提出的推荐算法。

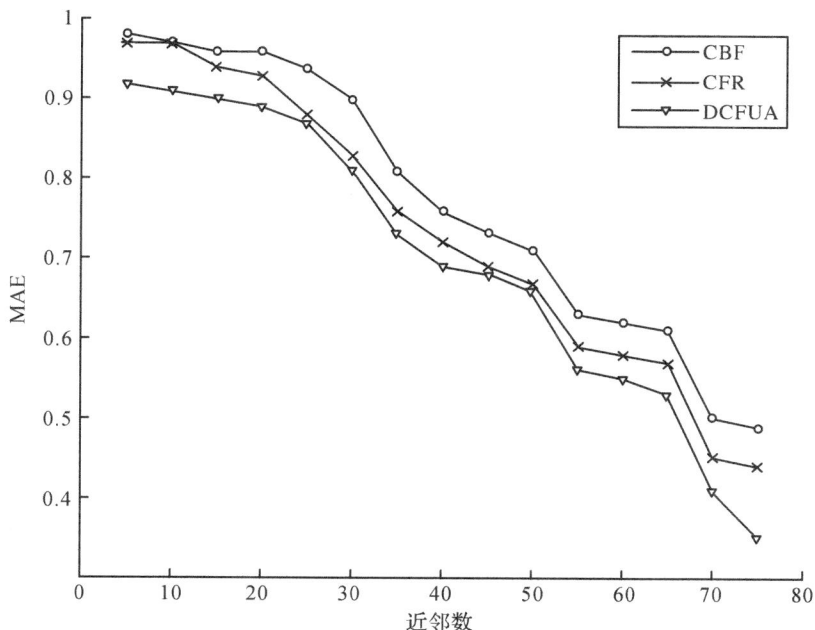

图 3-15　三组算法的 MAE 对比

其次，实验对用户平均停留的商品类别数目和用户接受推荐信息的程度进行对比，3 组实验中所有用户的前 15 次交互过程中所浏览的信息类别的平均数结果如图 3-16 所示。由图 3-16 可知，随着登录次数的增加，用户感兴趣的类目数量总体呈上升趋势，表明推荐的准确度逐步提高。用户接受信息比例如图 3-17 所示。10 组实验中的原始值代表原始接受推荐比例，增值代表应用本文算法后的接受推荐比例，该值为用户通过推荐链接进入商品详情页面浏览并且该用户当天发生该商品成交记录的百分比。

最后，对推荐的效果进行评测。选取 100 个带有概念漂移特征的用户添加到实验数据中，随后抽样选取无概念漂移用户添加到实验数据集中进行对比测试。主要对比指标是推荐系统的预测率和召回率，对比实验结果如表 3-8 所示。结果表明，推荐系统加入基于本体与隐马尔科夫的用户兴趣层次判定算法、融入情境的用户活跃度计算方法和融入用户活跃度的动态协同过滤推荐算法后，推荐的预测率和召回率有所提升，这说明算法在推荐系统中有一定的实用性。

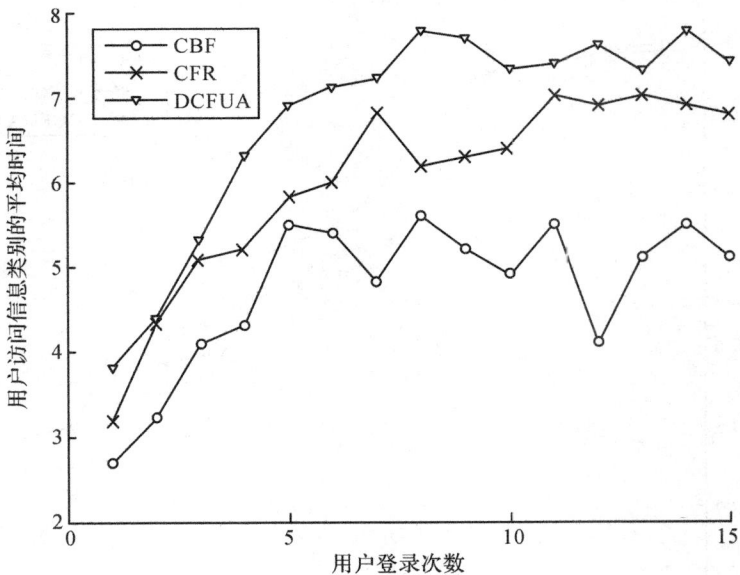

图 3-16　3 组算法对应的平均推荐类别接受数值

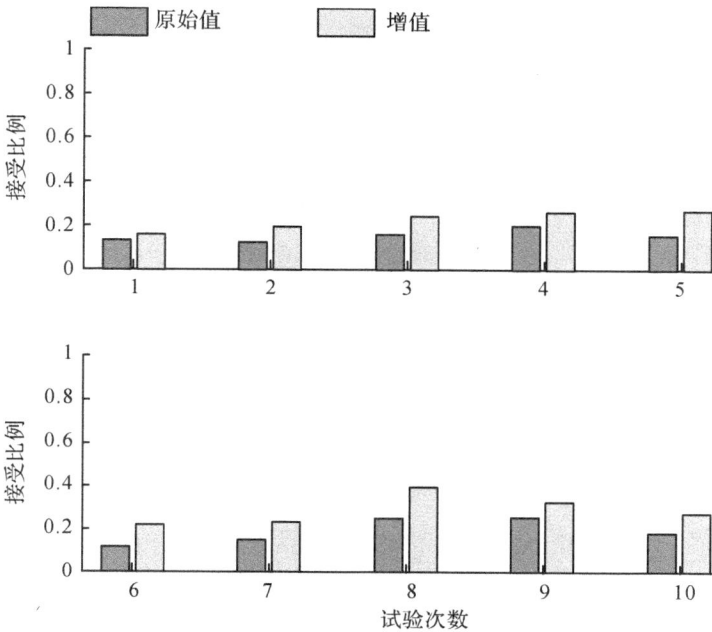

图 3-17　用户接受信息比例对比图

表 3-8　推荐模型的预测率和召回率对比

用户数		预测率（%）		召回率（%）	
概念漂移用户数	无概念漂移用户数	未加入本书算法	加入本书算法	未加入本书算法	加入本书算法
100	100	31	48	21	29
100	230	39	59	29	38
100	400	36	56	25	37
100	580	40	60	30	37
100	620	41	61	31	38
100	700	49	70	35	46
100	790	53	75	40	48

综上可知，基于马斯洛需求层次理论的情境化信息服务机制在适应当前用户兴趣变化（兴趣迁移、兴趣进化）的需求上是有效的。

第四节　本章小结

首先，本章对协同过滤推荐方法以及存在的问题进行了深入研究。其次，本章提出了 CFCI，其主要的创新在于：①提出基于改进型 FP-Tree 的关联规则算法 ARIF，高效挖掘大数据环境下客户的购买行为模式；②提出 UICC，基于 ARIF 对客户的兴趣进行挖掘，并对情境影响下的客户偏好模式进行建模，描述客户购买行为的变化，分析情境对客户偏好的影响；③提出 CFIR，引入了情境贡献度代替偏好评分，用于提高情境化推荐的准确性。最后，本章提出了融入用户兴趣漂移特征的情境化协同过滤推荐方法，其主要的创新在于：①提出并设计了基于马斯洛需求层次论分析信息类别与信息行为所对应的需求层次的机制，并在此基础上提出了基于本体与隐马尔科夫的用户兴趣层次判定算法；②引入用户活跃度的概念并提出融入情境的用户活跃度的计算方法来解决推荐服务中的冷启动与稀疏性的问题；③提出融入用户活跃度的动态协同过滤推荐算法，有选择性地将候选推荐内容多样化，通过监测用户反馈，学习其兴趣变化规律，判定其兴趣变化趋势并主动做出适应。上述研究为后续章节研究用户隐私关注下的移动精准推荐提供方法原理支撑。

第四章 移动商务精准推荐服务中用户隐私关注影响因素

本章面向移动商务精准推荐服务采纳研究情景，采用用户隐私关注四维度理论，对影响用户隐私关注的因素进行归纳总结。在国内外已有研究成果基础上，本章创新性地将隐私关注的影响变量分为用户隐私倾向、用户内控点、用户开放性、用户外向性、用户随和性和社交群体影响 6 个因素；然后建立隐私关注与移动商务精准推荐服务采纳行为意向之间的关系，并基于理性行为理论构建面向隐私关注问题的移动商务精准推荐服务概念理论模型。本章通过调研收集 421 份问卷，使用结构方程模型进行隐私关注程度测量与各个变量之间的关系分析，验证各影响因素与隐私关注，以及隐私关注与采纳移动商务精准推荐服务意向之间的理论假设，从而发现用户隐私关注的 4 个维度（信息收集、不正当访问、信息错误、二次使用）和 6 个影响因素的具体关系、隐私关注与移动商务精准推荐服务采纳行为意愿的关系。

第一节 研究提出及描述

伴随着移动智能终端和无线网络技术的快速发展，用户对随时随地获取互联网信息和服务的需求日渐增长，移动商务正在向着更深、更广的维度不断突破发展。面对这广阔的移动互联网市场，移动商务企业不断开发和创新移动互联网应用，为互联网经济注入新的动力，为用户提供个性化的信息服务。 目前，移动互联网应用已深入渗透到用户的日常生活中，用户几乎每时每刻都享受着移动互联网带来的便利。 但是，当用户访问移动互联网时，他们的个人资料、浏览记录等信息会被保留下来；移动互联网中基于位置的服务（Location Based Service，LBS）服务可以基于位置为用户提供和推送各类信息服务如路线规划、导航服务、周边商家优惠信息、位置交友等，但同时暴露了用户的个人位置和行踪；另外，目前绝大多数 APP 在下载安装的时候，其后台程序大都会对移动设备中用户的地理位置、通讯录、联系记录、社交行为等隐私信息进行读取和监控。 据 IBM 中国调研发现，2019 年，恶意数据泄露给调研中的受访企业带来平均 445 万美元的损失，比系统故障和人为错误等意外原因导致数据泄露造成的损失高出 100 多万美元。 2019 年，数据泄露问题更加严峻，8 起上亿级大规模重大泄露事件中累计泄露数据超过 60 亿条。 随着近年来移动互联网中隐私信息泄露事件的曝光，越来越多的用户开始重视隐私安全问题，提高其对隐私关注的程度，而且在使用移动互联网产品/服务时会对隐私问题进行衡量，而这势必影响了用户采纳意愿。 因此，在移动商务服务采纳研究情景下，本章重点研究如下几个问题：哪些因素会影响用户隐私关注？ 不同的因素对用户隐私关注行为有什么不同的影响？ 用户采纳服务意愿受隐私关注的影响程度如何？ 上述问题都是移动商务企业针对移动用户自身隐私关注视阈提出来的，并在此基础上基于用户不同喜好和需求"有的放矢"，通过个性化隐私偏好设置和隐私关注强度分析为其提供产品和服务，降低用户对其产品/服务的隐私关注程度，解决用户由于隐私担忧而导致不愿意或者放弃采纳移动商务服务的问题，从而提高用户满意度和用户忠诚度。

第二节　研究思路

本章的主要研究思路：首先，深入研究国内外相关文献，结合理性行为理论、隐私关注理论、"大五人格"理论，归纳提取出 6 个隐私关注影响因素，包括用户隐私倾向、用户内控点、用户开放性、用户外向性、用户随和性与社交群体影响；并对上述变量进行定义，建立 6 个影响因素与隐私关注 4 个维度之间的研究假设；又考虑到隐私关注对采纳移动商务精准推荐服务行为意向的影响，本章构建面向隐私关注问题的移动商务精准推荐服务采纳行为理论模型。其次，结合移动商务精准推荐服务研究情况，并借鉴国内外学者对以上各变量的研究量表，设计开发出适合本研究主题的测量题项，形成最终的调查问卷。再次，使用 SPSS 软件对收回的有效问卷进行信度和效度分析，保证本研究构建的量表的有效性和可靠性。最后，通过结构方程模型分析方法研究变量之间的关系是否有显著影响，验证提出的研究假设，并根据实证分析结果对所采纳的因素和隐私关注之间的关系进行剖析，帮助移动商务企业深层次理解消费者的隐私心理。

第三节　研究变量和研究假设

本章研究变量包括用户隐私倾向、用户内控点、用户开放性、用户外向性、用户随和性、社交群体影响、隐私关注以及采纳移动商务精准推荐服务的意愿。本章将 6 个用户因素作为隐私关注的前因变量（即影响因素），而隐私关注影响移动商务精准推荐服务采纳意愿。另外，为了保证测量的精准度，本章借鉴 CFIP 量表测量隐私关注，将隐私关注分为 4 个维度。Stewart 和 Segars（2002）比较了二阶因子模型和 4 个单因素模型，发现 4 个单因素解释度更好。Junglas 和 Spitzmuller（2006）也发现在 CFIP 的 4 个维度上对隐私关注进行剖析能够增大方差的解释度。所以，本章将隐私关注分为二次使用、信息错误、信息收集和不正当访问 4 个单因素融入研究模型。

一、隐私关注影响因素

目前，国内外学者一般将用户隐私关注影响因素分为 3 类：文化因素、个人因素和制度因素。第一，本书由于研究聚焦点是国内移动商务环境，文化因素影响较小，因此不考虑文化因素；第二，关于制度因素的研究相对已经比较成熟，且与本书后续章节要解决的科学问题关联度不大，所以不将其纳入考虑；第三，本书主要研究的是面向用户的隐私关注问题，因此重点对个人因素进行一定程度的细分，从隐私关注认知过程角度研究其对隐私关注的影响。一方面，个人因素指个人内在特征，包括态度、性格。本章创新性地将个人隐私分为用户隐私倾向、用户内控点、用户开放性、用户外向性和用户随和性。另一方面，随着移动互联网中人与人的交互更加频繁、关系更加紧密，他人会影响用户隐私关注水平，所以本章融入了社交群体对移动用户隐私关注的影响。

1. 用户隐私倾向

用户隐私倾向（People Disposition toward Privacy，PDP）表示一个人对于隐私的态度（开放还是保守），同时强调人与人之间对隐私关注的差异程度，即不同的人对于隐私的态度不一样。例如，一些人特别反感自己的身份资料和位置信息被他人获取，且很少在微博和微信等社交 APP 中分享自己的评论与经历，而有些人却主动分享自己的地理位置，并通过图片的方式转发自己的私密信息。另外，随着人社会阅历的不断增加以及心理的日益成熟，用户对隐私方面的认知也会变得更加复杂（Wolfe 和 Laufer，1974）。所以，一般情况下，个人在隐私关注方面具有差异性和长久性的特征。本节将"用户隐私倾向"定义为"在使用各种移动商务服务中愿意暴露个人信息或多或少的倾向"。一般来说，如果一个人的隐私倾向高，那么他可能在接受移动商务精准推荐服务时比他人更加关注个人隐私。因此，本节提出：

假设 4.1 用户隐私倾向会正向影响用户隐私关注。

2. 用户内控点

用户内控点（Internal Locus of Control，ILC）指某一个体认为自身可以通过主观意志和努力操控自己行为的能力。Rotter（1966）提出了内部—外部尺度测量方法。其中，内部是指内部控制，即内控点，表示个人相信自己能够控制自己生活；外部是指外部控制，表示个人认为自己的生活受命运、机遇等不可控的因素控制。Choi（2007）认为，一个人的内控点会对隐私关注产生影响。一般来说，如果一个人的内控点较高，那么他会积极主动去控制一些事情的发生，并认为一些行为要受到自己的控制，如是否暴露自己的个人信息、暴露的程度等。所以，内控点越高，用户隐私关注程度越高。本节选择用户内控点作为影响隐私关注的因素之一。用户在使用移动商务精准推荐服务时，服务提供商可能出于某种目的未经用户允许将用户个人信息与第三方分享，这会激发用户的控制力。如果用户内控点高，隐私关注也就越高。因此，本节提出：

假设 4.2　内控点会正向影响用户隐私关注。

3. 用户开放性

开放性属于心理学"大五人格"中的一种，指的是一个人的好奇心、智力以及愿意尝试新事物和体验新环境的倾向。如果一个人拥有高开放性，则其更具有发散性思维，更倾向于学习和体验新事物。Barrick（2001）发现，高开放性的人更愿意选择去尝试和经历各种各样的新事物，而不是坚持已有的旧事物。Junglas 和 Spitzmuler（2006）提出，一个人的开放性程度对隐私关注的影响是负向的，且不同性格的人有不同的隐私关注心理倾向。Choi 和 Chi（2007）也认为，基于无线互联网技术的移动商务是一个新兴的领域，拥有各式各样的应用服务，包括 GPS 导航服务、LBS 服务、SNS 社交服务等，不同性格特质的用户对隐私关注也不同，进而影响他们的行为意愿。如，那些性格开放的人，会更加乐于去体验和接受 LBS 服务。本节认为高开放性的用户将有较低的隐私关注，更愿意接受各种创新应用；反之，较低开放性的用户将有较高的隐私关注。因此，本节提出：

假设 4.3　开放性会负向影响用户隐私关注。

4. 用户随和性

随和性指的是一个人在人际交往过程中，选择追求中庸的思想，减少与他人的冲突。Shin et al.（2005）通过实证研究表明，随和性高的人一般会受儒家思想、集体主义、关系等影响，从而对信息共享行为产生影响，其隐私的意识淡薄。人们普遍愿意相信、尊敬那些具有良好信用的人，并且极少怀疑这样一类人。 随和性高的人，往往是和睦友好的、善于和人打交道、容易相信朋友和他人的人，而随和性较弱的人，倾向于和他人保持距离，不容易相信新鲜事物和人，相对来说比较容易怀疑别人。 因此，低随和性的人遭受隐私威胁的概率比较低。 高随和性的人更倾向于相信他人，且很少怀疑自己所处的周遭环境，这就降低了他们的隐私关注。 因此，低随和性的人比较会怀疑他人行为是否对自己有伤害，那么他们在使用移动个性化信息推荐服务的时候可能会担心自己的信息会不会被暴露。 Junglas 和 Spitzmuler（2006）发现，用户"大五人格"中的随和性负向地影响隐私关注。 因此，本节提出：

假设 4.4 随和性会负向影响用户隐私关注。

5. 外向性

外向性的人倾向于体验积极向上的生活。 外向的人是善于社交的、健谈的、有活力的，往往更可能做出高风险行为。 McCrae 和 Costa（1987）发现，外向的人更喜欢提供和获取信息，更喜欢在社交平台上分享自己的心情，更喜欢混迹各种论坛、社区获取各种信息。 相反，Bermudez（1999）发现，内向的人往往在人际交往中比较被动，他们被认为话语较少、喜欢独处、沟通贫乏，一般比较脆弱。 所以，内向的人对隐私的入侵比较敏感，不喜欢暴露自己隐私信息。 本节认为，内向的人相比于外向的人对隐私关注度更高。 因此，本节提出：

假设 4.5 外向性会负向影响用户隐私关注。

6. 社交群体影响

用户隐私关注不仅会因为个体不一样而产生差异，而且其所处的社会环境也会对隐私关注行为产生重要的影响，特别是社交群体的影响。 Li 和 Chen（2010）认为，同一社交圈中的朋友往往有着相似的隐私关注，即如果一个人的朋友比较关注隐私，那么他也会比较关注隐私。 他们通过对基于位置的社交服务研究发现，朋友关系和隐私关注存在显著的相关关系。 将上述影响定义为用户之间的社交群体影响（Social Influence，SI）。 另外，Jin（2008）在进行网络用户隐私关注影响实证研究中，直接计算出社交群体影响的具体值，发现其对用户具有较大的影响。 Parka（2012）通过用户在新事物的采纳意愿和隐私关注方面验证了社交群体对个体的影响。 这些研究表明，用户周围的社交群体会影响用户的隐私关注以及他们是否要接受新的服务和产品。 因此，本节提出：

假设 4.6 社交群体影响会正向影响用户隐私关注。

二、隐私关注与采纳意愿

前人研究已经证实，隐私关注是影响消费者对服务的采纳意愿（Behavior Intention，BI）的因素之一。 Sheng et al.（2008）发现，在移动互联网服务的采纳研究中，隐私关注是移动服务采纳意愿的重要阻碍因素。 Sreenivasan 和 MohdNoor（2010）在对移动商务位置服务的研究中也证实，隐私关注负向地影响用户的采纳意愿。 另外，通过中间变量影响采纳行为也说明隐私关注对采纳行为的影响作用，如 Malhotra（2004）和 Goslingsd（2003）论述了隐私关注对行为意愿产生作用是以风险感知为中间变量的。 国外不乏此类假设的支持文献，而国内学者近年来也做了大量的相关研究。 如周涛（2010）在研究分析移动电子商务时，证明隐私的关注是影响消费者是否采纳移动商务服务的重要因素。 因此，本节提出：

假设 4.7 隐私关注会负向影响用户对移动商务精准推荐服务的采纳意愿。

第四节 用户隐私关注影响因素的研究变量测量和数据分析

一、量表设计

为了验证本章中理论模型所提出的研究假设，首先，本节对模型中的变量进行量化，即设计各个潜变量的测量量表。 一般来说，单一题项是用来测量非常简单的变量，测量复杂变量的效果却不佳，因此，需要采用多个题项测量来解释。 因为本研究模型中的大部分变量是潜在的复杂变量，反映人们心理内部行为活动,所以本节采用多个题项对研究变量进行测量。 这种测量方式的优点是可以提高量表的信度与效度,并在研究移动个性化信息推荐服务特点的基础上,采用 CFIP 量表对隐私关注进行度量。 其次,本节在借鉴了国内外学者相关研究的基础上,对用户隐私倾向、用户内控点、开放性、外向性、随和性、社交群体影响 6 个隐私关注影响因素和采纳移动商务精准推荐服务意愿进行测量,总共设计了 35 个指标,并分别对模型中的变量进行测量。在变量的具体测量上,本节采用李克特七级量表,分别是完全不同意、不同意、有点不同意、中立、有点同意、同意、完全同意。 具体的量表设计主要通过以下 3 个步骤实现。

步骤 1:查找与阅读相关文献。 为了使量表题项设计得合理规范,在阅读大量参考文献的基础上,结合研究主题对量表进行修改。 关于隐私关注的测量,由于本研究是在移动商务情景下进行的,且从企业角度出发研究分析用户个人因素对隐私关注的影响,因此,采用 CFIP 量表来提升测量的精准性,即通过 4 个维度对移动商务精准推荐服务情景下用户隐私关注进行测量,并结合个性化推荐服务具体情境,修改和优化用户隐私倾向、用户内控点、开放性、外向性、随和性和社交群体影响以及移动商务精准推荐服务采纳意愿等变量的题项,使其更加适合本研究,最后对这些内容进行组织编排,形成一个初步的问卷题项。

步骤 2:访谈。 为了进一步优化问卷题项,将初步的问卷题项交于自己的导师、相关研究员、硕博士同学,请他们来审阅,并根据他们审阅后提出的意见进一步修改问卷题项,消除问卷中的语法问题,以及修改因表述不当而产生歧义的语句,形成第 2 版的问卷题项,用于小样本测试。

步骤 3:小样本测试。 先在小部分群体中发放问卷,收回 151 份有效样本,根据信度与效度分析结果对量表进行改进,删除一些题项,最终形成正式的问卷。 本书提出的理论模型拥有 11 个变量,如表 4-1 所示。

二、样本选取

移动商务精准推荐服务是随着互联网发展而兴起的一种新兴服务模式,目标用户相对年轻且都是一些比较容易接受新鲜事物的群体。 因此,本研究

表 4-1　研究变量的题项内容及来源

变量	编号	题　项
用户隐私倾向（PDP）	PDP 1	我很担心自己的隐私信息在移动互联网上被别人看到
	PDP 2	移动个性化信息推荐服务给我带来了好的网络体验,但我仍然担心隐私信息会通过互联网被泄露
	PDP 3	我是一个非常在乎个人隐私的人,在使用移动个性化信息推荐服务时,隐私是我考虑的一个重要因素
内控点（ILC）	ILC1	我能够控制使用自己的个人信息,并按照意愿提供所需信息
	ILC2	我能够按照自己的意愿修改或者删除我的个人信息
	ILC3	在使用移动个性化信息推荐服务时,我能够按照自己的意愿选择哪些人或者企业可以看到我的个人信息
开放性（O）	O1	我乐于体验各种移动商务精准推荐服务,诸如"猜你喜欢""首页频道推荐"等服务
	O2	我通常是最早使用上述移动商务精准推荐服务的人
	O3	我一般会毫不犹豫地使用某项新移动商务精准推荐服务,不会顾及太多
随和性（A）	A1	我常常对他人的隐私泄露遭遇报以怜悯之心
	A2	我能在不同环境下感知他人的情绪
	A3	我尽量使现实朋友与社交好友感到舒服
外向性（E）	E1	我乐于在网上交友,并且愿意分享我的私密信息
	E2	在移动社交圈里,我常常是开启话题的人
	E3	我不介意在移动互联网中成为人们关注的焦点
社交群体影响（SI）	SI1	我社交圈中的朋友、亲人等会分享他们在使用移动商务精准服务时的照片、商品、地理位置等个人信息,我也会在适当时候模仿他们做出相类似的行为
	SI2	如果我和社交圈中的朋友、亲人一样,在使用移动商务精准服务时分享照片、商品等个人信息,我们之间关系会更密切
	SI3	当社交圈中的人由于提供个人信息而获得更好的移动商务精准服务,我也会逐步开放自己的个人信息
信息收集（IC）	IC1	当使用移动商务精准服务(如"猜你喜欢"等)时,系统不停地提示要获取我的地理位置时,我会感到忧虑而减少或者放弃使用该服务

变量	编号	题 项
信息收集 （IC）	IC2	如果移动互联网企业需要通过收集大量的个人信息来提供移动商务精准服务,我会觉得该服务不可靠
	IC3	当移动商务精准服务随时随地收集我的个人信息时,比如地理位置、手机通讯录等,我会权衡一下利弊再决定是否提供我的信息
	IC4	我的个人信息被移动商务企业大量收集,比如位置信息、手机联系人、购买记录等,我会对存在的隐患表示很担忧
不正当访问 （UA）	UA1	移动互联网企业应当投入更多的时间和精力防止对个人信息的第三方非授权访问（如黑客入侵盗取密码）
	UA2	移动互联网企业应当采取措施确保企业存储的个人信息是准确完整的,不会被第三方篡改
	UA3	不管花费多大的代价,移动互联网企业存储的个人信息都应当受到保护以防止第三方非授权访问
信息错误 （IE）	IE1	为了保证用户个人信息的准确性,移动互联网企业应当采取多元化的措施
	IE2	为了动态识别个人信息的错误,移动互联网企业应当开发出纠错软件来监测
	IE3	移动互联网企业应当投入更多的时间和精力去验证个人信息的准确性
二次使用 （SU）	SU1	移动互联网企业未经用户授权不应将该用户的个人信息（比如位置信息等）用于任何目的
	SU2	当用户就某一目的向移动互联网企业提供个人信息,该企业不应当将个人信息用于任何其他的目的
	SU3	移动互联网企业不应将存储的个人信息出售给其他公司
	SU4	未经用户允许,移动互联网企业不应该向其他公司分享该用户的个人信息
采纳移动商务 精准推荐服务 的意愿（BI）	BI1	在考虑到隐私泄露时,我不会使用移动商务精准推荐服务应用
	BI2	在需要提供照片、日志等个人信息时,我不会使用移动商务精准推荐服务应用
	BI3	在移动互联网企业要实行实名制时,我不会使用移动商务精准推荐服务应用

问卷的调查对象年龄主要分布在 18—35 岁，大部分群体拥有丰富的在线网络行为经验并且熟悉各种移动 APP，在美团、手机淘宝、微信、抖音等移动商务应用上具有较高的使用频率。本次样本调查数据通过在网上随机发放问卷的方式获得，由于调研对象符合采纳用户的年龄特征，故本节认为这次问卷收集回来的数据是可靠有效的，本研究可以使用该问卷数据对前文所构建的概念模型进行实证分析。

该问卷发放是从 2016 年 1 月开始进行的，通过微信、微博、QQ、Email等网络平台共发放 500 份问卷。其中，有 79 份问卷由于部分信息填写不完整，被视为无效问卷，从而剔除了这一部分的数据，最终回收的有效问卷为 421 份，有效问卷的回收率达到 84.1%。详细样本统计结果如表 4-2 所示。

表 4-2　样本描述性统计分析

特征	题项	频数	百分比（%）
性别	男	205	48.69
	女	216	51.31
年龄	≤17 岁	89	21.14
	18—24 岁	228	54.16
	25—35 岁	57	13.54
	≥36 岁	47	11.16
教育背景	高中及以下	23	5.46
	大专	75	17.81
	本科	218	51.79
	硕士及以上	105	24.94
职业	学生	254	60.33
	事业单位/公务员	20	4.75
	医生/律师等专业技术人员	48	11.40
	企业员工	85	20.19
	个体户/自由职业者	9	2.14
	其他	5	1.19

续　表

特征	题项	频数	百分比（%）
移动互联网使用经历	≤1 年	53	12.59
	2—3 年	107	25.42
	4—5 年	191	45.37
	≥6 年	70	16.62

从表 4-2 可以看出：在所有样本中，男性占 48.69%，女性占 51.31%，男女性别分布较合理；18—35 岁占 67.70%，以年轻群体为主；学历水平主要是以本科和研究生为主，本科占 51.79%，研究生占 24.94%。

三、调查问卷的信度与效度分析

（1）信度检验

信度指的是测量的可信程度，表示利用测量方法所得到结果的一致性或稳定性，也就是指同一组题项是否测度同一个变量。信度大小是评价一份问卷质量高低的重要指标。本研究采用最常用的 Cronbach's Alpha（α）系数对信度检验进行衡量。大多数学者认为，当 α ≥ 0.9 时，表明量表具有很高的信度；当 0.8 ≤ α ＜ 0.9 时，表明量表信度较好；当 0.7 ≤ α ＜ 0.8 时，表明量表的信度可以接受；而当 α ＜ 0.7 时，则认为量表设计不合理，信度很低。本章对样本数据进行 Cronbach's Alpha（α）信度分析，从表 4-3 各变量的信度检验结果中得知，本章中各变量的 Cronbach's Alpha（α）值均大于 0.7，故认为信度比较高。因此，本章的测量模型具有良好的信度水平，所得数据可用于进一步的分析。

（2）效度检验

对于调查问卷来说，效度是指问卷中的题项能否准确测出所需测量的变量，用于衡量测量的有效性或正确性。效度分析主要分为内容效度和结构效度。其中，内容效度是指问卷中的题项在多大程度上表达了要测量的潜变量的真正含义；结构效度是指问卷在多大程度上反映了心理构面的内部结构。

表 4-3 信度分析结果

		测度项目数	Cronbach's Alpha（α）
隐私关注维度	信息收集（IC）	4	0.882
	不正当访问（UA）	3	0.844
	信息错误（IE）	3	0.723
	二次使用（SU）	4	0.726
用户隐私倾向（PDP）		3	0.835
内控点（ILC）		3	0.722
开放性（O）		3	0.797
随和性（A）		3	0.890
外向性（E）		3	0.871
社交群体影响（SI）		3	0.907
采纳意愿（BI）		3	0.761

由于问卷所使用的题项主要借鉴了现有文献研究中使用的成熟量表，并在其基础上进行修改，而且最终发放的问卷是在小样本的预测试和修正基础上形成的，因此，可以认为该问卷具有较好的内容效度。另外，本研究采用SPSS 软件进行探索性因子分析的方法对问卷数据进行分析。在做因子分析之前，需要先进行 KMO 检验和 Barrlett 球形检验来判断回收的数据样本是否适合做因子分析。一般来说，对于 Barrlett 球形检验，如果 Barrlett 球形检验的卡方统计值的显著性水平小于 0.05，拒绝原假设，说明变量之间的相关矩阵不是单位矩阵，适合做因子分析。而对于 KMO 检验，KMO 值越接近 1，则变量间的相关性越强；通常认为 KMO 值大于 0.5 时，才适合进行因子分析。经过分析，本节的 Barrlett 球形检验和 KMO 检验结果如表 4-4 所示，可以看到 KMO 值为 0.76（大于 0.7），Bartlett 球形检验卡方显著性水平为0.000（小于 0.05），说明问卷数据适合做因子分析。

本节使用主成分分析法对问卷数据进行因子分析。根据特征值大于 1 的原则和最大方差法正交旋转进行主成分因子的抽取，对公共因子进行正交旋转，得到 11 个因子，累计方差达到 76.935%，如表 4-5 所示。

表 4-4　KMO 和 Barrlett 球形检验

KMO 检验		0.760
Bartlett 球形检验	近似卡方	1.519E3
	自由度	105
	显著性	0.000

表 4-5　样本的解释方差

成分	初始特征值			提取平方和载入			旋转平方和载入		
	合计	方差的%	累计%	合计	方差的%	累计%	合计	方差的%	累计%
1	6.547	18.707	18.707	6.547	18.707	18.707	3.361	9.602	9.602
2	4.451	12.716	31.423	4.451	12.716	31.423	2.733	7.808	17.410
3	2.691	7.687	39.110	2.691	7.687	39.110	2.659	7.597	25.007
4	2.623	7.495	46.606	2.623	7.495	46.606	2.601	7.431	32.438
5	2.310	6.601	53.207	2.310	6.601	53.207	2.567	7.335	39.772
6	1.921	5.489	58.696	1.921	5.489	58.696	2.428	6.937	46.709
7	1.699	4.855	63.551	1.699	4.855	63.551	2.380	6.800	53.509
8	1.384	3.955	67.506	1.384	3.955	67.506	2.152	6.149	59.658
9	1.253	3.581	71.087	1.253	3.581	71.087	2.114	6.041	65.699
10	1.038	2.965	74.052	1.038	2.965	74.052	2.013	5.752	71.452
11	1.009	2.883	76.935	1.009	2.883	76.935	1.919	5.483	76.935
12	0.902	2.576	79.511						
13	0.685	1.957	81.468						
14	0.594	1.696	83.164						
15	0.543	1.552	84.716						
16	0.524	1.496	86.212						
17	0.451	1.287	87.499						
18	0.449	1.282	88.781						
19	0.395	1.129	89.910						
20	0.375	1.072	90.982						

续　表

成分	初始特征值			提取平方和载入			旋转平方和载入		
	合计	方差的%	累计%	合计	方差的%	累计%	合计	方差的%	累计%
21	0.351	1.002	91.985						
22	0.316	0.903	92.888						
23	0.294	0.840	93.728						
24	0.285	0.814	94.542						
25	0.271	0.773	95.315						
26	0.231	0.661	95.976						
27	0.222	0.633	96.610						
28	0.192	0.549	97.159						
29	0.178	0.508	97.667						
30	0.165	0.471	98.139						
31	0.153	0.437	98.575						
32	0.141	0.403	98.979						
33	0.133	0.379	99.357						
34	0.124	0.355	99.712						
35	0.101	0.288	100.00						

从表4-5可看出，35个题项被分为11个构面，累计贡献率达到76.935%，解释力度较强，这11个因子可以解释大部分的变量，几乎可以涵盖所有信息。如表4-6所示的因子载荷矩阵，其中所有题项对应因子的载荷全部大于0.5，说明本研究问卷变量的题项比较理想，不需要删除测量变量中的题项。

表 4-6　因子载荷矩阵

	成分										
	1	2	3	4	5	6	7	8	9	10	11
A1				0.873							
A2				0.870							
A3				0.898							

	成分										
	1	2	3	4	5	6	7	3	9	10	11
PDP 1					0.814						
PDP 2					0.858						
PDP 3					0.759						
ILC1									0.775		
ILC2									0.783		
ILC3									0.779		
O1								0.807			
O2								0.778			
O3								0.653			
E1		0.793									
E2		0.847									
E3		0.810									
SI1			0.864								
SI2			0.827								
SI3			0.824								
IC1	0.832										
IC2	0.703										
IC3	0.843										
IC4	0.784										
UA1							0.796				
UA2							0.787				
UA3							0.832				
IE1										0.826	
IE2										0.836	
IE3										0.606	
SU1						0.607					
SU2						0.850					

	成分										
	1	2	3	4	5	6	7	8	9	10	11
SU3						0.852					
SU4						0.694					
BI1											0.611
BI2											0.720
BI3											0.835

第五节　基于 SEM 的移动商务精准推荐服务隐私关注影响因素假设检验与模型拟合度分析

一、假设检验与模型拟合度

本研究基于 SEM 对每条假设路径系数进行计算，并对问卷整体数据路径进行分析，具体采用 AMO17.0 软件验证各变量之间是否显著，图 4-2 为最终模型的路径系数。为了便于观察实证分析的结果数据，将 6 个隐私关注影响因素与 4 维隐私关注的路径系数以及是否支持假设的结果梳理出来，如表 4-7 所示，以便于清晰获取变量之间的路径系数以及假设验证是否成立。

为了评估构建模型的质量，本节采用 Hoyle（1995）的建议使用一些拟合指数来评估模型拟合度。Kline（2006）对拟合的指数设置一些参考值来评估模型是否合理。Kline（2006）认为，若同时满足以下条件，即：

$$\begin{cases} \lambda 2/\mathrm{df} < 3 \\ \mathrm{RMSEA} > 0.08 \\ \mathrm{GFI} > 0.90 \\ \mathrm{CFI} > 0.90 \\ \mathrm{AGFI} > 0.80 \end{cases}$$

则可以说明模型拟合得较好，路径系数能够反映出实际的数据。

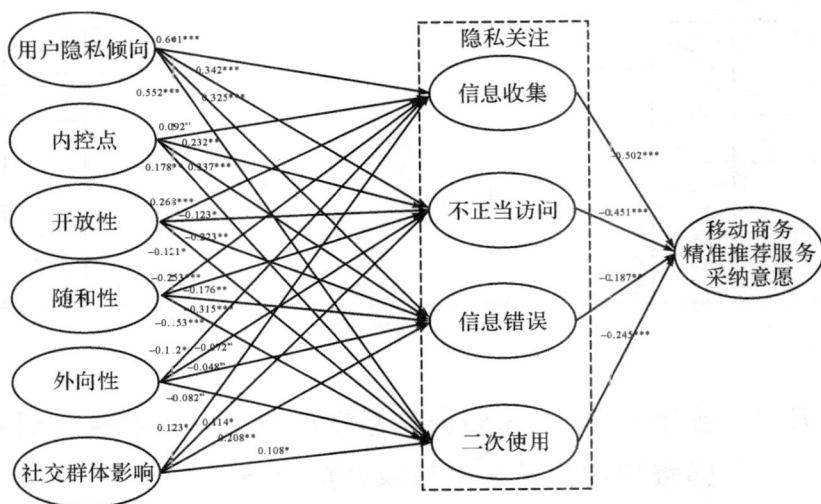

图 4-2　研究模型路径分析

注：＊＊＊表示显著性水平 $p < 0.001$，＊＊表示显著性水平 $p < 0.01$，＊表示显著性水平 $p < 0.05$。

表 4-7　研究模型检验结果

假设	路径		标准化系数	T 值	检验结果
H1a	用户隐私倾向→	信息收集	0.601＊＊＊	9.27	支持
H1b		不正当访问	0.342＊＊＊	4.27	支持
H1c		信息错误	0.325＊＊＊	3.89	支持
H1d		二次使用	0.552＊＊＊	6.87	支持
H2a	用户内控点→	信息收集	0.092ns	1.78	不支持
H2b		不正当访问	0.232＊＊	3.15	支持
H2c		信息错误	0.337＊＊＊	4.13	支持
H2d		二次使用	0.178＊＊	2.85	支持
H3a	用户开放性→	信息收集	−0.268＊＊＊	3.64	支持
H3b		不正当访问	−0.123＊	2.14	支持
H3c		信息错误	−0.223＊＊	3.12	支持
H3d		二次使用	−0.121＊	2.23	支持

续　表

假设	路径		标准化系数	T 值	检验结果
H4a	用户随和性→	信息收集	−0.253***	3.53	支持
H4b		不正当访问	−0.176**	2.75	支持
H4c		信息错误	−0.315***	3.73	支持
H4d		二次使用	−0.153**	2.63	支持
H5a	用户外向性→	信息收集	−0.112*	2.12	支持
H5b		不正当访问	−0.072ns	1.61	不支持
H5c		信息错误	−0.048ns	0.92	不支持
H5d		二次使用	−0.082ns	1.71	不支持
H6a	社交群体影响→	信息收集	0.123*	2.21	支持
H6b		不正当访问	0.114*	2.13	支持
H6c		信息错误	0.208**	3.09	支持
H6d		二次使用	0.108*	2.03	支持
H7a	信息收集→	采纳意愿	−0.502***	6.01	支持
H7b	不正当访问→	采纳意愿	−0.451***	5.35	支持
H7c	信息错误→	采纳意愿	−0.187**	2.91	支持
H7d	二次使用→	采纳意愿	−0.245***	3.31	支持

如表 4-8 所示，各拟合指标都符合参考值条件，因此，本研究中模型的拟合度是理想的。

表 4-8　模型拟合指数表

拟合指数	$\lambda 2/\mathrm{df}$	GFI	AGFI	CFI	NFI	NNFI	RMSEA
参考值	<3	>0.90	>0.80	>0.90	>0.90	>0.90	<0.08
实际值	1.87	0.912	0.875	0.947	0.921	0.958	0.046

二、研究结论

本章基于企业的角度探索和研究哪些个人因素会影响用户的隐私关注，从而影响其对移动商务精准推荐服务的采纳意向。根据前面章节的实证分析结果，隐私倾向、内控点、开放性、随和性、外向性和社交群体影响这 6 个因素分别都对隐私关注的 4 个维度产生全部或部分的显著影响。 此外，本章也证实了用户隐私关注负向地影响其采纳移动商务精准推荐服务的意愿。 具体结论如下：

从表 4-7 可以看出，用户隐私倾向对隐私关注信息收集、错误使用、不正当访问、二次使用都有显著的正向影响。 根据标准化的系数，隐私倾向越高的用户，越担心自己的信息被收集。 所以，提供移动商务精准推荐服务的企业需要充分了解用户的需求，与用户建立相对透明和信任的关系，保障用户的知情权，让用户了解自己哪些信息会被收集。 另外，建立安全机制保证用户个人信息不会被错误使用，或被第三方非法使用。 高内控点的用户在做决策时一般喜欢依据自身意愿，对自身行为有强烈的掌控感，且不大会受到外部环境的影响，所以在采纳移动商务精准推荐服务时对个人信息被收集不大敏感，但比较在意自己的隐私信息是否错误、被不正当访问和二次使用。 因此，企业需要耗费一定时间和资金加强安全系统建设，更好地保护用户隐私。

此外，用户开放性对隐私关注 4 个维度都有显著的影响，这是因为开放性越高的用户，越喜欢冒险和挑战刺激的事物，也就越乐于去体验和接受各种新的移动服务应用，那么他们不会那么在意自己的信息被收集、信息错误、被不正当访问、二次使用等情况。 用户随和性负向地影响隐私关注 4 个维度，这是因为用户随和性越高，越容易相信身边的人和周围的环境，在一定程度上减少了用户隐私关注度；用户外向性只与信息收集关系显著，这是由于外向的人善于社交，一般热衷于体验各种新颖的移动互联网企业中的应用产品，愿意注册会员来采纳各种移动商务精准推荐服务，所以往往对企业收集的个人信息比较不敏感。 但是从二次使用、不正当访问、错误信息的均值（二次使用＝5.21，不正当访问＝5.35，错误信息＝5.36）可以看出，无论用户外向性是高是低，他们都对自己个人信息错误、第三方非授权访问个人信息以及未经同意企业将个人信息分享给第三方等行为比较担心。

在本章研究中，与预想的一样，用户隐私关注会受到社交群体的显著影响。 数据结果显示，社交群体影响会对用户个人隐私信息、第三方不正当访问、个人信息不正确、被他人使用等产生影响。 与用户社交关系强的人如亲密的朋友、家人等更能影响人们对隐私的态度和行为。 移动互联网中用户之间形成了一个社交圈，如果圈内的好友、亲人在体验移动商务精准推荐服务时个人信息（地理位置等）被泄露或者信息出错且造成安全隐患，又或者他们的私人信息在未授权时被不正当访问、出现在其他第三方平台，那么将引发用户对其自身隐私问题的担忧，从而产生了隐私关注，最终降低用户使用移动商务精准推荐服务的意愿。因此，针对上述问题，移动互联网企业在信息收集和信息保护层面要充分考虑用户的需求，避免用户对企业产生不信任，从而产生不良的群体效应。

第六节　本章小结

本章重点研究了隐私关注理论和理性行为理论，并基于上述理论构建面向用户隐私关注问题的移动商务精准推荐服务采纳行为理论模型。首先，将隐私关注影响因素从用户视阈归纳为隐私倾向、内控点、开放性、外向性、随和性和社交群体影响。其次，开发了移动用户隐私关注前因量表，对这些变量进行定义，并建立这 6 个因素与隐私关注 4 个维度之间的研究假设。在此基础上，研究各个影响因素对隐私关注 4 个维度的影响，深入分析用户在采纳移动商务精准推荐服务过程中的隐私关注强度、隐私偏好心理及网络行为习惯。再次，通过对上述 6 类移动用户隐私关注影响因素的分析，本章提出基于 SEM 的隐私关注影响因素关系模型。SEM 路径模型验证了本研究提出的假设，确定隐私关注结构及影响机理，为后续用户偏好建模和个性化推荐算法设计奠定理论基础。最后，聚焦于个人因素对移动用户隐私关注的影响，后续研究将重点讨论用户开放性、随和性、外向性和社交群体影响因素对用户隐私关注的影响，并根据考虑不同隐私关注强度和隐私偏好度的移动商务精准推荐服务需求设计相应的移动个性化推荐方法。

第五章　隐私关注下基于情感倾向性
分析的移动上下文推荐方法

　　实现高质量移动商务精准推荐服务的一个重要载体是移动上下文推荐系统。第四章研究了用户在采纳移动商务精准推荐服务时会显著地受到用户隐私倾向、用户内控点、用户开放性、用户外向性、用户随和性和社交群体影响6 种隐私关注因素的影响，且各个隐私关注影响因素对用户的隐私关注程度有差异（包括信息收集、不正当访问、信息错误和二次使用 4 个维度），从而最终影响用户对移动商务精准推荐服务的采纳意愿。在此基础上，首先，本章研究上述隐私关注影响因素的强度度量方法及其在移动上下文推荐系统中的应用，在个性化推荐过程中降低用户隐私担忧，从而促使用户接受移动商务精准推荐服务。其次，本章研究文本情感倾向性分析方法，提取情感特征，进行文本情感挖掘，并进一步研究获取的情感倾向性信息对推荐生成过程的影响。最后，本章研究隐私关注下基于情感倾向性分析的移动上下文推荐方法，挖掘上下文、用户、情感之间的潜在关联关系，并融合用户隐私关注强度和情感倾向性生成合适的内容推荐给目标用户。

第一节　研究提出及描述

　　随着个性化推荐技术的不断发展以及其在移动商务领域的广泛应用，移动推荐系统应运而生，并为用户提供比传统网络服务更加丰富多彩的内容。一方面，移动智能终端的快速发展与渗透使得用户可以随时随地主动接受网络信息，移动互联网计算技术的发展突破了传统推荐系统无法精确、实时、便捷地提供移动商务服务的瓶颈，网络用户通过移动精准化推荐系统获取更好的移动购物体验。另一方面，在移动互联网时代，社交平台与电商平台已经逐步融合。早在2013年，代表电商的阿里巴巴就与代表社交的新浪微博联姻，双方就互联网用户大数据在移动营销、网络支付、引流互导等方面开展合作。2014年，腾讯与京东进行战略合作；2016年8月，腾讯持有的京东股票占比上升至21.25%，成为其第一大股东。双方将在社交和电商两端提供更高品质的个性化服务，获取更广泛的用户群体并共享各自的社交与交易数据。由此，更多的电商商品或服务交易与评论出现在社交平台上。微博、微信等用户生成内容平台成为用户表达自身感受、分享各种信息的主要途径。Web 2.0技术与移动互联网融合使得网络用户可以在任何时候、任何地点分享位置、观点、社交等信息，并且可以利用标签等语义工具实现知识的传播。Sutanto（2013）给出了网络评论（Online Reviews）的一般描述：用户常常会在互联网上对产品或者服务进行意见评论，其中蕴含着用户的情感倾向性，可以借此挖掘分析用户的隐式兴趣。如移动用户借助移动智能终端在电子商务、社交网络等平台上发表对企业商品与服务的评论信息。这些评论看上去杂乱无章，但深入挖掘可以发现这些文本数字背后隐藏着"商业金矿"。因为从评论中可以全面获取用户对商品或者服务的价位、参数、功能、体验等方面的偏好和情感倾向性。考虑到上述信息在计算机中以网络行为日志、移动轨迹、交易数据的形式进行保存，所以需要采用文本挖掘技术对这些评论中隐藏着的用户对商品或服务的情感倾向性、商业知识进行提取与分析，而这也成为移动商务服务提供商关注的焦点。因此，在移动商务精准推荐方法中引入文本挖掘技术，基于文本评论数据提取有关用户情感倾向、隐式偏好的信息用于辅助个性化推荐系统提供高质量的移动商务精准推荐服务是一个迫切需要解决的课题。

情感倾向性分析技术（Sentiment Tendency Analysis，STA）可以解决上述问题，STA首先对网络用户在互联网上的评论信息进行语法分词、评论对象提取，然后采用文本分析方法挖掘上述信息，从而能够将隐式偏好信息、语义信息、情感倾向性分析出来。 Mckeown（1997）总结归纳已有研究的相关定义，将文本情感分析描述为对带有情感色彩的主观性文本进行分析、处理、归纳和推理的过程，也称意见挖掘（Opinion Mining）。 STA 挖掘文本之后将情感极性分为多种，有关于观点的"认可"与"反驳"，也有关于情感倾向性的"愉快"与"悲哀"，从而在海量的网络评论中发掘用户的偏好。 Li et al.（2011）在电影推荐时融入了观众的评论信息，在计算用户对电影偏好评分时结合了其文本评论中的情感极性值，取得了良好的推荐效果。 但是缺乏影评时上下文的分析，导致模型泛化能力不强。 Aciar et al.（2016，2017）利用基于规则的情感文本分析方法获取了用户在评论中表达出的情感偏好，并将情感信息用于协同过滤推荐中用户相似度计算，与其他 3 种方法相比，这种方法推荐的质量显著提高，但未能与考虑上下文影响的推荐方法进行对比。 拉扎勒斯的心理学理论表明情绪与上下文密切相关。 Feng（2006）也发现情感评论挖掘中的上下文对网络用户行为影响较大，且用户在理性行为决策时高度依赖上下文，从而对其采纳移动商务精准推荐服务时产生上下文效应。 然而，虽然部分研究工作开始使用移动用户的历史偏好数据及其上下文信息（如评级、时间、地点、社交关系、标签、类别等）来提高推荐质量，但又忽略了利用偏好相关的评论信息，导致推荐精确度不高。 因此，如何将文本情感评论、移动上下文等信息融入到移动商务精准推荐服务系统中，实现高质量的移动商务精准推荐服务服务是该领域的研究难题。

一方面，目前，移动上下文推荐得到广泛的关注和研究，只有将上下文信息充分融入移动推荐系统，才能提供更好的移动商务精准服务。 另一方面，为了取得良好的推荐效果，移动商务精准推荐服务需要不断采集用户私人信息、网络行为信息，但网络评论信息挖掘往往也暴露用户的一些私人信息（如 ID、位置、偏好等）。 随着移动商务的深入发展，用户的隐私安全意识及其对隐私信息泄露风险的关注度逐步提高。 首先，用户对隐私信息的认知水平随着互联网的深入发展而提高。 其次，用户在接受移动商务精准推荐服务时，会主动权衡需求与威胁之间的利弊。 隐私风险是扰乱用户正常生活的威胁之一，而且移动商务精准推荐服务因其无所不在和即时的特点使得用户对隐私关注重视程度达到了空前的高度。 最后，移动商务环境下的隐私保护具有自身的特点。 相对于传统电子商务，移动商务环境下的隐私保护更加复杂：影响移动用户偏好的上下文具有动态性和差异性。 移动设备不但能够获取用户静态的个人信息，如姓名、手机号、交易历史等，还能够随时随地获取用户动态变化的上下文信息，如地理位置、运动状态（静止、跑步）、心情等；而且移动用户的隐私关注程度随着上下文的改变（如交易环境）而改变，用户披露隐私信息的决策过程和上下文有密切的联系。 Xu（2011）研究发现用户在关注自己的隐私信息感知风险时，不仅关注私密个人信息，而且其隐私关注程度会随着用户所处的上下文变化而变化。 如用户密码信息在电子商务、金融等平台相对比较重要，而在 BBS 论坛、社交平台上相对比较随意。Abowd（1997）在研究移动旅游推荐服务时，利用基于 LBS 技术实现旅游景点地理位置定位，然后将位置信息融入到移动推荐算法中，结合历史消费偏好和位置上下文推荐合适的餐饮、景点给用户，但缺乏对用户隐私信息的考虑。 Sutanto（2013）在研究移动个性化推荐服务的采纳时，重点分析了制度因素和政策因素对用户行为的不同程度的影响。 Okazaki（2012）则研究用户隐私行为对移动服务采纳行为影响中上下文的调节机制。 Li（2002）研究移动社交网络中用户关系强度对隐私关注的影响，发现跟现实中一样，在线社交网络中朋友之间具有相似的隐私关注，且关系越亲密隐私关注相似度越高。 因此，如何提出新方法缓解移动商务精准推荐服务中的用户隐私关注问题已经引起了移动商务行业的高度重视。

针对上述隐私关注和推荐方法存在的缺陷和不足，本章分析移动商务实际应用场景，考虑用户采纳移动商务精准推荐服务中各种隐私关注影响因素和商品/服务情感评论信息，并将其融入到推断相似用户的服务偏好的过程中。 在此基础上，本章提出隐私关注下基于情感倾向性分析的移动上下文推荐方法，从用户隐私关注强度和网络评论中抓取，这样可以更好地匹配用户的偏好行为，对评论的深入挖掘可以有效地缓解协同过滤数据稀疏性的问题；同时，在进行个性化推荐时将隐私关注影响因素和上下文信息关联起来统一考虑，更能反映现实场景，贴合用户的真实行为，从而缓解移动商务精准推荐服务中的隐私关注问题和协同过滤方法的冷启动问题。

第二节 基于情感词汇本体库的文本情感倾向性分析

由于机器学习算法在建模时过度依赖样本特征，且模型本身需要大量的样本集；同时，移动互联网对推荐系统的响应能力要求较高，但数据挖掘算法由于在进行算法建模之前需要人工标注大量语料，导致运行效率较慢，因此本节采用基于情感词汇的文本情感分析方法。现有的基于情感词汇的文本情感分析方法对未收录词汇的情感词无法进行分析。结合移动环境的上下文动态性和移动用户的群智性的特征，本节首先利用基于用户标签的本体扩展未收录词汇的适用性（本体构建过程见第七章），然后提出基于情感词汇本体库的情感倾向性分析算法来提升用户兴趣提取的精确度。

一、情感词汇本体库的构建

在对某一服务或者商品评论时，用户一般会对评论对象给出两种情感表达。一种是有关商品或者服务的"正面"或者"反面"评论，本研究采用"评论对象—评论短语"的形式进行表达。例如，发生某次电商交易后，用户发表"服务质量很高""这次购物很开心，物有所值，我很喜欢"等文本评论，通过评论词方式加以描述。另一种是评论者对商品或者服务的整体情感表达，通过蕴含情感极性的情感词方式来描述。如用户对网络电视的文本评论"♯微微一笑很倾城♯ 现在的小生，颜值我只服杨洋，演的肖奈真的是完美"。因此，本节针对不同的情感评论表达方式，分别构建评论词汇本体库和情感词汇本体库。

（1）评论词汇本体库构建

评论词是评论者对商品/服务质量或体验的"正面"或者"反面"评论词汇，在一定程度上表达了用户对评论对象的满意或者不满意的态度。文本倾向性分析方法根据评论词计算出不同的情感类型。考虑到用户在网络评论中评论的不一致性和不规范性，本节提出基于本体构建评论词汇集的方法。

（2）情感词汇本体库构建

情感词是评论者对商品质量、服务或体验的直接情感表达，体现用户对该评论对象的情感倾向，包括"喜欢""讨厌"等情感。 文本倾向性分析方法根据情感词计算出不同的情感类型。 考虑到对情感词汇分类的差异性，本节在研究了 Quan et al. 对社会关系情感表达的 8 种分类和 Zhang et al. 对汉语词汇情感的 12 种分类基础上，挑选出 7 种情感类（乐、好、怒、哀、惧、恶、惊），用于确定情感词的情感类型，并利用算法将情感词量化为情感倾向性值。

基于知识的文本情感倾向性分析方法的效果，主要依赖于情感词汇本体库的质量。 考虑到情感词汇类别的多样性，以及用户评论词汇的不一致性，本节提出构建移动商务领域的情感词汇本体库。 首先，基于目前主流的中文情感词典进行词汇集归纳整理，包括台湾大学的简体中文情感极性词典（National Taiwan University School of Dentistry，NTUSD）、知网的情感词典（Hownet）和 DUTIR。 NTUSD 和 Hownet 情感词汇中情感倾向极性只有"褒义"情感词和"贬义"情感词，而 DUTIR 的情感词汇本体库对文本情感进行了细粒度的分析，归纳出 7 类情感词。 因此，本节结合移动商务特征，以及用户在商品或者服务评论中情感表达的丰富性，基于 DUTIR 提出移动商务领域的情感词汇本体库，为移动推荐中影响用户偏好的情感进行类别界定。 改进的 DUTIR 的情感词汇本体库分布情况如表 5-1 所示。

表 5-1　DUTIR 情感词汇本体库分布情况

情感类别	好 Like	乐 Happy	惧 Fear	惊 Surprise	怒 Anger	哀 Sad	恶 Disgust
数量	12 248	2362	1398	270	484	2593	12 047

（3）反转词汇本体库构建

网络评论经常会出现"今天不是很开心"和"我感到很开心"。 前者代表"消极"的情感倾向，而后者却表现出用户"积极"的情感倾向。 上述案例表明，在进行中文评论挖掘时，否定词会使得文本评论语句的情感发生逆转。 此外，如"手机很炫，但华而不实""手机按键过小"等转折词和过度修饰程度副词的出现，同样会使用户的情感倾向性发生变化。针对上述问题，本节对 DUTIR 情感词汇本体库进行完善，收集了转义词（过度修饰的程度副词、转折词和否定词），但不考虑对情感倾向性的判断没有影响的一般修饰词，并构建反转词汇本体库。考虑到中文词汇的复杂性，本节首先计算情感词与反转词在语句中出现位置的距离长度，再根据实际情况进行情感词的情感极性调整。

本节对中国爬盟所提供的 WeiboCrawlerApp 信息进行分析，并结合中文《中国现代语法》中对否定词的定义，归纳总结了常用的否定词、过度修饰词和转折词，如表 5-2 所示。

表 5-2　反转词库

类型	词　语
否定词	无、非、没有、没、不、未、不曾、从未、从不、别、崩、弗 并非、并没、绝不、绝非、未尝、毫不、毫无、决不、决非 不是、不再、并没有、匆、也不、也没、不大、不对、不太、不至于 未必、永不、远非、休想、木有
过度修饰词	过、过于、过度、过分、过头、过火、偏、太
转折词	但、但是、可、可是、然而、而、却、不过、只不过、只是、尽管 不料、竟然、偏偏、可惜、岂知、至于、然、还好

二、基于情感词汇本体库的情感倾向性分析算法

目前的方法一般是先将网络爬虫抓取的文本语料进行组合，然后将评论语句直接与情感词汇本体库进行比对，整个过程耗时过大，难以满足移动互联网实时性的要求。本节将评论语句基于中文词法规则和领域本体进行评论搭配词组划分，并以上述模式进行文本倾向性分析，提高文本倾向性分析运行效率。然后，利用基于 CRF 模型半监督学习方法抽取评价搭配对象，包括评论对象、评论词、评论短语的抽取，实现评论对象级别的情感倾向性分析。

本节基于经典的情感分类方法，结合移动商务精准推荐服务中用户的情感特质，按其归纳为消极、积极和中立 3 种。消极情感倾向类别可细分为恶、怒、惧、哀，积极情感倾向类别可细分为好、乐，中立情感倾向类别可细

分为惊，如表 5-3 所示。

表 5-3　情感倾向性分类表

类型	词　语
积极 （Positive）	乐
	好
消极 （Negative）	怒
	哀
	惧
	恶
中立（Neutral）	惊

最后，在前面研究的基础上，本节基于情感知识的方法进行情感倾向性分析，结合构建的情感知识词汇本体库，针对目标商品或者服务的评论对象进行情感倾向量值计算，以此来判断评论者对商品或者服务的情感倾向。STAS 的步骤如下。

输入：情感评论对象集，情感词汇集本体库（评论词汇本体库、情感词汇本体库），反转词汇本体库。

输出：三元组〈评论服务，情感类型，情感倾向性值〉。

步骤 1：首先采用基于 CRF 模型半监督学习方法进行评论对象、评论词抽取，判断评论短语是否包含情感词。若不包含，则算法直接结束；否则，跳转到下一步。

步骤 2：通过本文的情感词汇本体库对每个文本评论短语进行匹配，构建评论对象与评论短语之间的关系。

步骤 3：遍历评论短语，通过本文提出的评论词汇本体库、情感词汇本体库、反转词本体库匹配评论对象中的情感词，若存在情感词，将其转换为所属的情感类型，然后根据反转词计算情感极性，以三元组形式保存〈评论服务，情感类型，情感倾向性值〉（用于协同过滤方法中）；若不存在，直接输出三元组，并将情感类型设置为中性，把情感倾向性值设置为 0。

步骤 4：重复步骤 1 至步骤 3，直到判断完所有的评价对象。

STAS 计算所有评价对象的整体情感倾向值时，需要加权评论词、情感词和反转词三者的情感倾向值。 首先，本节通过人工标注的评论词类型来度量评论词的情感倾向值，并用隶属度来预判其值；其次，基于何娟等提出的相似度计算方法预判情感词的情感倾向值；最后，基于反转描述词情感极性对〈评论对象，反转描述词，情感极性〉来预判反转词的情感倾向值。

第三节　考虑隐私关注的基于情感倾向性分析的混合协同推荐方法

用户采纳移动商务精准推荐服务的过程其实是一个做决策的过程，而移动商务精准推荐系统可以预测目标用户兴趣并通过最终推荐来满足其现实心理需求，辅助用户完成认知决策。 除了用户隐私关注对其采纳移动商务精准推荐服务有影响外，情感和上下文因素在人们接受移动商务精准推荐服务过程中同样起着重要的作用。 缺乏上下文信息会导致历史的推荐结果无法满足用户的需求，如伴侣上下文发生变化，会导致用户喜欢不同的电影类型。 同时，本章前面已经详细阐述了情感倾向会影响用户的偏好，从而影响推荐效果。 更重要的是，出于隐私关注考虑，移动商务用户往往不会主动提供传统推荐过程中所需的"用户—评分"信息。 因此，通过挖掘情感倾向性来代替直接兴趣评分可以在一定程度上形成对用户的隐私保护，然后将上下文、情感、隐私关注三者关联融合用于完成精准化推荐服务。

另外，"长尾理论"表明推荐系统的冷启动问题日益严重。 由于缺乏历史评分记录，协同过滤推荐无法为新用户找到相似用户集，也不能为其推荐合适的商品或者服务。 本章对于新用户的推荐问题，融合上下文信息和情感评论信息来计算用户相似性，即假设新用户与那些对某商品/服务评论过的用户群处在相似上下文中，且该商品/服务获得该用户群好评较多，那么新用户对该商品/服务喜爱的可能性也较大。 同时，对于协同过滤推荐系统中存在的数据稀疏性问题，本章提出的一种基于预测评分融合的混合式协同过滤方法（Hybrid Collaborative Filtering Method based on Privacy Concern and Sentiment Tendency Analysis, PS-HCF）能一定程度上解决该问题。 PS-

HCF 整体框架如图 5-1 所示。

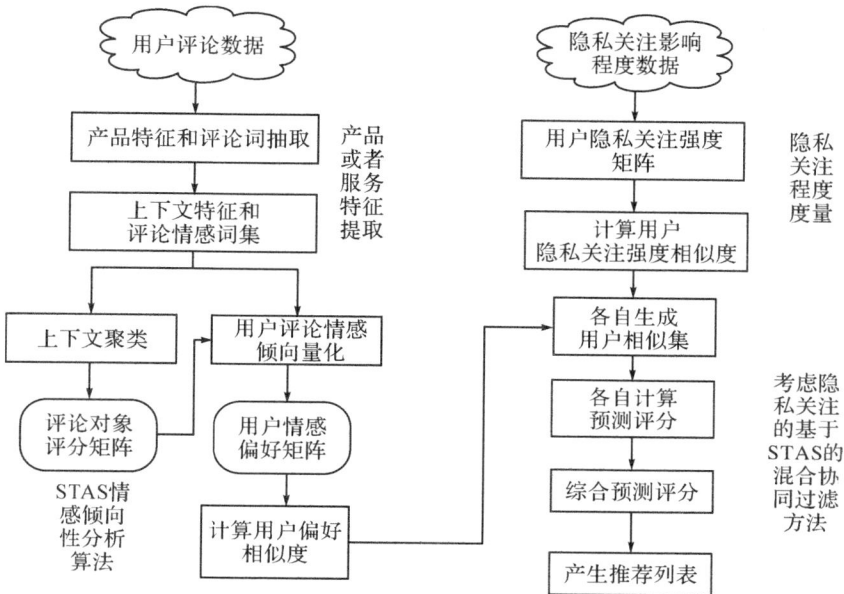

图 5-1　考虑隐私关注的基于情感倾向性分析的混合协同过滤方法整体框架

一、融入隐私关注强度的基于用户的协同过滤方法

第四章验证了 6 类隐私关注影响因素（用户隐私倾向、用户内控点、用户开放性、用户外向性、用户随和性和社交群体影响）对用户网络行为（采纳移动商务精准推荐服务）具有显著的影响。本章可以得出，用户对商品或者服务的偏好在隐私关注影响因素作用下具有较大的差异性。由于个体的社会属性会影响网络用户行为，隐私关注程度相似的人会聚集在一起；如果不考虑这种情形，用户对绝大多数的隐私关注影响因素的强度很相近或者几乎没有差别，并不能发现哪些隐私关注影响因素对用户需求偏好是有实际影响的。因此，本节提出使用"隐私关注强度"（Privacy Concern Intensity，PCI）来衡量用户在隐私关注影响因素影响下需求偏好之间的差异，并构建一个新的"用户—隐私关注强度"偏好矩阵 I，再基于该矩阵进行 k 近邻计算，最后生成基于隐私关注强度的 Top-N 推荐。此时，矩阵 I 的每一行表示用户对各个隐私关注影响因

素的强度向量：$\boldsymbol{I}_{U,p} = \{i_{u,p} | u \in U, p \in P, i_{u,p} \in [0, 1]\}$，其中，$i_{u,p}$ 表示在 6 个隐私关注影响因素强度影响下用户 u 对特定隐私关注影响因素 p 的综合强度值。这既考虑了隐私关注影响因素的作用，也通过"用户—隐私关注强度"矩阵代替"用户—评分"偏好矩阵，保护了用户的隐私。

融入隐私关注强度的基于用户的协同过滤方法（Collaborative Filtering Algorithm based on User Combining the Privacy Concern Intensity，PI-UCF）描述如下：

输入：移动用户 u、服务推荐集合 $Service(R)$，"用户—隐私关注强度"评分矩阵。

输出：Top-N 个推荐服务及评分。

步骤 1：结合用户的实际打分，求解出第四章基于结构方程模型的移动商务精准推荐服务隐私关注影响因素的路径系数，将其绝对值作为用户需求偏好受某种隐私关注影响因素（用户隐私倾向、用户内控点、用户开放性、用户外向性、用户随和性和社交群体影响）某一维度（信息收集、不正当访问、信息错误和二次使用）的隐私关注强度值 i_{u,p_i}。

步骤 2：按照公（式 5-1）计算用户 u 在某一种隐私关注影响因素 P 中 4 个维度的综合强度值 $I_{U,P}$。$I_{U,P}$ 越大，表明该隐私关注影响因素对用户需求偏好的影响越大。

$$I_{U,P} = i_{u,p_i} + (\overline{i_u^p} - i_{u,p_i}) \times \left(\frac{i_{u,p_i} - \theta_1}{\theta_2 - \theta_1}\right)^2 \quad (5-1)$$

式中，θ_1 和 θ_2 是两个常量阈值，$\overline{i_u^p}$ 是用户对隐私关注影响因素 4 个维度的平均强度值，公式 5-1 用于平滑处理某种隐私关注影响因素的 4 个维度对用户需求偏好的差异化影响程度。多次实验测试发现平方函数的平滑优化效果要比线性函数好，因此选用平方函数。

步骤 3：按照公式（5-2），计算基于隐私关注强度的用户相似度，其中：$\overline{r_{u_i}^p} = \frac{1}{N_p}\sum^{p \in P} r_{u_i,p}$ 表示用户 u_i 对 6 种隐私关注因素的平均强度值，N_p 表示集合 $\{r_{u_i,p}\}$ 包含的元素个数。

$$\text{Sim}(u_i, u_j)_{\text{private-pearson}} = \frac{\sum_{p \in P_{u_i, u_j}} (r_{u_i, p} - \overline{r_{u_i}^p})(r_{u_j, p} - \overline{r_{u_j}^p})}{\sqrt{\sum_{p \in P_{u_i, u_j}} (r_{u_i, p} - \overline{r_{u_i}})^2 \sum_{p \in P_{u_i, u_j}} (r_{u_j, p} - \overline{r_{u_j}})^2}}$$

（5-2）

步骤4：在步骤3的基础上，为用户 u_i 选择 k 个具有最相似隐私关注强度的最近邻用户，然后根据这些用户 u_i 对未评分服务的已知评分，按照公式（5-3）预测用户 u_i 对这些服务的评分。

$$r_{u, p}^{\text{private-CF}} = \overline{r_{u_i}^p} + \frac{\sum_{u_j \in U} \text{Sim}(u_i, u_j)_{\text{private-pearson}} \times (r_{u_j, p} - \overline{r_{u_j}^p})}{\sum_{u_j \in U} |\text{Sim}(u_i, u_j)_{\text{private-pearson}}|} \quad （5-3）$$

二、融合上下文和情感信息的基于用户的协同过滤方法

本节提出一种融合用户上下文与情感倾向性分析的基于用户的协同过滤方法（Collaborative Filtering Algorithm based on User Combining Context and Sentiment，CS-UCF）。它基于以下假设：在考虑用户上下文时，对各类情感特征具有相似偏好模式的用户对各类服务可能也具有相似的偏好。考虑到不同上下文中的用户情感倾向性可能不同，而且相似的用户情感倾向性也会随着上下文的不同而发生变化，本节引入上下文相似度（Context Similarity，CS）的概念，将用户上下文信息引入协同过滤推荐过程，计算在用户上下文集合中上下文之间的相似度，从而构造目标用户在当前上下文中的相似上下文集合，最终提出 CS-UCF。CS-UCF 将评论信息与用户所处的上下文信息融合，并将其纳入到统一的协同过滤模型中发挥各自的长处，从而实现优势互补，提升对目标用户偏好的预测效果。

1. 上下文相似度计算

本章前面已经阐明推荐过程中的上下文因素对移动用户行为具有重要的影响。考虑到移动商务环境中上下文的复杂性、动态性等特征，以及上下文之间的内在关系，本书提出基于领域本体构建移动商务精准推荐服务中的上下文模型（具体实现过程见第六章），构建机制见图5-2。上下文本体模型将移动商务精准推荐服务上下文类型细分为用户基础信息、用户设备信息和用

户环境信息，对上下文进行形式化定义与语义表达，通过树形数据结构模式存储与更新，每个树节点代表某一个上下文因素。 用户及上下文相关定义如下：

定义 5.1 用户 u 指的是移动互联网中具有唯一 ID 用户，每个用户向量包含年龄、性别等基础信息，且可以通过移动智能终端和互联网进行网络活动。 用户集 $U = \{u_1, u_2, \cdots, u_N\}$。

定义 5.2 用户上下文 User Context $= (UPC, UEC, UDC)$。 其中：上下文 UPC 表示用户基础信息，即 $UPC = (Backgroud, Relation)$，$Backgroud$ 表示用户年龄、性别等，$Relation$ 表示用户交互关系、亲密关系等；上下文 UEC 表示用户的设备信息，即 $UEC = (Hardware, Software)$，包含硬件设备、软件产品、宽带（Wide-band）等；上下文 UDC 表示用户环境信息，即 $UDC = (DayTime, Location)$，$DayTime$ 表示用户所处的时间（上午、下午、晚上等），$Location$ 表示地理位置。

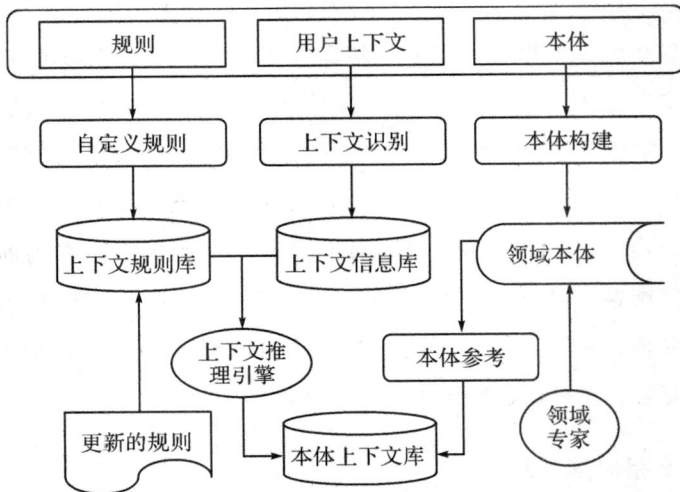

图 5-2 用户上下文本体的构建流程图

本章中移动用户的上下文信息由感知设备采集，而相似集中已知用户的上下文信息是在采集其评论时得到的。 上下文相似度算法可以提升协同过滤推荐中寻找相似用户集的精确性，所以本章将用户相似度计算转变为上下文相似度计算（Context Similarity Algorithm，CSA）。 同时，采用本体树数据结构进行多种上下文概念之间关系的计算，并根据此将上下文相似用户进行聚类。 由此，CSA 算法描述为：利用上下文本体模型的树形结构从子节点到父节点再到根节点进行递归相似度运算，循环计算每层节点之间的概念属性相似度，最后对先前上下文层次模型与当前上下文层次模型的综合相似度进行对比。

定义 5.3　假设当前上下文本体树 CT_1 中某一个非叶子结点 G，$G = \{G_1, G_2, \cdots, G_N\}$ 代表 G 的 N 个子节点；先前上下文本体树 CT_2 中某一个非叶子结点 G'，$G' = \{G'_1, G'_2, \cdots, G'_N\}$ 代表 G' 的 N 个子节点，计算 G 与 G' 的相似度如下：

$$\mathrm{CTSim}(G, G') = \sum_{i=1}^{N} w_i \times \mathrm{Sim}(G, G') \qquad (5\text{-}4)$$

式中，$\sum_{w_i} = 1$，w_i 为第 i 个子结点的权重。

然后，本章采用基于 Levenstein 编辑距离的字符串相似度计算公式（公式 5-4）计算上下文概念与之间的相似度。

$$\mathrm{Sim}(G, G') = \max\left[0, \frac{\min(|G_i|, |G'_i|) - \mathrm{ed}(G_i, G'_i)}{\min(|G_i|, |G'_i|)}\right] \qquad (5\text{-}5)$$

式中，$\mathrm{ed}(G_i, G'_i)$ 为 G_i 与 G'_i 之间的 Levenstein 编辑距离。

CSA 具体实现如下。

输入：上下文本体树 CT_1 和 CT_2。

输出：用户上下文相似度 $\mathrm{CTSim}(G, G')$。

步骤 1：初始化 $\mathrm{CTSim}(G, G') = 0$。

步骤 2：判断 CT_1 中的上下文概念 G_i 是否存在，如果存在，则跳转到步骤 3，否则结束。

步骤 3：判断 CT_2 中是否存在与 G_i 对应的 G'_i，如果存在，则跳转到步骤 4，否则跳回步骤 2。

步骤 4：利用（公式 5-4）递归计算两棵上下文本体树中非叶子结点的全部 G_i 与 G'_i 的相似度，获取综合相似度。

CSA 通过在推荐过程前用上下文过滤能够提高每类中"用户—情感倾向性"关联关系，从而提升推荐性能。 利用上下文信息对"用户—情感倾向性”评分进行聚类，目的是将具有相似上下文的“用户—情感倾向性”聚在一类，以达到降低数据噪声的目的。

2. 融入情感倾向性分析的基于用户的协同过滤方法

传统的基于用户的协同过滤方法依赖于其 k 个最近邻居的用户偏好。本节则从基于情感特征分析的用户相似度角度，为用户找到 k 个具有相似情感特征偏好的最近邻居，并利用他们的用户偏好预测目标用户对不同服务的偏好。因此，将“用户—服务”评分矩阵转换成“用户—情感”偏好矩阵来计算基于情感特征分析的用户相似度。其中，“用户—情感”偏好矩阵的构建依赖于“用户—情感”评分矩阵和“服务—情感”关联矩阵；本节使用 $\boldsymbol{R}_{u,s}$ 表示“用户—情感”偏好矩阵，则该矩阵的每一行表示用户对各类情感特征的偏好向量：$\boldsymbol{R}_{u,s} = \{r_{u,s} | u \in U, s \in S, r_{u,s} \in [0, 100]\}$，其中，$r_{u,s}$ 表示用户 u 对特定情感 s 的偏好值。

融入情感倾向性分析的基于用户的协同过滤方法（Collaborative Filtering Algorithm based on User Combining Sentiment Tendency Analysis，ST-UCF）的步骤描述如下：

输入：上下文集合、移动用户、服务推荐集合 $Service(R)$，“用户—情感”评分矩阵，“服务—情感”关联矩阵。

输出：Top-N 个推荐服务及评分。

步骤 1：计算用户对某个情感倾向性的平均偏好，

$$r_{u,s'} = \frac{1}{|S_{u,s'}|} \sum_{s \in S_{u,s'}} r_{u,s,s'} \tag{5-6}$$

式中：$S_{u,s'} = \{s | s \in S, r_{u,s} \neq \text{null}, ss' = 1\}$，$|S_{u,s'}|$ 表示 $S_{u,s'}$ 包含的元素个数，$r_{u,s,s'}$ 表示用户 u 对情感为 s' 的服务 s 的偏好值。构造“用户—情感”二维偏好矩阵。

步骤 2：调用上节中上下文相似度计算方法 CSA 计算 $(C)_{ij}$ 中上下文之间的相似度。

步骤 3：当新的“用户—情感”矩阵构建以后，提出一个改进的基于情感相似度的计算方法：

$$\text{Sim}(u_i, u_j)_{\text{sentiment-pearson}} = \frac{\sum_{s' \in S'} (r_{u_i, s'} - \overline{r_{u_i}^{s'}})(r_{u_j, s'} - \overline{r_{u_j}^{s'}})}{\sqrt{\sum_{s' \in S'} (r_{u_i, s'} - \overline{r_{u_i}})^2 \sum_{s' \in S'} (r_{u_j, s'} - \overline{r_{u_j}})^2}}$$

$$(5-7)$$

其中：$\overline{r_{u_i}^{s'}}$ 表示用户 u_i 对全部相关情感（即通过服务关联起来的情感，而非全部情感）的平均情感偏好。 基于相似度 $\text{Sim}(u_i, u_j)_{\text{sentiment-pearson}}$ 可以为用户 u_i 选择 k 个最近邻。

步骤 4：寻找上下文 c_i 影响下的目标用户 u_i 的最近邻集合。 由于用户偏好与上下文密切相关，因此，首先根据步骤 2 获取上下文 c_i 和 c_j 之间的相似度。 其次，分别寻找在上下文 c_i 和 c_j 影响下 u_i 各自的最近邻居集。 最后，将上下文 c_j 下的最近邻居用户合并到上下文 c_i 下的最近邻居集合中。

用 $N_j = \{N_{j, c_1}, N_{j, c_2}, \cdots, N_{j, c_k}\}$，$1 \leq j \leq \text{Num}(U)$ 表示最近邻居集合，其中 $c_1, c_2, \cdots, c_k$ 为上下文个数，j 为用户总数，N_{j, c_i} 表示用户 j 在第 c_i 个上下文影响下的相似用户集合。

步骤 5：利用步骤 4 获取的 k 个最近邻居的用户偏好，通过公式 5-8 预测潜在用户评分 $r_{u_i, s'}$。

$$r_{u, s'}^{\text{sentiment-CF}} = \overline{r_{u_i}^{s'}} + \frac{\sum_{u_j \in U} \text{Sim}(u_i, u_j)_{\text{sentiment-pearson}} \times (r_{u_j, s'} - \overline{r_{u_j}^{s'}})}{\sum_{u_j \in U} |\text{Sim}(u_i, u_j)_{\text{sentiment-pearson}}|}$$

$$(5-8)$$

三、基于预测评分融合的混合协同推荐方法

预测评分融合方法的本质是考虑辅助信息的协同过滤方法，从而一定程度上缓解数据稀疏性和冷启动的问题。 辅助信息分为 3 类，即隐私关注强度信息、上下文信息和文本评论信息。 本节结合 PI-UCF 和 CS-UCF，提出 PS-HCF，即在评分预测阶段将 PI-UCF 和 CS-UCF 进行融合。 具体的做法是：将 PI-UCF 预测的潜在用户评分转换成百分制，然后与 CS-UCF 计算的目标用户预测评分进行线性加权生成混合的用户评分［见公式（5-9）］，并根据该评分生成 Top-N 推荐。

$$r_{u, s'} = \alpha \times r_{u, p}^{\text{private-CF}} + (1 - \alpha) \times r_{u, s'}^{\text{sentiment-CF}} \qquad (5-9)$$

式中，参数 α 用于平衡 PI-UCF 和 CS-UCF 之间的重要性。 当 $\alpha = 0$ 或者 1 时，预测评分融合方法即成为其中之一的方法。 在做实验分析时，通过推荐系统的动态自适应来确定 α 的值。

第四节　实验与分析

一、数据采集

1. 模拟数据集

本节首先在第四章问卷调查获取的数据中随机抽取 400 个样本数据，根据本章上一节提出的算法要求进行加工处理，将参与问卷调查的移动用户在论文搭建的原型推荐系统 MRecommend 上完成对服务的文本评论。 然后，在借鉴 Su et al.（2010）制定的数据生成过程和分析用户网络行为的基础上，通过制定一系列合理的上下文生成规则、用户行为生成规则，构造了一个模拟数据集，作为移动商务精准推荐系统的输入数据源，并在 MRecommend 模拟运行环境中动态更新初始数据集。 最终有关模拟数据库解释如下：

（1）上下文数据集；选出 5 种类型，即时间、设备、地点、情感、活动状况；

（2）用户数据集；400 个，主要包括用户唯一 ID、基础信息中的身份证、职业、家庭住址、生日等；

（3）服务数据集；100 个，服务属性包含服务标识、服务类别、服务名称、服务描述等；

（4）用户隐私关注影响因素数据集；对问卷样本数据集进行处理，构建"用户—隐私关注强度"矩阵（400×6）；

（5）用户采纳移动商务精准推荐服务数据集；用户采纳移动商务精准推荐服务 的行为变量值（取 1）与用户未采纳移动商务精准推荐服务的行为变量值（取 0）构建"用户—服务行为矩阵"（400×100）；

（6）文本评论数据集：利用专家对文本评论语料进行标注，筛选出实验所需的评论搭配组合，包括评论词、评论对象。比如，"手机系统/n 流畅/a，wd 外观 n 不错/a，wd 手感 n 很/d 好/a，/wd 像/v 素 dg 不错 a，wd3DnTouch/n 技术/n 很/d 给/p 力/n"。将上述评论语句人工标注为评论词——流畅、不错；评论对象——手机系统、外观，从而构建评论搭配组合——〈系统，流畅〉，〈外观，不错〉。采用此方式对文本评论语料进行梳理，最终从 800 篇评论语料中整理出评论对象 305 个，评论词 541 个，不重复的情感评论单元的二元组 416 个，以二元组〈评论对象，评论短语〉形式组合成情感评论单元，并完成专家标注。在此基础上，使用这些正确抽取的情感评论单元作为测试集，采用人工方式对上述评价单元进行情感分类，并将分类结果作为下文基于情感词汇本体库的文本情感倾向性分析实验对比的标准。

2. 标准数据集

本章选取 Moviepilot 作为标准数据集。Moviepilot 是由美国 Minnesota 大学计算机科学与工程专业 GroupLens 项目组创办的，主要致力于推荐系统、虚拟社区和移动无线技术研究的实验站点。Moviepilot 数据集是从电影评分网站（http：//movielens.org）真实抓取下来的，数据集中包括电影评分人的基础注册信息（如 ID、性别、工作、家庭住址等），还有已经被影评人打过分的电影类别信息，影评分数为 1—5 的离散数据。由于真实性和规范性，Moviepilot 数据集成了个性化推荐研究的经典数据集。考虑到本章主题是上下文中的情感倾向性分析，因此将 Moviepilot-mp.mood 作为 CS-UCF 方法的实验数据集。该数据集不仅包括 Moviepilot 中的用户与项目（电影）信息，还记录了用户当时的情感信息。Moviepilot-mp.mood 数据集包含的地理位置、评论时间、情感倾向属于上下文因素。本章因为聚焦于用户情感倾向分析的个性化推荐服务，所以将情感单独抽取并构建"用户—情感"矩阵，分析不同情感倾向对用户偏好的影响。然后，人为地将隐私关注强度值作为一个上下文因素添加到数据集维度信息中，最终用于协同过滤推荐实验。

根据实验需要将 Moviepilot-mp.mood 分为训练和测试 2 个数据集。训

练数据集具有 4 544 409 条评分，分别来自 105 137 位用户在 16 种情感影响下对 25 058 部电影的评分；测试数据集采集了 160 位用户的 19 506 条评分，是用户在 16 种情感值作用下对 3396 部电影的评分。 用户在评分时以 5 分为步长，分值范围为 [0，100]。 情感的引入使得数据集更加稀疏，这给需要通过有效电影评分数据来计算用户相似度带来了难度。 本研究经过多次测试，确定每个用户至少需要在 Moviepilot-mp. mood 中对 150 部电影进行评分，而且用户之间至少对 20 部相同的电影评过分（ $|Mcc'|\min = min\_corated\_num = 20$ ），最终筛选出符合要求的 3300 位用户、2 578 325 条评分及 6548 部电影。

二、评价标准

1. 情感倾向性分析的评价标准

情感倾向性分析的实验评价标准采用查准率（Precision Rate）和查全率（Recall Rate）两个指标进行判别，如表 5-4 所示（以"积极"为例）。

表 5-4　情感倾向性分析的评价标准指标

	真正属于"积极"类的评论单元数	真正不属于"积极"类的评论单元数
判断为属于"积极"类的评论单元数	a	b
判断为不属于"积极"类的评论单元数	c	d

查准率：在进行所有情感评论单元情感倾向类别预判时，被本书 STAS 真正归属为"积极"情感倾向类别的评论单元个数作为分子，所有被本书 STAS 预判归属为"积极"情感倾向类别的评论单元个数作为分母。 计算公式如（5-10）所示。

$$Precision = \frac{a}{a+b} \qquad (5-10)$$

查全率：在进行所有情感评论单元情感倾向类别预判时，被本文 STAS

真正归属为"积极"情感倾向类别的评论单元个数作为分子，所有被本文STAS归属为"积极"情感倾向类别的评论单元个数作为分母。计算公式如（5-11）所示。

$$\mathrm{Recall} = \frac{a}{a+c} \qquad (5\text{-}11)$$

查准率表明 STAS 方法的准确性，而查全率表明 STAS 方法的完备性，两者取值均在 0 和 1 之间，数值越接近 1，查准率或查全率就越高。考虑到目前在评价中出现的过度追求准确度而牺牲其他指标的问题，本节引入F-Measure测量指标。F-Measure 是 Precision 和 Recall 的加权调和平均数，可知 F-Measure 综合了 Precision 和 Recall 的结果，当 F-Measure 较高时则说明 STAS 方法比较有效，计算公式如（5-12）所示。

$$\mathrm{F}_\beta = \frac{\beta^2 + 1 \times p \times \mathrm{r}}{\beta^2 \times p \times \mathrm{r}} \qquad (5\text{-}12)$$

式中，β 是一个用来调节查准率和查全率权重的参数。当 $\beta = 1$，F_β 就是最常见的 F_1 指标，计算公式如（5-13）所示。

$$\mathrm{F}_1 = \frac{2 \times p \times \mathrm{r}}{p + \mathrm{r}} \qquad (5\text{-}13)$$

2. 协同过滤推荐方法的评价标准

协同过滤推荐方法的精确度一般通过推荐结果集的排序来体现，排序结果越符合用户兴趣，表明该方法推荐质量越高。目前主要采用 $P@R$、平均精率准值（Mean Arerage Precision，MAP）和一致性程度（Degree of Agreement，DOA）3 个指标来衡量用户偏好与结果排序的契合性。其中，$P@R$ 表示推荐列表中前 R 个商品/服务与用户真实偏好的相关性（实验测试时，本章根据移动商务精准推荐服务的数量确定 R 值大小），计算公式如（5-14）所示。$P@R$ 可以通过用户在测试集中选择感兴趣商品/服务数量与相同商品/服务出现在推荐结果集中数量的比值来衡量推荐结果精确性。

$$P@R = \frac{\text{Top-R 推荐服务集所包含测试集中前 } R \text{ 种服务的数目}}{R} \qquad (5\text{-}14)$$

在信息检索排序效果评价指标中，MAP 能够衡量检索算法在用户搜索结果排序方面的平均准确度。将其引入到协同推荐方法中，评价本章方法在推荐关联项目上的平均排序精确性。如果 MAP 越高，表明该方法对用户推荐的精确度越高。

$$\text{MAP} = \frac{1}{|C|} \sum_{i=1}^{|C|} \frac{1}{|R_i|} \sum_{j=1}^{|R_i|} \frac{j}{r_{ij}} \qquad (5\text{-}15)$$

式中：$|R_i|$ 表示在移动商务精准推荐服务中推荐系统为第 i 个用户推荐的商品/服务的数量；$|C|$ 表示参与测试的用户数量；r_{ij} 表示推荐系统为第 i 个用户推荐第 j 个商品/服务在测试集中的排序。

DOA 也是衡量推荐排序精确性的评价指标之一。首先定义 $NW_{U_j} = I - (L_{U_j} \cup T_{U_j})$ 为潜在预测排序项目，由定义可知该项目没有出现在 U_j 的训练集或测试集。T_{U_j} 代表在测试集中 U_j 已经对该项目评分过，而 L_{U_j} 代表在训练集中 U_j 已经对该项目评分过。

$$\text{DOA}_{u_j} = \frac{\sum_{(i \in T_{U_j}, k \in NW_{U_j})} chech\_order_{U_j}(I_i, I_k)}{|T_{U_i}| \times |NW_{U_j}|} \qquad (5\text{-}16)$$

$$check\_order_{U_j}(I_i, I_k) = \begin{cases} 1, predict\_rank_{I_i} \geqslant predict\_rank_{I_k} \\ 0, othervise \end{cases} \qquad (5\text{-}17)$$

式中，$predict\_rank_{I_i}$ 是推荐列表中对 I_i 的预测位置。排序预测随机 DOA 值大约为 50%，而所有项排序都预测正确的 DOA 值为 100%，本文将所有用户 DOA 的平均值作为 DOA 整体的效果评价。

三、基于情感词汇本体库的文本情感倾向性分析实验结果

为了验证基于情感词汇本体库的文本情感倾向性分析方法 STAS 的优越性，本研究在情感词汇本体库（包括评论词、情感词、反转词）的基础上，基于 STAS 将 416 个不重复的二元组〈情感评论单元，情感倾向类型〉与情感词汇本体库匹配，对测试集中的每一个情感评论单元进行情感倾向极性判断（7 个情感类别）。最终，将 STAS 实验结果与人工标注的标准进行对比，结果对比如表 5-5 所示。

表 5-5　基于情感词汇本体库的文本情感倾向性分析实验结果

情感类别	查准率	查全率	F_1 值
哀	0.62	0.65	0.63
乐	0.64	0.66	0.65
怒	0.66	0.67	0.66
惧	0.68	0.71	0.69
惊	0.69	0.73	0.71
好	0.74	0.77	0.75
恶	0.75	0.79	0.77

　　从表 5-5 的实验结果可以得出，本节的 STAS 方法在 7 种情感倾向类别上均拥有较高的情感分类查准率、查全率和 F-Measure，也说明基于情感词汇本体库的文本情感倾向性分析方法在移动商务服务中具有良好的效果。 同时，将文本语料划分为多个情感评论单元，并以二元组〈情感评论单元，情感倾向类型〉进行文本情感倾向性分析可以更细粒度地对情感倾向进行预判。 此外，上述实验结果也表明了构建评论词、情感词、反转词等 3 种本体库相比仅仅构建一种词汇集来说更能取得精确的情感倾向值，可以弥补情感词汇表达的多样性，缓解情感分类较细带来的情感相似度计算偏差以及情感判断不正确等问题。

　　为了验证上下文对情感倾向性分析的影响，本章将上下文考虑进来，并与不包括上下文的 STAS 方法进行比较，即第一组基于评价词集＋反转词集＋情感词集，第二组基于评价词集＋反转词集＋上下文＋情感词集，第三组基于评价词集＋反转词集，第四组基于情感词集。 通过查准率、查全率、F-Measure 3 个指标对测试数据集中的整体情感倾向极性进行对比分析，实验结果如表 5-6 所示。

　　由表 5-6 可以看出，上下文对情感倾向性的判断有较大的影响。 考虑上下文对用户评论的影响改进了移动商务服务中用户偏好计算的精确性，在实际应用中能明显提升查准率、查全率和 F-Measure。 同时，上下文体现了评论者当时情感表达的内外因素。 例如，"价格昂贵，性价比低，音质一般，手机信号差，电池续航不给力，但是买高贵的玫瑰金送老婆还是很给力的"，通过反转词以及当时的上下文（购买目的：送老婆）形成了积极的评论。因此，本章提出在情感倾向性分析中构建特定领域的上下文本体模型，通过基于语义标签、本体语言来对移动商务服务中复杂的上下文因素、上下文与文本评论对象之间的关系进行表达，融合多源信息，从而提升了传统文本倾向性分析方法的效果。

表 5-6　不同条件搭配对文本倾向性分析实验结果的影响

不同条件组合	情感倾向性分类结果		
	查准率	查全率	F_1 值
评价词集＋反转词词集＋上下文＋情感词集	0.68	0.70	0.69
评价词集＋反转词集＋情感词集	0.64	0.66	0.65
评价词集＋反转词集	0.56	0.61	0.58
上下文＋情感词集	0.49	0.53	0.51
情感词集	0.28	0.34	0.31

四、考虑隐私关注的基于情感倾向性分析的混合协同推荐方法实验结果

（1）α 影响下的 PS-HCF 比较

本节将融入隐私关注强度的基于用户的协同过滤方法 PI-UCF 在预测目标用户偏好时的评分（$\alpha = 1.0$），与 CS-UCF 在预测目标用户偏好时的评分（$\alpha = 0.0$）进行加权计算（加权系数 α 代表重要程度），实现 PS-HCF。在 MAP，DOA，$P@10$，$P@5$ 排序评测指标上对 PS-HCF 受加权系数 α 影响的程度进行实验对比，结果如表 5-7、5-8 所示。设置 $\alpha = 0.2, 0.4, 0.6, 0.8$，$k = 10, 20, 30, 50$。多组实验结果对比表明，本章的 PS-HCF 排序精确度较高，且 α 值与排序精确度呈非线性递增和递减关系；当 $\alpha = 0.6$ 时，PS-HCF 性能达到最佳。

表 5-7　不同 α 影响下基于评分融合的混合式协同过滤方法的对比结果（P@R）

基于评分融合的混合式协同过滤方法	P@5(k=10,20,30,50)				P@10(k=10,20,30,50)			
	10	20	30	50	10	20	30	50
0.0	0.67	0.72	0.74	0.77	0.65	0.68	0.72	0.73
0.2	0.69	0.75	0.76	0.78	0.68	0.71	0.73	0.75
0.4	0.71	0.76	0.79	0.78	0.70	0.73	0.74	0.76
0.6(分界点)	0.73	0.77	0.80	0.81	0.71	0.74	0.75	0.77
0.8	0.72	0.75	0.77	0.79	0.69	0.73	0.74	0.75
1.0	0.68	0.72	0.74	0.77	0.67	0.71	0.72	0.74

表 5-8　不同 α 影响下基于评分融合的混合式协同过滤方法的对比结果（MAP,DOA）

基于评分融合的混合式协同过滤方法	MAP(k=10,20,30,50)				DOA(n=2-8,3-7,4-6,5-5)			
	10	20	30	50	80%—20%	70%—30%	60%—40%	50%—50%
0.0	0.71	0.75	0.78	0.80	0.77	0.80	0.82	0.83
0.2	0.74	0.77	0.80	0.81	0.79	0.82	0.84	0.84
0.4	0.75	0.78	0.81	0.82	0.80	0.83	0.85	0.85
0.6(分界点)	0.76	0.79	0.82	0.83	0.81	0.83	0.85	0.86
0.8	0.74	0.78	0.80	0.82	0.80	0.82	0.84	0.85
1.0	0.72	0.76	0.79	0.81	0.78	0.81	0.83	0.84

（2）CS-UCF，PI-UCF，PS-HCF，S-UCF，UCF 之间的推荐性能对比

为了验证上下文、情感倾向性、隐私关注强度对移动商务精准推荐系统的影响，本章对融入上述信息的协同过滤推荐方法进行对比。首先，对融入情感倾向性分析的基于用户的协同过滤方法（Collaborative Filtering Algorithm Based on User Combining Sentiment，S-UCF）与传统的基于用户的协同过滤方法（Collaborative Filtering Algorithm Based on User，UCF）进行比较。统一设置重要性权重 α = 0.6，评价指标为 P@10，P@5。虽然 S-UCF 总体性能优于 UCF，但在最近邻居集数为 15 和 20 时，其指标低于 UCF。一方面，这是由于用户情感倾向的复杂性导致 S-UCF 有时在计算用户

偏好时出现偏差；另一方面，实际评分数据稀疏性问题严重，尤其在引入情感信息维度时，"用户—网络服务"矩阵更加稀疏，导致融入情感倾向性分析的用户相似度计算缺乏评分数据支撑。但是，CS-UCF 要优于 UCF，这是因为本章首先利用上下文对用户进行聚类，缩小最近邻居集构建范围，也验证了上下文的引入可以提升情感倾向性分析的精确度，从而提升协同过滤推荐的性能。实验结果如图 5-3、图 5-4 所示。

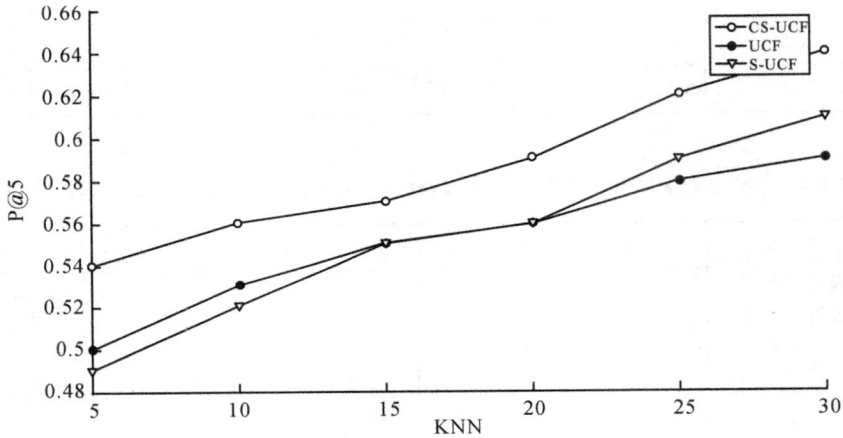

图 5-3　CS-UCF, UCF 和 S-UCF 在模拟数据集上的精确度的比较

此外，PI-UCF 要优于传统的 UCF 和融合情感与上下文的 CS-UCF。因为，获取了每个用户在采纳移动商务精准推荐服务时的隐私关注强度，在一定程度上从隐私关注主观角度实现了"物以类聚，人以群分"，并提升了推荐质量。同时也表明，引入"隐私关注强度"到协同过滤方法中是非常有意义的。最后，与 CS-UCF，PI-UCF，S-UCF，UCF 方法相比，融入隐私关注强度和情感倾向性分析的 PS-HCF 方法更胜一筹。因此，在推荐阶段融合 PI-UCF 和 CS-UCF 对目标用户的预测评分可以提升移动上下文推荐任务的整体性能。

本章利用标准数据集 Moviepilot-mp. mood 进一步实验来比较 PS-HCF，PI-UCF，CS-UCF，UCF 方法之间的推荐性能。将 Moviepilot-mp. mood 划分为训练和测试两个数据集，采用 MAE 指标来比较上述方法之间的优劣性（MAE 越低越好），最近邻居集 KNN 数量取值为 $k = 50, 100, 150, 200,$

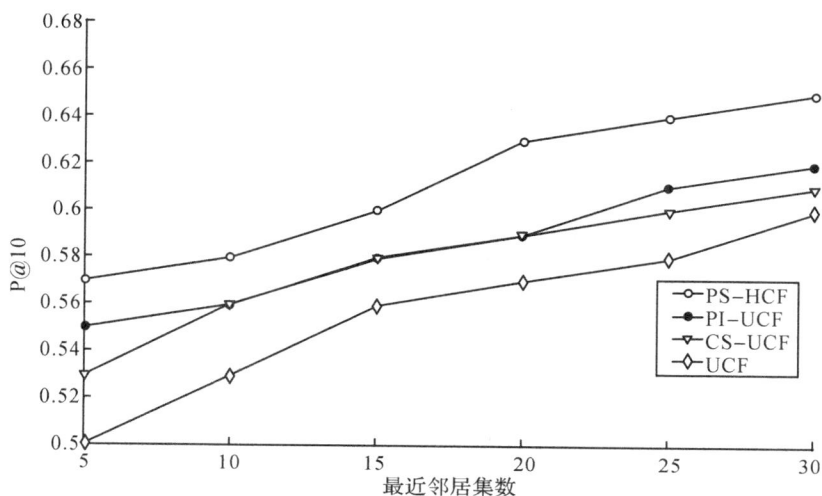

图 5-4　PS-HCF, PI-UCF, CS-UCF 和 UCF 在模拟数据集上的精确度的比较

250, 300。 实验结果如图 5-5 所示，可以发现在标准数据集中，本章的 PS-HCF 同样取得了良好的评分预测效果。 同时，MAE 值相比其他几种协同过滤方法要低，即 PS-HCF 精确度比其他方法高，而且当近邻数为 300 时，PS-HCF 的推荐精确度达到最高。

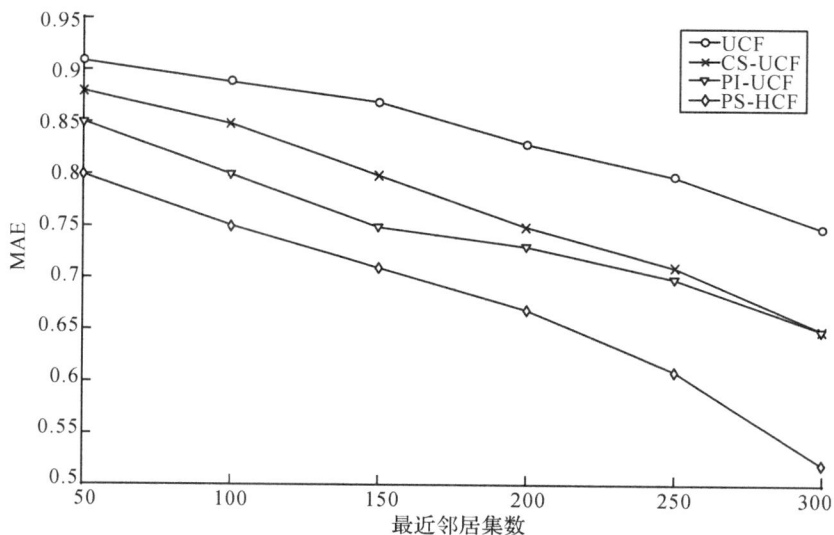

图 5-5　在 Moviepilot-mp. mood 数据集上 3 个算法的 MAE 的比较

同时，选取 Moviepilot-mp. mood 标准数据集，采用 PS-HCF，PI-UCF，CS-UCF，UCF 4 种算法就 DOA 指标进行推荐排序相关性对比分析，结果如表 5-9 所示。 隐私关注强度通过人为标注，将情感、时间、位置等作为上下文因素考虑。 实验结果发现，本研究提出的 PS-HCF 方法在 4 组不同数据集上均可得到最大的 DOA 值，表明 PS-HCF 推荐给用户的商品/服务及排序更符合用户实际需求，也验证了在移动个性化信息推荐服务中考虑隐私关注强度、上下文、情感倾向综合信息的移动推荐方法可提升推荐服务质量。

表 5-9　不同方法的 DOA 值的对比结果

Alg. \Split	80%—20%	70%—30%	60%—40%	50%—50%
CS-UCF	73. 3	71. 3	69. 3	66. 4
UCF	76. 2	74. 4	72. 6	69. 3
PI-UCF	81. 4	80. 6	76. 6	71. 9
PS-HCF	89. 5	87. 3	84. 4	82. 9

第五节　本章小结

随着移动互联网技术和 Web 2.0 版的快速发展，用户通过移动互联网可以随时随地发表对商品或者服务的评论。 如何从上述评论信息中挖掘用户对商品/服务的情感偏好"金矿"，如何获取复杂移动商务环境下用户细粒度需求，文本情感分析技术应运而生。 基于情感挖掘提升移动推荐系统的性能，是实现移动商务精准推荐服务的重要手段。 本章围绕基于情感倾向性分析的移动上下文推荐方法展开研究，首先通过对融入上下文的网络评论语料进行分析，构建二元组〈评论对象，评论短语〉，并将文本语料划分为多个具有一定关系的情感评论单元。 其次，结合目前主流中文词汇集构建自己的评论词汇、反转词汇和情感词汇 3 种本体库。 再次，提出基于情感词汇本体库的情感倾向性分析算法计算情感评论单元的具体情感倾向值，从而进行细粒度的情感倾向预判（包括 3 种情感倾向类别共 7 个情感特征）。 此外，移动商务服务上下文因素复杂且对用户行为有影响，仅利用情感信息无法获取精确的情感偏好。 因此，本章提出融合移动用户上下文和情感倾向性的基于用户的协同过滤方法。 又由于目标用户的喜好往往与跟他有着共同隐私关注强度的用户相类似，本章利用第四章提出的 6 种隐私关注影响因素对用户的综合影响程度来计算移动推荐中的用户相似度，并在此基础上，提出融入隐私关注强度的基于用户的协同过滤方法。 最后，将上述两种协同过滤方法进行预测评分融合实现考虑隐私关注的基于情感倾向性分析的混合协同过滤，采集模拟数据集和公开数据集进行实验对比，以表明该方法的优越性，能有效缓解协同过滤推荐中的数据稀疏性和冷启动的问题，并从用户主观角度降低目前隐私关注对用户采纳移动商务精准推荐服务的影响。

第六章　隐私关注下基于人格特质与用户关系强度的移动社交网络推荐方法

实现高质量移动商务精准推荐服务的另一个重要手段是移动社交网络推荐系统。 本书在第四章研究了在移动互联网环境下用户隐私关注会显著地受到社交群体（社会网络关系）和人格特质（内向性、外向性、随和性）的影响，并最终影响到移动商务精准推荐服务的采纳意愿。 本章据此提出研究考虑上述 4 个隐私关注影响因素的度量方法及其在移动社交网络推荐服务中的应用，即研究社会网络中个体自身特质、人与人之间关系的社会网络因素对隐私关注下个性化推荐服务的影响，从社会网络角度深入探究移动商务精准推荐服务中用户隐私关注是如何受到自身及周围人的影响，进而影响用户采纳移动商务精准推荐服务意愿。 本章基于数据挖掘理论中的社会网络分析方法和管理学理论中的多元线性回归模型，引入微博行为特征、用户特征和网络结构特征，建立隐私关注下基于人格特质与用户关系强度的移动社交网络推荐方法，并选择新浪微博作为数据采集及实证平台。

第一节　研究提出及描述

近年来，随着移动互联网的快速发展，国内外社会化媒体网站（如新浪微博、微信、抖音、知乎、Facebook、LinkedIn 等）逐步兴起，正成为网络用户社交的重要渠道。 2020 年 7 月 31 日，Facebook 公布财报显示，公司 2020 财年第 2 财季归属于普通股东的净利润为 51.78 亿美元，同比增长 97.94％；营业收入为 186.87 亿美元，同比增长 10.67％。 第 2 季度月活跃用户人数为 27 亿人，比去年同期的 24.1 亿人增长 12％；日活跃用户人数为 17.9 亿人，与去年同期的 15.9 亿人相比增长 12％；每位用户平均收入为 7.05 美元。 2019 年，抖音用户全年打卡 6.6 亿次，遍及全世界 233 个国家和地区。 截至 2020 年 8 月，包含抖音火山版在内的抖音的日活跃用户已经超过了 6 亿人，有超过 2200 万人在抖音合计收入超过 417 亿元。 两大社交网络巨头靓丽的财报数据表明社会化网络的盛行，使用户通过简单的操作即可实现照片、视频、音频和文字等内容的分享，获取至关重要的信息，从而极大改变了用户之间的交流方式。 但是，互联网的大数据使得用户面临"信息过载"的问题，尤其是移动用户由于社交软件的便捷性产生了海量的 UGC，造成"社交过载"。 目前，社会化推荐系统（Social Recommendation System， SRS）能够使用户社交兴趣图谱推荐引擎持续精细化，使得移动商务企业能基于用户的人口统计学特点和社交关系、兴趣和行为，锁定目标受众进行有针对性的营销活动，在社交平台上实现相关性、参与度和效率更高的个性化服务。 而且，移动用户关系强度是实际企业网络营销中新的关注点，用户关系强度的精确计算能够提高移动社交网络推荐的针对性与准确性，实现精准移动个性化信息服务。 因此，移动社交网络推荐正成为行业与研究机构的研究热点。

一方面，社会化网络是由一些社会成员（个人与组织）组成的社会结构，这些用户之间存在一系列的二元关系。 但这种二元关系只能粗略地表示两者是否为朋友关系，却不能表示两者之间的亲密程度。 除此之外，根据六度分隔理论，用户间最多通过 6 个人就能够认识任何一个陌生人并与其产生联系，二元关系并不能体现出这种间接的关系。 然而，用户之间的亲密程度以及间接关系在社会化网络用户关系中占据重要地位。 用户关系强度能表示不同用户间的亲密程度，其中包括直接关系与间接关系。 相比于一般的熟人，用户更可能与他们的亲人或好朋友进行联系，这就是所谓的强关系，强关系属于直接关系范畴。 相反，当两个用户为一般熟人时，他们之间的关系可能为弱关系，此时间接关系反倒发挥更大的作用。 甚至当两个用户之间不存在直接联系时，间接关系是他们之间关系强度的唯一标志。另外，不同用户间的关系强度也有所不同，并且会受多种因素影响而迅速地变化。因此，关于社会化网络用户关系强度的研究在很多方面都具有重大的意义，如个性化推荐、行为预测、链路预测、人肉搜索、可视化等。目前，国内外学者研究社会化网络中用户关系强度时采用的计算方法大多是利用用户的个人信息和用户间的交互信息来估算不同用户间的关系强度。其中，用户的个人信息包括用户的性别、年龄、工作、爱好、朋友、宗教观点等。一般情况下，具有相似个人信息的用户的兴趣爱好可能更相同，且会有更强的关系强度。此外，用户间的交互活动如评论、点赞、转发、添加关注、发送私信等越频繁可能表示两者之间的关系越密切。然而，以往研究者提出的计算社会化网络的用户关系强度的方法都较为片面：要么笼统地计算所有用户间的关系强度；要么只考虑直接联系，而忽略间接关系的重要性。

另一方面，移动社交网站中的隐私问题引起了用户的恐慌。现有的在线隐私保护机制有待进一步完善，而移动社交个性化服务中用户隐私的泄露问题尤其突出。2018 年，5000 万 Facebook 用户的信息在用户不知情的情况下被"剑桥分析"获取并利用，向这些用户精准投放政治广告内容，以在 2016 年的美国总统选举中支持特朗普团队，并为脱欧组织脱离欧盟提供数据处理和分析工作。虽然很多商业网站发布了在线隐私政策，但现有的在线隐私策略机制存在如下问题：（1）服务提供商单方面制定隐私策略，忽略了个人用户的隐私偏好。用户要么直接拒绝使用该服务，要么为了获得服务，只能被动接受由服务提供商单方面制定的所有隐私策略，而不能对披露的隐私信息种类进行选择。（2）人工阅读式的隐私策略内容形同虚设且效率十分低下。用户需要通过阅读的方式来了解服务提供商发布的隐私策略，但实际上很少有用户会耗费大量的时间阅读繁冗的在线隐私策略。据估计，如果用户阅读所访问的所有网站的隐私策略，那么每年将会造成 7810 亿美元的生产力损失。同时，仅靠用户人工阅读进行决策也缺乏便利性，而便利性恰恰是用户使用移动服务的主要驱动力。因此，随着移动智能终端逐渐成为信息传递的主要平台之一，SRS 在推荐信息服务时将重点考虑"隐私关注"对推荐性能的影响。而且，移动商务的动态性、社会性等特征使得 SRS 需要分析移动用户的心理需求、当前的活动领域信息以及社交关系信息等复杂内容。 已有文献表明，不同性格特质的人会对音乐产生不同的喜爱倾向。 如：内向的个体比较偏向于古典的音乐风格，外向的个体比较偏向于流行或者摇滚音乐；同时，外向的个体比内向的个体更愿意尝试新的音乐风格且乐于分享其在音乐上的偏好。 当为内向的个体推荐合适的音乐时，其隐私关注度降到最低。 个体的人格特质同样也会对其在社会网络中的行为产生影响。 如：外向的个体善于与朋友交流、沟通，热衷和亲朋好友分享自身经历、收获等，其隐私关注程度相对较低；而内向的个体则刚好相反。 随和的个体比较无私，与他人关系融洽，且容易信任他人；神经质的个体比较容易情绪化和冲动。 因此，个体的人格特质将会对用户的网络社交方式、心理偏好、隐私关注行为等产生重要的影响。

综上所述，如何利用用户的人格特质、社会关系解决移动商务精准推荐服务的用户隐私关注问题，成为移动商务精准推荐服务领域的重大研究课题。 因此，本章提出一种隐私关注下基于人格特质和用户关系强度的移动社交网络推荐方法。 首先，本章面向用户隐私关注问题提出融入隐私偏好度的人格特质度量方法、基于活动领域分类与间接关系融合的关系强度方法。 其次，提出考虑隐私关注的融合用户人格特质和社会化关系强度的混合协同过滤推荐方法实现高质量的移动商务精准推荐服务。 最后，利用微博抓取的数据集展开实验对比，验证本方法的先进性与实用性。

第二节　隐私关注下基于人格特质和用户关系强度的移动社交网络推荐方法

本节面向移动商务精准推荐服务研究领域提出一种隐私关注下基于人格特质和用户关系强度的移动社交网络推荐方法（Mobile Social Network Recommend Method Combining with Privacy Concerns Based on Personality Traits and User Relationship Intensity，PC-MSPR），其整体框架如图 6-1 所示。 首先，本节提出融入隐私偏好度的人格特质度量方法（Personality Traits Measure Method

Combining with Privacy Preference，PP-PTM），研究用户人格特质对隐私偏好度的影响，并对社交网络用户的隐私偏好度和用户人格特质属性、网络行为进行相关性分析；其次，提出一种基于社会网络交互活动和领域本体的用户关系强度计算方法（User Relationship Strength Estimation Method Combining Activity Field Classification with Indirect Relation，AI-URS），以交互活动文档为依据计算同一领域中用户的综合关系强度，其中包括直接关系与间接关系；最后，提出考虑隐私关注的融合用户人格特质和社会化关系强度的改进协同过滤推荐方法，利用隐私关注下移动用户人格特质偏好和用户社会关系强度的移动社交网络推荐方法来实现高质量的移动商务精准推荐服务。其中，该方法最大的创新是综合隐私偏好、人格特质、社会化网络关系强度等信息计算目标用户最近相似邻居集。

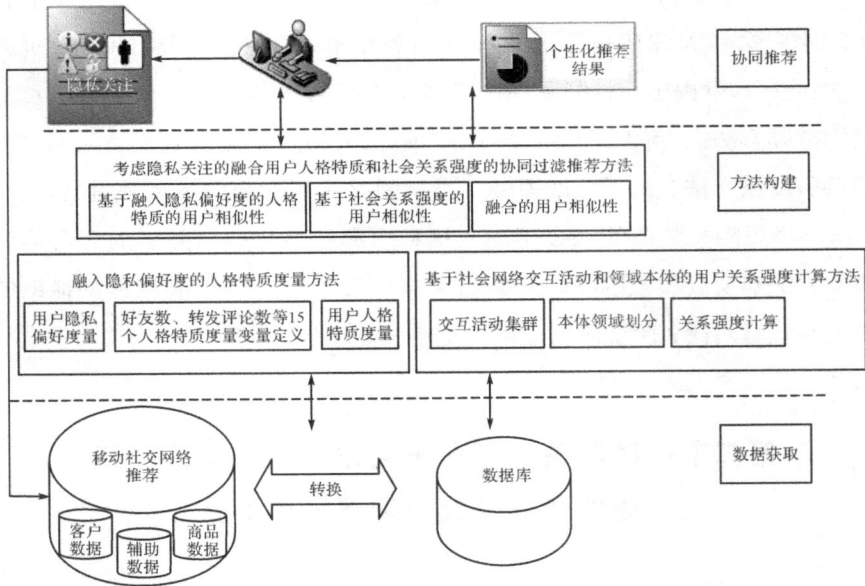

图 6-1　隐私关注下基于人格特质和用户关系强度的移动社交网络推荐方法整体框架

一、融入隐私偏好度的人格特质度量方法

1. 用户隐私偏好度量

一般社交网站（如新浪微博）的常用隐私设置包括"何种方式可以找到我"（邮箱还是手机）、"允许哪些人评论我"（所有的人、仅粉丝、我关注的人）、"是否推荐通讯录好友""允许哪些人私信我"（所有的人、仅粉丝、我关注的人）、"@允许哪些人提到我"（我关注的人、所有人）、"绑定其他账号""我的位置"（所有的人、仅粉丝、我关注的人）等。 Henson（2011）研究发现用户活跃度、人格特质与其隐私行为有很大的相关性，移动用户在社交网络中的活跃度可以用发博文次数、上传照片次数和评论次数来表示，并且与"允许哪些人评论我""允许哪些人私信我"和"我的位置"这3项显著相关。 由此，本节选择上述 3 项内容作为移动用户隐私偏好度的测量项。 以新浪微博为例，本节采用多元线性回归模型，并假设了 3 个评价指标，均是在一定时间周期内（以半年为例）：（1）是否"允许哪些人私信我"；（2）是否"允许哪些人评论我"；（3）是否允许标注"我的位置"。移动用户隐私偏好强度可通过上述 3 项指标来综合计算，如公式（6-1）所示。

$$\boldsymbol{P}_u = (AM_u, AC_u, AG_u) \tag{6-1}$$

其中，向量 $\boldsymbol{P}_u$ 表示用户 u 对隐私关注偏好程度；AM 代表用户 u 对于其他用户发私信的隐私偏好量值；AC 代表用户 u 对于其他用户对自身信息评论方面的隐私偏好量值；AG 代表用户 u 对于社交平台标注位置信息方面的隐私偏好量值。 对移动用户的隐私向量 $\boldsymbol{P}_u$ 进行量化可以得出，能够用来表示该用户 u 隐私偏好的程度数值，本书将其定义为隐私偏好强度（Privacy Preference Intensity，PPI）。 用户隐私偏好强度量值为 3 项相关测量项的量化求和，表示为：

$$\boldsymbol{P}_u = \beta_1(AM_u) + \beta_2(AC_u) + \beta_3(AG_u) \tag{6-2}$$

其中，AM_u、AC_u、AG_u 分别代表是否"允许哪些人私信我"、是否"允许哪些人评论我"、是否允许获取"我的位置"的测量项，其概率取值可

为 0（完全同意允许"私信"、允许"评论"和允许"位置标注"）或 1（完全不同意允许"私信"、允许"评论"和允许"位置标注"）。该量值表示不同移动用户对隐私设置方面的具体偏好值，隐私偏好度值较低的用户的隐私关注意识也比较低，属于低隐私关注的群体，而隐私偏好度值较高的用户的关注意识相对高一些，属于高隐私关注群体。

2. 人格特质度量

传统用户人格特质表征数据一般采用离散量化值表示，效果不理想。本节提出采用"大五人格"问卷与用户自我打分来获取连续型用户人格特质数据。另外，采用用户社会网络行为数据来表示。在分析了移动用户活跃度表示变量（发博文次数、上传照片次数和评论次数等信息）的基础上，使用爬虫工具获取代表移动社交平台原创性、传播性、流行性等表征信息，以及用户网络中的交互信息，用于后续章节对社交平台中用户关系强度的衡量。其中，原创性指的是用户的原创开放程度，使用用户在网络上发的博文次数、照片数、相册数以及更新的评论数来测量；传播性指的是用户在社交网络中的联结作用，使用用户发表的评论数、照片数、音乐数、视频数及分享的博文数来测量，主要体现出用户对于信息分享与传播的态度；流行性指的是用户的受欢迎程度，使用用户的好友评论数、粉丝数以及来访者数量来测量。

Maarten et al.（2010）研究发现在用户的"大五人格"特质中，并不是 5 个维度都会对用户网络行为和社会化网络关系产生影响。由于第四章已经研究证实用户的外向性、开放性和随和性 3 个因素会影响其隐私关注行为，因此，本章选用上述 3 个维度作为研究对象。基于多元线性回归模型对人格特质进行度量，模型筛选出 15 个自变量，包括好友数、访客数、博文数、照片数、相册数、私信数、评论数，以及转发分享的评论数、照片数、热门话题数、视频数、音乐数等；从第四章问卷调查和上节采集到的数据中抽取 400 个用户的行为人格数据作为样本集，记为：

$$S_u = (O_u, C_u, E_u, A_u, N_u) \qquad (6\text{-}3)$$

式中，向量 S_u 代表每个用户的人格特质，O_u 是用户开放性评分（包括好友数 FN_u、转发的热门话题数 TC_u、评论数 CN_u、上传照片次数 PN_u），C_u

是用户尽责性评分，E_u 是用户外向型评分（包括好友数 FN_u、发博文次数 DB_u、评论数 CN_u），A_u 是用户随和性评分（包括好友数 FN_u、转发的热门话题数 TC_u、评论数 CN_u、上传照片次数 PN_u），N_u 是用户神经性评分。对移动用户的人格特质向量 S_u 进行量化就可以得出用来表示该用户的人格特质的数值，本章将其定义为人格特质偏好量（Personality Traits Preference Value，PTPV）。因此，融入隐私偏好度的用户人格特质度量 PTPV 计算方法为：

$$O_u = \beta_1(FN_u) + \beta_2(TC_u) + \beta_3(CN_u) + \beta_4(PN_u) \tag{6-4}$$

$$E_u = \beta_1(FN_u) + \beta_2(DB_u) + \beta_3(CN_u) \tag{6-5}$$

$$A_u = \beta_1(FN_u) + \beta_2(TC_u) + \beta_3(CN_u) + \beta_4(PN_u) \tag{6-6}$$

$$P_u = \beta_1(AM_u) + \beta_2(AC_u) + \beta_3(AG_u) \tag{6-7}$$

式中，$S_{u,p} = (O_u, E_u, A_u, P_u)$，向量变量 O_u、E_u、A_u、P_u 分别由多元线性回归模型计算得出。

二、基于社会网络交互活动和领域本体的用户关系强度计算方法

AI-URS 弥补了现有研究的不足，通过对用户关系强度的计算不仅可以掌握社会化网络中用户之间是否存在关联，而且可以进一步获取用户之间关联的紧密程度。AI-URS 首先采用 LDA 算法与相似度计算的方法将用户交互活动文档分为购物、娱乐、工作、运动、饮食、旅游和其他 7 种活动领域，并用本体表示每个领域的知识；然后基于交互活动文档计算各个领域中用户的单向综合关系强度，包括直接关系与间接关系，可用社交网络权重图表示。其中，直接关系强度通过交互时间与频率两个影响因素来计算，间接关系强度通过关系路径数量、长度以及边权重来综合测算。

1. 基本定义

定义 6.1 用户。任何个体在某一社会化网络平台上都有一个标识其唯一身份的账号 ID，以及其相关的用户基础信息，如性别、年龄等。当用户使用该平台时，可以查阅自身的信息、粉丝数、关注好友数，以及关联的好友动态、与好友的交互信息等。本节用 $U = \{u_1, u_2, \cdots, u_n\}$ 来表示所有该平台

的用户集合，n 表示用户总数。

定义 6.2 跟节点用户、目标用户。 在社会化网络中任意两个用户都可能发生交互关系，在社交网络图结构中称出发节点为跟节点用户，目的节点为目标用户，两者之间的关系强度有差异，本章用 $RS(u_i, u_j)$ 表示跟节点用户 u_i 对目标用户 u_j 的关系强度。

定义 6.3 活动文档。 社会化网站中用户之间通过不同领域的活动文档来进行互动，如对一个购物领域某个商品特征评论的博文进行点赞、评论、转发、私信等。 本章记每一次评论等行为作为一个交互活动文档 d_1，参与的用户称为该活动文档的发送方或者互动方。 用 $D = \{d_1, d_2, \cdots, d_n\}$ 来表示所有活动文档数据的集合，n 表示活动文档总数。

定义 6.4 用户交互关系。 任意一个活动文档一般都有一个信息发送方和一个或者多个信息互动方，即用户之间的交互关系通过活动文档来关联。本节用矩阵 $U-D=\{ud_{ij}\}$ 记录用户与文档之间的关联性，其中 ud_{ij} 为 0 表示文档 i 与用户 j 无关联，ud_{ij} 为 1 则表示文档 i 与用户 j 有关联。

定义 6.5 活动领域。 一般用户每一次交互发生在某一个主题中，即在一个特定的活动领域中进行。 本章根据移动商务特点，将活动领域划分为工作、购物、饮食、旅游、娱乐、运动和其他。 考虑到领域之间及交互需求的不同，采用领域本体进行表达与归类，每类记 A_1，则所有活动领域集合定义为 $A = \{A_1, A_2, \cdots, A_n\}$。

定义 6.6 活动文档集群。 根据目标活动文档集群的数量 M，以及给定的文档集 $D = \{d_1, d_2, \cdots, d_n\}$，可以利用 LDA 算法获得多个活动文档集群 c_m，每个活动文档集群中包含一个或多个活动文档。 所有活动文档集群的集合可表示为 $C = \{c_1, c_2, \cdots, c_m\}$。

2. AI-URS 方法构建

本节构建一种用户关系强度计算方法，由社交数据获取、活动领域划分和关系强度计算 3 部分组成，计算流程如图 6-2 所示。

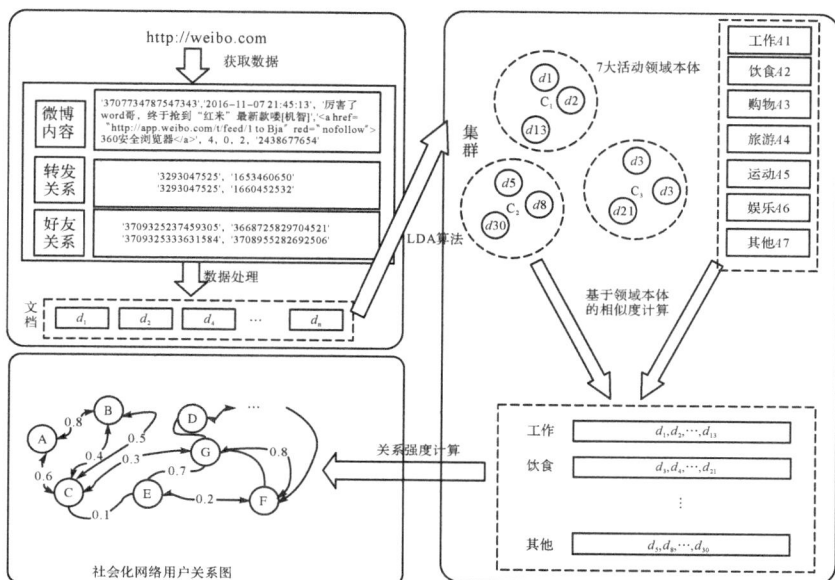

图6-2　社会化网络中不同领域用户关系强度计算流程图

步骤1:社交数据获取。 用户在社交网络平台上公开的数据除了其基础信息之外（如用户账号、微博名、粉丝数等），还包括社交行为中的交互活动信息（如关注、点赞、私信、转发等）。 在进行用户关系强度计算之前，需要采集上述两类数据。 同时，由于数据集本身包含的是原始数据，在使用这些数据之前要先进行数据预处理，采用自然语言处理与信息检索共享平台（Natural Language Processing & Information Retrievel Sharing Platform，NLPIR）汉语分词系统去除噪声，将每条交互活动记录转化为交互活动文档。

步骤2:活动领域划分。 由于不同活动领域中用户交互行为所表达的关系强度有差异，所以需要对社会化网络中的活动领域按照交互活动文档进行划分。 本章在进行社交网络交互活动文档归类为结果集群时采用 LDA 聚类算法，根据标准谷歌距离算法计算所产生的每个结果集群和每个活动领域名称的语义距离，也称为相关度计算。 如果相关度超过预先设定的阈值时，相关度最高的活动领域将被认为是结果集群所属的活动领域，否则该结果集群属于"其他"类。 接着基于领域本体进一步计算结果集群中的每个微博交互活动文档与该结果集群所属的活动领域名称的相关度，若相关度高于预先设定的阈值则该微博交互活动文档的活动领域名称即为所属结果集群的活动领域名称，否则该交互活动文档属于"其他"类。

步骤3:关系强度计算。 在社会化网络中，衡量不同活动领域中用户之间的关系强度时，发现关系较弱而且很难有标准的测量方法。 因此，本章基于交互活动文档计算同一领域中跟节点用户对目标用户的综合关系强度，包括具有直接关系的和间接关系的用户之间的强度。 同时，为了便于表达和交互，各个活动领域用本体知识来表达，用户关系用社交网络权重图来表示。考虑到移动社交网络特点，本节基于关系路径数量、关系路径长度和关系路径边权重来计算间接关系强度，基于时间和交互频率来计算直接关系强度，从而能够更加全面和准确地度量出社交网络中任何两个用户之间的关系强度。

3.用户关系强度度量

（1）活动领域分配

本章提出基于本体的活动领域分配方法。 首先，从社会化网络平台中采集相关信息，如用户信息（包括用户ID、用户昵称、用户性别、注册时间、注册所在地、用户粉丝数、用户关注数、用户微博数、用户收藏数等）、微博信息（包括微博ID、发表用户ID、发布时间、微博内容、微博来源、微博转发数、微博评论数、微博被赞数等）、用户好友关系（包括关注者、被关注者）、微博转发关系（包括微博发布者、微博转发者）。 由于上述采集的信息是原始数据，在算法实现前要进行预处理，采用NLPIR汉语分词系统去除停用词（包括代词和语气助词等常用词）。 随后将每个信息数据转化成数据集，包括用户数据集、活动文档数据集、用户—交互关系集。

其次，将活动领域 A_l 分配到每个活动文档 d_N 中，具体包括两个步骤：第一步，采用LDA算法将活动文档集群，然后计算各个集群与活动领域间的相关度，将活动领域分配到每个集群中；第二步，基于本体知识将活动领域进一步分配到每个集群中的各个文档中。 给定活动文档集 $D = \{d_1, d_2, \cdots, d_n\}$ 和将要获得的集群的数量 M，利用LDA算法将活动文档进行集群，输出结果集群集 $C = \{c_1, c_2, \cdots, c_m\}$，将每个活动文档集群 c_m 的规范化词频标记为

R 维的向量 $\textbf{\textit{TF}}^m$，其中，第 r 个元素 tf_r^m 表示词 w_r 在 W 中的标准频率。

分配活动领域算法（Allocate Activity Field，AAF）如下：

步骤 1：用 Sem(c_m,A_l) 表示集群与活动领域名称之间的相关度。

$$\mathrm{Sem}(c_m,A_l)=\sum^R tf_r^m \times \mathrm{google\_distance}(w_r,A_l) \qquad (6\text{-}8)$$

式中，google_distance(w_r,A_l) 是词 w_r 和领域名 A_l 间的标准化谷歌距离。 两个搜索词 x 与 y 间的标准化谷歌距离的定义为：

$$\mathrm{NGD}(x,y)=\frac{\max\log f(x),\ln f(x)-\ln f(x,y)}{\log M-\min[\ln f(x),\ln f(x)]} \qquad (6\text{-}9)$$

式中，M 是通过 google 搜索的网页的总数，$f(x)$ 和 $f(y)$ 分别为搜索主题 x 与主题 y 的点击量，$f(x,y)$ 是 x 和 y 同时存在的网页的数量。

步骤 2：计算每个集群 c_m 和每个活动领域 A_l 的相关度，并且事先确定阈值，取超过阈值且相关度最高的活动领域名称作为该集群的活动名称，如果都小于阈值则归为"其他"类，否则基于集群与活动领域名称相关度的计算，进一步对集群中的文档进行领域确定。 用 Sem(d_n,A_l) 表示集群中的文档与活动领域名称之间的相关度，即：

$$\mathrm{Sem}(d_n,A_c)=\mathrm{Sem}(c_m,A_l)\times\mathrm{Sim}(d_n,c_m),\ d_n\in c_m \qquad (6\text{-}10)$$

式中，$\mathrm{Sim}(d_n,c_m)=\dfrac{\textbf{\textit{TF}}^m\times\textbf{\textit{TF}}^n}{\parallel\textbf{\textit{TF}}^m\parallel\times\parallel\textbf{\textit{TF}}^n\parallel}$，表示 d_n 和 c_m 之间的相似性；$\textbf{\textit{TF}}^m$ 和 $\textbf{\textit{TF}}^n$ 是 c_m 和 d_n 中的标准化词汇频率向量。

计算集群中每个文档 d_n 与该集群所属的活动领域名称 A_l 的相关度，根据事先确定的阈值，如果超过阈值，则确定该文档所属的活动领域就是该集群所属的活动领域，否则将该文档归为"其他"类。

（2）用户关系强度度量

移动社交网络具有传播性，即用户之间既有直接交互关系，又可通过第三者进行沟通。 例如，用户 U_1 和用户 U_2 存在直接的好友关系，并且他们有共同的朋友 U_3，那么测量 U_1 和 U_2 的关系需要综合计算两者之间的直接关系和从 U_1 到 U_3 再到 U_2 的间接关系。 因此，为了全面衡量用户关系的强度，需要综合考虑直接关系和间接关系的强度。 另外，若 U_1 和 U_2 之间没有直接的关联，根据六度分隔理论可知，用户 U_1 最多通过 6 个人便可以与用户 U_2

联系上。 考虑到上述两个因素，本章利用社交网络权重图进行关系强度表达
与计算，如图 6-3 所示。

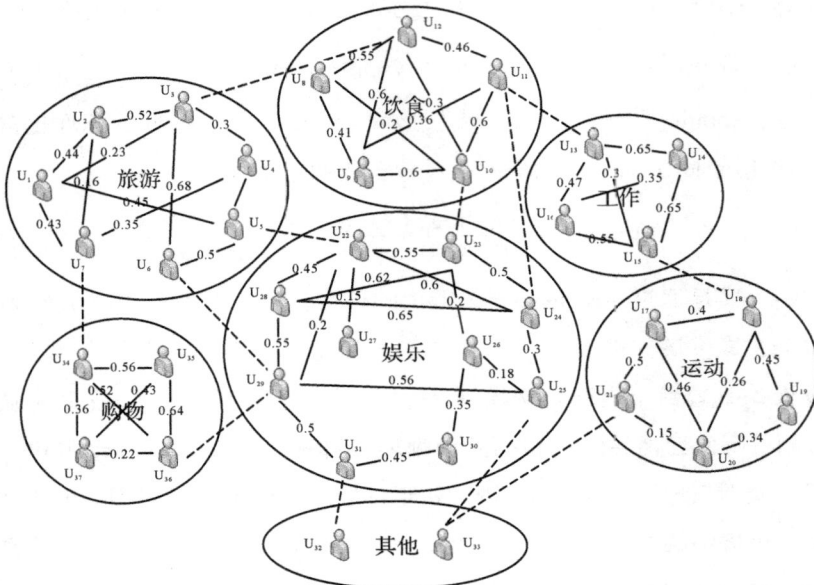

图 6-3　七大活动领域社会网络权重图

该社会网络权重图用 $G = \{U, E, W\}$ 表示，其中 $U = \{u_1, u_2, \cdots, u_n\}$
是社会网络图的用户集，如图 6-3 中的 U_1，U_2，$\cdots$，U_{37} 就属于该集合中的元
素。 在这个集合中，u_i 表示第 i 个用户。 $E = \{e_{i,j}\}$ 是社会网络的边集，其
中 $e_{i,j}$ 表示用户 u_i 和用户 u_j 之间的边。 图 6-3 中的实线表示同一活动领域中
用户之间的关联关系，虚线表示跨领域间用户之间的关联关系，由于跨领域
间用户的关系强度一般较弱，本书忽略不计。 $W = \{w_{i,j}\}$ 是社会网络图中的
边权重集合，其中，$w_{i,j}$ 表示边 $e_{i,j}$ 的权重，每条边的权重表示与这条边相连
的两个用户间的直接关系强度，可通过本章所提出的方法计算获得。

①直接关系强度计算

直接关系强度是通过和用户社交活动信息计算获得的，描述了源用户 u_i
对目标用户 u_j 的亲密程度。 一般来说，用户之间交互越频繁，关系强度更
高，而随着时间的推移，经常联系的用户之间的感情可能越来越深，而很久没

联系的用户之间的感情可能越来越淡化。因此，用户之间的关系会受到交互频率、时间等因素的影响。用 $RS_d(u_i,u_j)$ 表示源用户 u_i 对目标用户 u_j 的直接关系强度：

$$RS_d(u_i,u_j) = \frac{W_{ij}\sum_{i=1}^{l}f_t}{1+\ln(1+I_c)} \tag{6-11}$$

式中，w_{ij} 表示用户 u_i 与用户 u_j 之间关系的权重，由两个用户所在的该活动领域中的交互频率所确定，即 $w_{ij}=\frac{I_{ij}}{I_i}$，分子 I_{ij} 表示在该活动领域中 u_i 与 u_j 交互的次数，分母 I_i 表示在该活动领域中 u_i 与其他用户发生交互的总次数；I 表示在特定活动领域中所研究的两个用户之间交互实例的计数；I_c 表示在特定活动领域中所研究的源目标用户与所有其他用户发生交互实例的计数；f_t 是以函数形式表示的时间影响因素。

②间接关系强度计算

间接关系强度是通过两个用户间的关系路径长度、关系路径数量和关系路径的边权重计算获得，描述了源用户经过多个中间用户对目标用户的亲密程度。用 $RS_{id}(u_i,u_j)$ 表示源用户 u_i 对目标用户 u_j 的间接关系强度，即：

$$RS_{id}(u_i,u_j) = e^{-\lambda d}\prod_{j=1}^{d}W_j \tag{6-12}$$

式中，λ 表示关系路径长度的衰减系数，d 表示关系路径的长度，w_j 表示第 j 个关系路径的权重。$e^{-\lambda d}$ 是一个衰减函数，其值在 0 和 1 间连续变动，表示所有路径中的一个关系路径的权重系数。两个用户之间往往有多条关系路径，本章假设用户 u_i 和用户 u_j 间有 n 条关系路径。用 $P_{ij}=\{P_1,P_2,\cdots,P_n\}$ 表示所讨论的两个用户间关系路径的集合，每个关系路径的权重为 $\{e^{-\lambda d_1},e^{-\lambda d_2},\cdots,e^{-\lambda d_n}\}$。

所有路径上源用户 u_i 对目标用户 u_j 的间接关系强度为：

$$RS_{id}(u_i,u_j) = \frac{\sum_{i=1}^{n}\left[e^{-\lambda d_i}P_i\right]}{\sum_{i=1}^{n}e^{-\lambda d_i}} = \frac{\sum_{i=1}^{n}\left[e^{-\lambda d_i}\prod_{j=1}^{d_i}w_j\right]}{\sum_{i=1}^{n}e^{-\lambda d_i}} \tag{6-13}$$

③综合关系强度计算

综合关系强度包括直接关系强度和间接关系强度，用 $RS(u_i, u_j)$ 表示源用户 u_i 对目标用户 u_j 的综合关系强度，即：

$$RS(u_i, u_j) = \alpha \times RS_d(u_i, u_j) + \beta \times RS_{id}(u_i, u_j) \quad (6\text{-}14)$$

式中，α 表示直接关系强度的权重因子，β 表示间接关系强度的权重因子。两者满足 $\alpha + \beta = 1$，其中，α、$\beta \in [0, 1]$。从社会关系角度分析，在用户的交互过程中，直接交互所获得的关系强度要高于间接交互所获得的关系强度，因此，随着用户之间直接交互次数的增加，用户之间的直接关系强度会越发强烈，即 α、β 的值会随着用户之间直接交互次数等因素的变化而动态变化。当 β 越大，α 越小时，说明随着间接交互次数的增加，用户之间的间接关系强度的比重会越来越大，而直接关系强度的比重会越来越小。若假设两个用户之间的关系强度范围在 $[0.5, 1]$ 时为强关系，在 $[0, 0.5)$ 时为弱关系，那么对于两个用户来说，他们的关系强度属于强关系或是弱关系范围的可能性各占一半，因此，本节引入关系强度影响函数，其公式表示如下：

$$\alpha(k) = 1 - \left(\frac{1}{2}\right)^{\frac{k}{n-k}} = \begin{cases} 1 - \left(\frac{1}{2}\right)^{\frac{k}{n-k}}, & n-k \neq 0 \\ 1, & n-k = 0 \end{cases} \quad (6\text{-}15)$$

式中，$\alpha(k)$ 表示以交互次数 k 为变量的动态变化函数。当 $n-k=0$，即 $k=n$ 时，表示两个用户之间的综合关系强度全部来源于直接关系强度，并无间接关系强度，此时 $\alpha=1$；当 $k=0$ 时，$\alpha(k)=0$，表示两个用户之间不存在直接联系，综合关系强度全部来源于间接关系强度。

三、考虑隐私关注的融合用户人格特质和社会关系强度的协同过滤推荐方法

1. 用户相似度集合生成

如何构建最近邻居 K-NN（前 k 个与目标用户偏好最相似的用户）是基于协同过滤推荐系统的关键所在。传统算法在计算用户偏好时仅仅依靠"用户—项目"评分矩阵，未能获取精确的偏好。考虑到不同隐私偏好程度对用户的影响程度可能不同，本章引入"融入隐私偏好度的人格特质"的概念，并

将其量化用于改进基于用户相似性的协同过滤方法。然后，利用融入隐私偏好度的人格特质向量矩阵和移动社交网络关系向量矩阵分别计算用户相似性，在融合上述两种用户最近邻居集生成方法后完成混合式协同推荐。

（1）计算基于融入隐私偏好度的人格特质的用户相似性

一般具有相似隐私偏好或者相同人格特质的用户会具有相同的兴趣偏好。这一点在音乐心理研究中得到了验证，Su（2010）表明具有相似人格特质的用户在喜爱的音乐风格上有着高度的一致性。因此，在构建目标用户 u 的最近 K 个邻居集时，本章使用"用户—人格特质"矩阵 $\boldsymbol{R}_{u,p}$。通过前文提出的融入隐私偏好度的人格特质度量方法计算矩阵评分，矩阵中的每个评分值为用户 u 在"开放性""外向性""随和型"和"隐私偏好"的测量值，每行表示用户 u 在融入隐私偏好度的人格特质评分向量，最终综合量化人格特质 4 个维度来计算用户之间的相似度，即：

$$\boldsymbol{R}_{u,p} = \{r_{u,p} \mid p \in \mathrm{P}, u \in \mathrm{U}, r_{u,p} \in [0,1]\} \qquad (6\text{-}16)$$

式中，$r_{u,p}$ 表示用户对融入隐私偏好度的人格特质的 4 个维度的综合度量值。

本章通过融入隐私偏好度的人格特质度量方法 PP-PTM 获取用户的人格特质向量，并基于融入隐私偏好度的人格特质评分矩阵进行用户相似性计算。具体做法为：首先，通过用户填写的"移动网络用户社交行为人格测评"问卷量表获取用户的基础人格特质数据；其次，采用社交网络行为数据计算出移动用户在隐私关注影响下的人格特质值；最后，基于"用户—人格特质"评分矩阵完成用户相似度计算，即：

$$\mathrm{Sim}(u,v)_{\text{private-preferce}} = \frac{\vec{\boldsymbol{u}} \cdot \vec{\boldsymbol{v}}}{\|\vec{\boldsymbol{u}}\| \|\vec{\boldsymbol{v}}\|} \qquad (6\text{-}17)$$

式中，$\vec{\boldsymbol{u}}$ 和 $\vec{\boldsymbol{v}}$ 分别代表用户 u 和用户 v 的融入隐私关注的人格特质向量。

（2）计算基于社会关系强度的用户相似性

本章前文已经介绍了社会化网络关系与真实社会关系具有较高的一致性，表明社会关系密切（用户关系强度高）的用户之间往往有着相似的兴趣。同时，目前的"用户—项目"评分矩阵很难精确地预测潜在用户的可靠兴趣。 因此，本章通过网络社会关系强度计算来寻找目标用户的最近邻居，一方面用社会化网络关系强度数值代替评分可以解决协同过滤中的数据稀疏性的问题，另一方面还能提升推荐结果的真实性。 基于社交关系强度的用户相似性的具体计算过程为：首先，在同一活动领域获取网络用户的综合关系强度；其次，构建"用户—用户"综合关系强度矩阵，矩阵中的每个数值直接使用本章提出的基于社会网络交互活动和领域本体的用户关系强度方法 AI-URS 计算所得；最后，基于皮尔逊相关系数计算用户 u 和用户 v 之间的相似度 $\text{Sim}(u, v)_{\text{relation-pearson}}$ ，即：

$$\text{Sim}(u, v)_{\text{relation-pearson}} = \frac{\sum_{s \in S}(r_{u, s} - \bar{r_u^s})(r_{v, s} - \bar{r_v^s})}{\sqrt{\sum_{s \in S}(r_{u, s} - \bar{r_u})^2 \sum_{s \in S}(r_{v, s} - \bar{r_v})^2}}$$

（6-18）

式中， $S = \{s \mid s \in S, r_{u, s} \neq \text{null}, r_{v, s} \neq \text{null}\}$ ，表明用户 u 和用户 v 之间具有直接或者间接的社会关系； $|S|$ 表示矩阵中产生社会关系用户的总数。 由于移动网络中用户关系的复杂性、变化性，本研究对矩阵中存在的用户关系强度进行平均处理，用 $\bar{r_u}$ 和 $\bar{r_v}$ 表示。

（3）计算融合的用户相似度

将基于人格特质评分的用户相似度 $\text{Sim}(u, v)_{\text{private-preference}}$ 和基于社交关系强度的用户相似性 $\text{Sim}(u, v)_{\text{relation-pearson}}$ 进行加权融合，以计算混合的用户相似度，并利用公式（6-19）计算得出综合相似度搜寻目标用户的 K-NN 用户集。

$$\text{Sim}(u, v) = \alpha \times \text{Sim}(u, v)_{\text{private-preferce}} + (1 - \alpha) \times \text{Sim}(u, v)_{\text{relation-pearson}}$$

（6-19）

由于在现实移动商务精准推荐服务应用中，移动商务精准推荐系统会动态调整人格特质和社会化关系的权重来适应移动服务提供服务商的实际需求（例如在电子商务交易平台和移动社交平台的推荐）。 因此，本章引入差异化调整参数 $\alpha \in [0, 1]$ ，实验时采用五折交叉验证法确定。 α 的不同取值表明在基于用户的混合协同推荐中哪个因素起较大的作用。 当 $\alpha = 0$ 或 1 时，用户之间的相似度 $\text{Sim}(u, v)$ 变成 $\text{Sim}(u, v)_{\text{private-preferce}}$ 或 $\text{Sim}(u, v)_{\text{relation-pearson}}$ 。

2.预测用户偏好并生成推荐

利用公式（6-20）预测用户偏好，并根据偏好值对 Top-N 排序。 该公式融合了人格特质 K-NN 用户集（ V ）和社会化网络关系 K-NN 用户集（ T ），人格特质和社会化关系的权重调整参数 $\alpha \in [0, 1]$ 。

$$P'_{u, i} = \begin{cases} \bar{P}_u + \alpha \times \dfrac{\sum_{v \in V} \mathrm{Sim}(u, v)_{\text{private-preferce}} \times (P_{u, i} - \bar{P}_u)}{\sum_{v \in V} \mathrm{sim}(u, v)} + \\[2ex] (1 - \alpha) \times \dfrac{\sum_{t \in T} \mathrm{Sim}(u, t)_{\text{relation-pearson}} \times (P_{t, i} - \bar{P}_u)}{\sum_{t \in T} \mathrm{sim}(u, t)}, V \neq \varnothing, T \neq \varnothing \\[2ex] \bar{P}_u + \dfrac{\sum_{v \in V} \mathrm{Sim}(u, v)_{\text{private-preferce}} \times (P_{v, i} - \bar{P}_u)}{\sum_{v \in V} \mathrm{sim}(u, v)}, V \neq \varnothing, T = \varnothing \\[2ex] \bar{P}_u + \dfrac{\sum_{t \in T} \mathrm{Sim}(u, t)_{\text{relation-pearson}} \times (P_{t, i} - \bar{P}_u)}{\sum_{t \in T} p\mathrm{Sim}(u, t)}, V = \varnothing, T \neq \varnothing \end{cases} \quad (6\text{-}20)$$

第三节　实验及分析

一、数据采集和评价标准

1. 数据采集

本章研究的数据集一部分来源于国内专业的大数据共享平台——数据堂（http://www.datatang.com/）。 该公司是国内首家专注于互联网综合数据交易和服务的公司，旗下目前已经发布语音识别、健康医疗、电子商务、社交网络、图像识别、统计年鉴等类别中的 44 991 组数据，主要的数据产品有微博数据的评论与转发、微博用户个人信息和用户关注数据、新浪微博用户关系数据、亚马逊商业评论数据集、某国内知名购物网站上的用户评论和商品数据、电商用户评论情感分析数据等。

数据集的另一来源是利用新浪微博开放的 API 抓取了部分移动用户社会关系强度实验所需数据集。 其中，用户基本信息包含昵称、所在地、性别、感情状况、生日、血型、简介、博客、QQ、学校、公司、个人标签等信息；微博活动信息包括发表用户的 ID、微博发布时间、微博发布内容、微博转发数和转发者、微博评论数和评论者、微博内容评分信息、微博被赞数和点赞者；数据中还有用户好友关系信息，每条记录显示两个用户之间的关注关系，包括被关注者与关注者，并以此为依据算出社交网络权重图中用户间的联系关系。 由于新浪微博限制每个用户最多只能获取到 200 个关注人的信息，故好友关系有限。 最终，总共包括在 2014 年 1—8 月采集的 84 168 条数据。 实验数据集被分为训练集（80%）和测试集（20%）。

为了验证本章所提方法的有效性，采用了手工标记的方法。 本研究设计了"移动网络用户社交行为人格测评"调查问卷以获取用户的人格特征，从上述数据集中抽取志愿用户作为实验测试用户在线填写"大五人格"评分表；在手工标记过程中，种子用户为每个微博活动文档手工标记活动领域名称（本实验中设置了包括运动、饮食、购物、旅游、工作、娱乐和其他 7 个活动领域）。 每个微博活动文档的最终活动领域名称是由 10 个种子用户的投票数所决定的。 对于每个微博活动文档，具有最高票数的活动领域名称将会成为该文档的名称。 随后本研究让这 10 个种子用户以及他们的 50 个好友用户标记他们的关系强度，50 个好友用户为 10 个种子用户的每人 5 个随机好友。 关系强度标记范围为"强""弱"。 如果两个好友标记他们之间的关系强度不同，本研究会让他们重新标记。 最终，总共获得 5723 个关系强度。

2. 实验结果评价标准

MAE 衡量的是客户评分的预测值与客户评分的实际值之间误差大小，误差与精确度成反比。 将客户实际的评分集记为 $(q_1, q_2, \cdots, q_N)$，客户预测的评分集记为 $(p_1, p_2, \cdots, p_N)$，则

$$\text{MAE} = \left(\sum_{i=1}^{N} |p_i - q_i| \right) \Big/ N \qquad (6\text{-}21)$$

由于社会化网络推荐中需要找出哪些用户与目标用户有关系,而且还要根据用户关系强度进行先后顺序排序,因此,本章引入标准衡量搜索引擎质量指标(Normalized Discounted Cumulative Gain,NDCG)来评价用户关系强度排序的实验结果,根据评分高低排序,出现在列表越前端的用户与目标用户关系越强。 计算公式如(6-22)所示。

$$\mathrm{NDCG}_p = \frac{\mathrm{DCG}_p}{\mathrm{IDCG}_p} \tag{6-22}$$

式中,IDCG 是理想的 DCG。 人工对搜索到的结果进行排序,排到最好的状态后,算出这个排列下的 DCG,就是 IDCG。

$$\mathrm{DCG}_p = \sum_{i=1}^{p} \frac{2^{rel_i} - 1}{\log_2(1+i)} \tag{6-23}$$

二、融入隐私偏好度的人格特质度量实验结果

1. 基于问卷调查的人格特质度量

首先,本章采用在个性化推荐系统中嵌入人格特质分析模块,用户在首次注册系统时,填写"移动网络用户社交行为人格测评"问卷。 然后,将上述问卷中的问卷数据进行数值化表达。 用户 U 的人格特质表达为 U = $(N_u, E_u, O_u, A_u, C_u)$。 为了测算方便,本章使用 $i = 1, 2, 3, 4, 5$ 对应人格特质 5 个维度。 用户 U 在问卷量表中对第 j 题的打分记为 x_j,$j = 1$,$2, \cdots, 25$,人格特质维度 i 的原始分用 O_i 表示,如公式(6-24)所示;为了便于对不同测量项所属的人格特质进行区分,设置 $j = i + 5k$,$k = 0, 1, 2$,$3, 4$。

$$O_i = \sum_{k=0}^{4} x_{i+5k}, \ i = 1, 2, 3, 4, 5 \tag{6-24}$$

用户 U 的人格特质标准分用 S_i 表示,$i = 1, 2, 3, 4, 5$。 其值利用上面提到的用户 U 的人格特质原始分 O_i 与表 6-1 中的标准分映射得出。

表 6-1　原始分与标准分的映射表

	25	24	23	22	21	20	19	18	17	16	15	14	13	12	11	10	9	8	7	6	5
S_1				77	73	70	66	62	59	55	51	48	44	40	36	33	29	25	21		
S_2	72	70	67	65	62	60	57	55	53	50	48	46	43	40	37	35	30	28	26	20	
S_3	79	76	73	70	67	64	62	59	56	54	50	47	45	42	40	37	34	31	28	25	22
S_4	71	68	65	62	59	55	54	50	47	44	41	38	35	32	29	27	24	20			
S_5	69	67	65	63	61	59	55	52	50	48	46	44	41	38	35	33	30	28	26	24	

　　将用户 U 的人格特质用表 6-2 中的强弱关系向量表示，即根据用户 U 的标准分 S_i 找到表 6-2 对应的 5 个维度下的人格特质强弱值 R_i。例如，用户 U 根据公式 6-24 可得其各维度原始分为 $O_1 = 19$，$O_2 = 6$，$O_3 = 11$，$O_4 = 59$，$O_{13} = 41$，则根据表 6-1 可得其标准分为 $S_1 = 66$，$S_2 = 26$，$S_3 = 40$，$S_4 = 59$，$S_5 = 55$，最终根据表 6-2 可得该用户的人格特质为｛弱稳定性，弱外向性向，保守，调停的，容纳的｝。

表 6-2　人格特质强弱关系表

	$(-\infty,35]$	$(35,45]$	$(45,55]$	$(55,65]$	$(65,+\infty)$
1	强稳定性	有活力的	敏感的	易反应的	弱稳定性
2	弱外向性	内向	中向	外向	强外向性
3	弱开放性	保守	温和	开拓	强开发性
4	强随和性	挑战的	调停的	容纳的	强随和性
5	弱尽责性	灵活的	平衡的	专注的	强尽责性

　　本章将上述问卷调研数据与融入隐私关注的人格特质度量方法 PP-PTM 计算数据进行对比，用于衡量本章提出的 PP-PTM 的精确度。

2. 基于多元线性回归模型的人格特质度量实验结果

　　本章基于逐步多元线性回归模型来度量融入隐私偏好度的人格特质，分别把每一个变量（F 概率小于设定值 0.05）都选入模型中，每次都保留系数显著水平最高的那个变量，剔除不显著的变量，通过多次的选入和剔除最终得到系数的显著回归方程。

（1）为了量化人格特质中的开放性维度，首先分析开放性内涵。该维度主要代表的是用户的认知特质，包括新奇的与漠然的、创造性与平庸性、非传统的与传统的等风格。该类认知特质评分低的用户在网络中行为比较偏向于传统和稳定，对隐私关注态度偏向于保守，并对安全性要求较高；相反，评分高的用户在网络中行为比较偏向于创新，愿意接受新商品/服务，对隐私关注态度偏向于开放，隐私关注程度相对较低。其次，本研究通过基于逐步多元线性回归模型的分析可以发现，开放性（因变量）与自变量评论数（回归系数为 -0.007）、好友数（回归系数为 0.126）、上传照片次数（回归系数为 0.595）以及转发的热门话题数（回归系数为 0.088）呈线性回归关系，如表 6-3 所示。同时，分析回归系数值发现，开放性与好友数、上传照片次数、转发的热门话题数呈正向线性关系，且社交平台中分享图片的次数对开放性的影响最大（回归系数绝对值最大），这符合常识。最后，人格特质中的开放性维度回归模型的复相关系数和决定系数分别为 0.832、0.767，表明总体上开放性与评论数、好友数、上传照片次数、转发的热门话题数之间的关系为正相关，且模型对数据的拟合程度较好。

表 6-3　回归模型（开放性）

变　量	回归系数 b	标准系数 r	T 检验	显著程度 p
好友数 FN_u	0.126	0.807	11.105	0.000
转发的热门话题数 TC_u	0.088	0.122	2.491	0.015
评论数 CN_u	-0.007	-0.145	-2.458	0.014
上传照片次数 PN_u	0.595	0.919	2.163	0.031

回归方程为：

$$O_u = 0.126(FN_u) + 0.088(TC_u) - 0.007(CN_u) + 0.595(PN_u) \quad (6-25)$$

（2）为了量化人格特质中的外向性维度，首先分析外向性内涵。该维度主要代表的是用户之间的交互性特质，包括交际性与淡漠性、积极性与害羞性、热情性与安静性、随意性与严肃性等风格。该维度评分低的用户在网络中行为比较偏向于严肃和自闭，对隐私关注态度偏向于谨慎，并对安全性要求较高，一般参与网络活动时都会先咨询其他人；相反，评分高的用户在网络中行为比较偏向于高频与高密度的人际互动，网络行为活跃度较高，愿意接受新商品/服务，对隐私关注态度偏向于积极，隐私关注程度相对较低。 其次，本研究通过基于逐步多元线性回归模型的分析发现，外向性（因变量）与自变量好友数（回归系数为 0.105）、上传照片次数（回归系数为 0.877）以及发博文次数（回归系数为 0.126）呈线性回归关系，如表 6-4 所示。 最后，人格特质中的外向性维度回归模型的复相关系数和决定系数分别为 0.780、0.821，表明总体上外向性与好友数、发博文次数、上传照片次数之间的关系为正相关，且模型对数据的拟合程度较好。

表 6-4   回归模型(外向性)

变　　量	回归系数 b	标准系数 r	T 检验	显著程度 p
好友数 FN_u	0.105	0.655	11.942	0.000
发博文次数 DB_u	0.126	0.167	3.748	0.000
上传照片次数 PN_u	0.877	0.171	3.399	0.001

回归方程为：

$$E_u = 0.105(FN_u) + 0.126(DB_u) + 0.877(CN_u) \qquad (6\text{-}26)$$

（3）为了量化人格特质中的随和性维度，首先分析随和性内涵。 该维度主要代表的是用户的态度特质，包括亲密的与疏远的、信任的与猜疑的、共鸣的与无情的等风格。 该维度评分低的用户在网络中行为比较偏向于不信任和功利性，对隐私关注态度偏向于反对，并对安全性要求较高，一般参与网络活动时功利性比较强，偏爱收益大于风险；相反，评分高的用户在网络中行为比较偏向于信任他人，愿意接受新商品/服务，并主动提供用户信息，对隐私关注态度偏向于友好，隐私关注程度相对较低。 本研究通过基于逐步多元线性回归模型的分析发现，随和性（因变量）与自变量好友数（回归系数为 0.146）、转发的热门话题数（回归系数为 0.088）、评论数（回归系数为 -0.009）以及上传照片次数（回归系数为 1.162）呈线性回归关系，如表 6-5 所示。 最后，人格特质中的随和性维度回归模型的复相关系数和决定系数分别为 0.886、0.771，表明总体上随和性与好友数、转发的热门话题数、评论数、上传照片次数之间的关系为正相关，且模型对数据的拟合程度较好。

$$A_u = 0.146(FN_u) + 0.088(SC_u) - 0.009(CN_u) + 1.162(PN_u)$$

$$(6-27)$$

表 6-5　回归模型(随和性)

变　量	回归系数 b	标准系数 r	T 检验	显著程度 p
好友数 FN_u	0.146	0.778	10.572	0.000
转发的热门话题数 TC_u	0.088	0.099	2.004	0.046
评论数 CN_u	−0.009	−0.171	−2.878	0.004
上传照片次数 PN_u	1.162	0.194	3.472	0.001

（4）为了量化人格特质中的隐私偏好维度，首先分析隐私偏好内涵。该维度评分低的用户在网络中行为比较偏向于不在意、乐于分享或与人沟通，对隐私关注强度低，并对安全性要求较低，参与网络活动时对标注位置信息和社交信息的评论不那么在意，但目前用户都开始关注隐私设置；相反，评分高的用户在网络中行为比较偏向于保护自己避免他人的私信影响，不愿意接受新商品/服务，并倾向于保护自身的信息自主权。其次，本研究基于逐步多元线性回归模型的分析可以发现，隐私偏好（因变量）与自变量允许"哪些人私信我"（回归系数为−0.821）、允许"哪些人评论我"（回归系数为−0.139）以及允许标注"我的位置"（回归系数为−0.137）呈线性回归关系，如表 6-6 所示。此外，允许"哪些人私信我"、允许"哪些人评论我"、允许标注"我的位置"的回归系数均小于 0，说明随着用户的允许私信、允许评论、允许位置标注的增加，其隐私偏好度逐渐降低，与常识相符。本模型中，允许"哪些人私信我"的标准系数的绝对值最大，说明允许"哪些人私信我"对隐私偏好度的影响最大。最后，人格特质中的隐私偏好维度回归模型的复相关系数和决定系数分别为 0.850、0.765，表明总体上隐私偏好与允许"哪些人私信我"、允许"哪些人评论我"、允许标注"我的位置"之间的关系为正相关，且模型对数据的拟合程度较好。

表 6-6   回归模型（隐私偏好度）

变　量	回归系数 b	标准系数 r	T检验	显著程度 p
允许"哪些人私信我"AM_u	−0.821	−0.654	−11.941	0.000
允许"哪些人评论我"AC_u	−0.139	−0.166	−3.747	0.031
允许标注"我的位置"AG_u	−0.137	−0.170	−3.399	0.022

回归方程为：

$$P_u = -0.821(AM_u) - 0.139(AC_u) - 0.137(AG_u) \qquad (6\text{-}28)$$

从基于多元线性回归模型的人格特质度量实验结果可以看出，上述人格特质（隐私偏好度、随和性、开放性、外向性）能较好地体现移动用户的在线行为，且可以用此客观网络行为量化"大五人格"，取得比基于问卷调查的人格特质度量更精确的和更客观的"人格"评分值，从而有助于提升后续协同过滤推荐中用户相似度计算的精确度。

三、基于社会网络交互活动和领域本体的用户关系强度计算方法实验结果

1. 活动领域分配评价结果

考虑到不同领域中用户之间的关系关联度不大，本章度量的是同一活动领域中的用户之间关系强度。首先，需要对活动领域进行准确划分，而衡量活动领域分配的准确程度需要依赖最佳集群数。因此，本节采用集群数量的合适程度指标来评价领域分配的准确度。集群中正确属于该集群所属的活动领域 A_l 的文档所占的比例即为集群数量的合适程度，将其称为准确度。在属于 A_l 活动领域的集群中，同样也属于 A_l 活动领域的文档数越多，则集群数量越合适。本节取几个不同的集群数输入，用 LDA 算法进行集群，效果如图 6-4所示。

从图 6-4 中可以看出，当集群数小于 300 时，随着集群数量的增加，准确度逐渐升高；当集群的数量为 300 时，准确度达到最高，为 0.8；而当集群数大于 300 时，随着集群数量的增加，准确度反而逐渐下降。因此，300 为最佳的集群数。

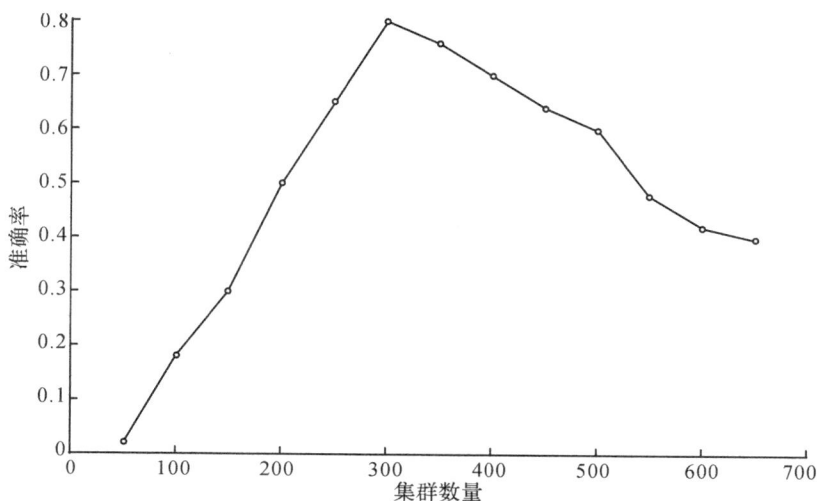

图 6-4　不同集群数准确率对比图

将本章提出的方法与目前主流的领域划分方法进行对比，从而评估 AAF 方法的有效性：

（1）基于文档级别的活动领域分配方法

根据公式（6-10）计算每个文档的标准词频与每个活动领域 A_l（$1 \leq l \leq L$）的相关度，若相关度大于事先设定的阈值（本实验中设定阈值为 0.9），则确定该文档属于该活动领域 A_l，否则，该文档属于"其他"类。

（2）基于集群级别的活动领域分配方法

以每个集群为单位，根据公式 6-10 计算每个微博活动集群 c_m 的规范化词频与每个活动领域 A_l（$1 \leq l \leq L$）的相关度，若相关度大于事先设定的阈值（本实验中设定阈值为 0.9），则确定该集群中的所有文档属于该活动领域 A_l，否则，该集群中的所有文档属于"其他"类。

（3）基于微博会话的活动领域分配方法

对一条微博的讨论就是一个微博会话，一个会话中一般包含一个或多个文档，并且一般情况下一个会话属于同一个活动领域，但也有例外，如表 6-7 中的其他的文档都属于"购物"活动领域，而②、④是属于"其他"类。 根据公式（6-10）计算用户发表内容与每个活动领域 A_l（$1 \leq l \leq L$）的相关度，若相关度大于事先设定的阈值（本实验中设定阈值为0.9），则确定该集群中的所有文档属于该活动领域 A_l，否则，该集群中的所有文档属于"其他"类。

分别使用上述3种方法和本书的AAF对"红米手机购买"主题微博会话进行活动领域分配，结果如表6-7所示。

表 6-7　4 种活动领域分配方法结果

序号	微博交互活动文档内容	活动领域分配方法			
		(1)文档级别	(2)集群级别	(3)微博会话	(4)本书方法
①	厉害了word哥，终于抢到"红米"最新款喽	购物	购物	购物	购物
②	快来为"红米"诗诗女神，亲手画一份生日礼物。等你呦	购物	其他	购物	其他
③	我要入手"红米"，另想问生日那天能见诗诗么？	购物	购物	购物	购物
④	我诗最牛吴奇隆运气娶了这么"红米"的老婆	其他	购物	购物	其他
⑤	我也今天生日，也想要"红米"	购物	购物	购物	购物

在方法（1）中，②应该属于"其他"领域，而基于文档级别的活动领域分配方法错误地将其分配到了"购物"领域。在方法（2）中，④应该属于"其他"领域，而在这里却被错误地分配到了"购物"领域。在方法（3）中，②、④应该属于"其他"领域，而在这里两者都被错误地分配到了"购物"领域。用本研究所提出的方法，所有的文档都分配正确。

2.关系强度计算评价结果

本节通过计算比较NDCG的均值来全面评估本章提出的方法。平均NDCG是在一个特定活动领域中所有用户的NDCG的平均值。将本章所提出的方法与以下两种关系强度计算方法进行比较。在实验的过程中，AI-URS只考虑每个用户的25个排名靠前的好友。本研究尝试了不同权重经验的线性组合方式，最终这种方法的最佳结果与本章中所提出的方法的结果对比显示在图6-5中。

（1）AI-URS：进行关系强度计算。

（2）线性组合方法。 该方法是通过计算处于同一个活动领域中的两个具有直接联系的用户的个人资料相似度和交互活动的线性组合来获得同一个活动领域中两个用户的关系强度。

（3）通用框架模型方法。 该方法是由 Zhao et al.（2012）提出的，是利用用户个人信息和交互活动信息来计算处于同一兴趣活动领域中用户的直接关系强度。

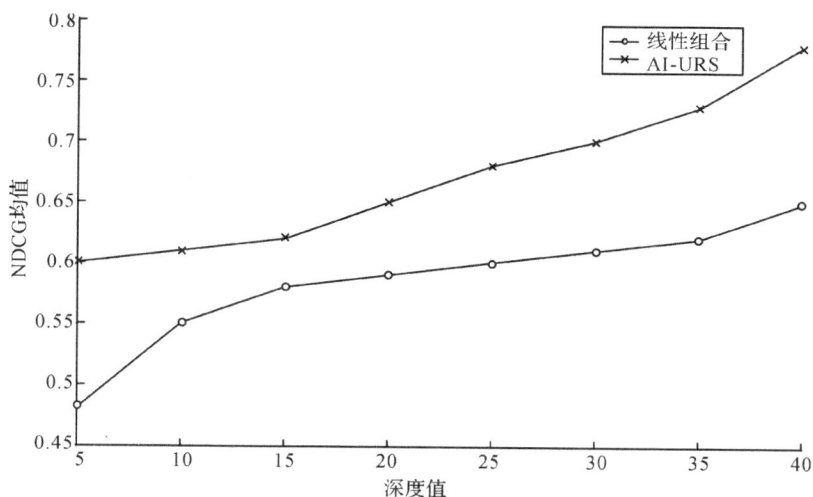

图 6-5　不同深度计算用户关系强度的 NDCG 均值

本章比较通用框架模型和 AI-URS 在各个活动领域中的 NDCG 的均值，结果如图 6-6 所示。

从图 6-5 中可以看出在不同深度上，本章所提出的 AI-URS 方法优于线性组合方法。 从图 6-6 中可以看出，AI-URS 在每个活动领域中也都优于通用框架模型方法，这说明本研究所提出的 AI-URS 能够更为准确地计算社会化网络中的用户关系强度。 综上，本章将社会化网络中用户的交互领域进行划分，并计算每个领域中的单向用户关系强度，不仅考虑了直接关系强度，还考虑了间接关系强度，使得社交关系强度计算精确度得到了提升。

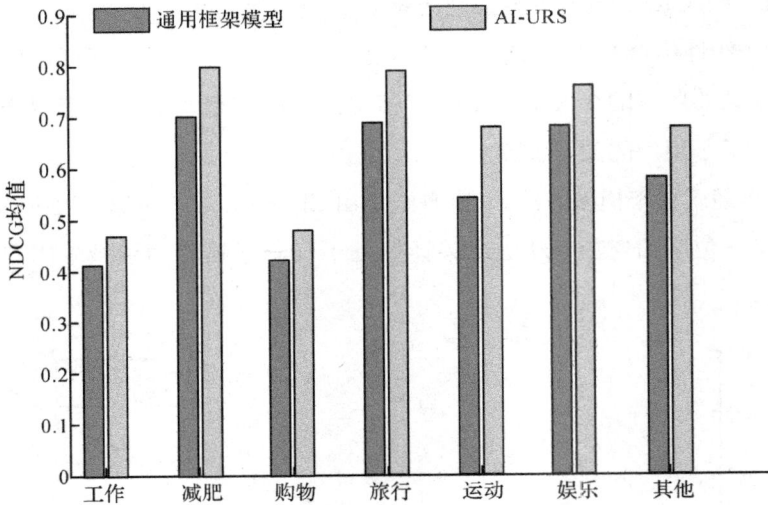

图 6-6　从不同活动领域计算用户关系强度的 NDCG 均值

四、考虑隐私关注的融合用户人格特质和社会化关系强度的协同过滤推荐方法实验结果

（1）不同 α 影响下基于用户相似度融合的混合协同过滤方法比较

α 的不同取值表明在基于用户的混合协同推荐中社会化关系和人格特质两个因素的重要性权重也不同，本节设置 α 为 0，0.2，0.4，0.6，0.8，1.0，分别进行实验。基于用户相似度融合的混合式协同过滤方法 PC-MSPR 包括基于融入隐私偏好度的人格特质计算用户相似性情况下，进行基于用户的协同过滤（User Collaborative Filtering Algorithm Based on Personality Traits，PT-UCF）（$\alpha = 1.0$），和基于社会关系强度计算用户相似性情况下，进行基于用户的协同过滤（User Collaborative Filtering Algorithm Based on User Relationship，UR-UCF）（$\alpha = 0.0$），参数 α 主要用于设置 PT-UCF 和 UR-UCF 的重要性程度。在 MAP，DOA，$P@10$ 和 $P@5$ 排序评测指标上对 PC-MSPR 受加权系数 α 影响的程度进行实验对比，结果如表 6-8、表 6-9 所示。设置 $\alpha = 0.2$，0.4，0.6，0.8，$k = 10$，20，30，50。多组实验结果对比表明，本章的 PC-MSPR 排序精确度较高，且 α 的值与排序精确度呈非线

性递增或递减关系，当 $\alpha = 0.6$ 时，PS-HCF 性能达到最佳。 实验验证了在 PC-MSPR 计算用户相似度过程中，融合 PP-PTM 的基于人格特质的用户相似度和 AI-URS 的基于社会关系的用户相似度能够获取更精准的最近邻居集，从而使得 PC-MSPR 提高了推荐排序的精确度。

表 6-8　不同 α 影响下基于用户相似度融合的混合协同过滤方法对比结果($P@R$)

基于用户相似度融合的混合式协同过滤方法	$P@5(k=10,20,30,50)$				$P@10(k=10,20,30,50)$			
	10	20	30	50	10	20	30	50
0.0	0.47	0.52	0.54	0.57	0.45	0.48	0.52	0.53
0.2	0.49	0.55	0.56	0.58	0.48	0.51	0.53	0.55
0.4	0.51	0.56	0.57	0.58	0.50	0.53	0.54	0.56
0.6(分界点)	0.53	0.57	0.58	0.59	0.51	0.54	0.55	0.57
0.8	0.52	0.55	0.57	0.58	0.49	0.53	0.54	0.55
1.0	0.48	0.52	0.54	0.57	0.47	0.51	0.52	0.54

表 6-9　不同 α 影响下基于用户相似度融合的混合协同过滤方法对比结果(MAP,DOA)

基于用户相似度融合的混合式协同过滤方法	$MAP(k=10,20,30,50)$				$DOA(n=2-8,3-7,4-6,5-5)$			
	10	20	30	50	80%—20%	70%—30%	60%—40%	50%—50%
0.0	0.51	0.55	0.58	0.60	0.77	0.80	0.82	0.83
0.2	0.54	0.57	0.60	0.61	0.79	0.82	0.84	0.84
0.4	0.55	0.58	0.61	0.62	0.80	0.83	0.85	0.85
0.6(分界点)	0.56	0.59	0.62	0.63	0.81	0.83	0.85	0.86
0.8	0.54	0.58	0.60	0.62	0.80	0.82	0.84	0.85
1.0	0.52	0.56	0.59	0.61	0.78	0.81	0.83	0.85

（2）不同协同过滤方法之间的性能比较

为了验证隐私关注强度、人格特质、社会网络关系强度对移动商务精准推荐系统的影响，本节对融入上述信息的协同过滤推荐方法进行对比。 从图 6-7 中可以看出，本章提出的 PC-MSPR 优于 UCF。 实验时统一设置重要性权重 α 为 0.6，评价指标为 $P@10$ 和 MAP。 结果表明，实际评分数据稀疏性问题严重，但是本章通过融合人格特质和社会化网络关系的综合用户相似度计算提升了最近邻居集生成的质量，使得最后的精确度表现受到稀少维度特征的影响较小，也表明同时引入隐私关注、人格特质和用户社会关系对用户相似度的计算具有重要意义。

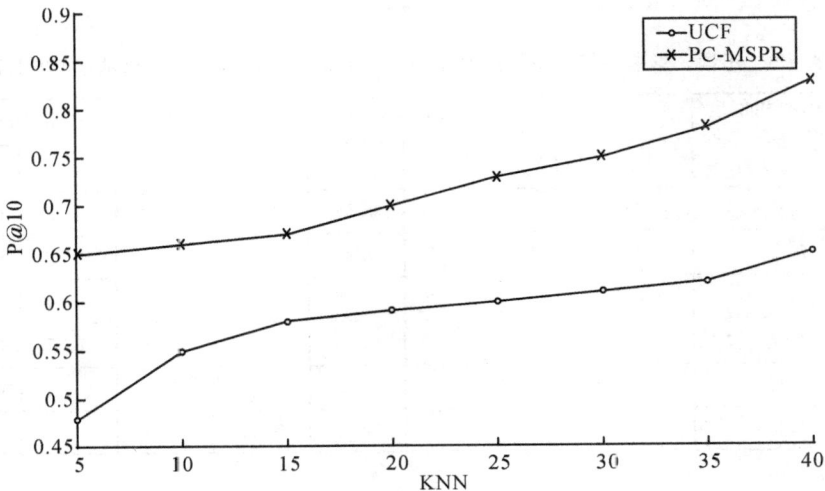

图 6-7   PC-MSPR 和 UCF 在数据集精确度上的比较

单独考虑隐私关注影响因素（Mobile Social Network Recommend Method Combining with Privacy Concerns Based on Personality Traits，PT-MSPR）或者用户社会关系强度的协同过滤推荐方法（Mobile Social Network Recommend Method Based on User Relationship Intensity，UI-MSPR）与 UCF 进行比较，设置参数 α 为 0.6 。实验结果如图 6-8 所示，在将用户关系强度信息引入推荐系统时，如果不考虑不同隐私偏好度对用户行为的影响程度，推荐精确度的提高不是特别明显。单独引入隐私偏好度因子，发现隐私偏好度对推荐生成过程的质量影响较大。这表明，在移动个性化信息服务推荐中，隐私关注影响因素相对社会化网络因素来讲可能重要一些。同时，考虑任意隐私关注影响因素的方法都比传统的基于用户的协同过滤方法推荐性能好。这说明，融合隐私偏好度和用户关系强度到协同过滤方法中，缓解了其数据稀疏性和冷启动的问题，并提高了推荐精确度。

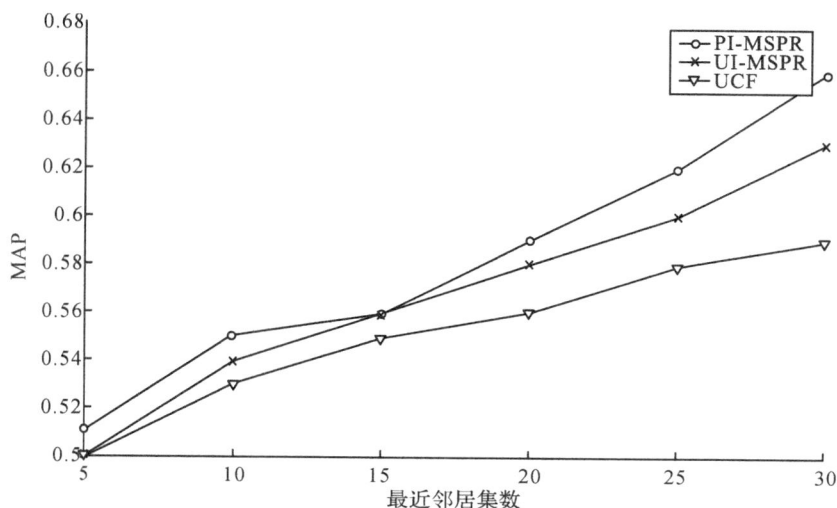

图 6-8　PI-MSPR，UI-MSPR 和 UCF 在数据集精确度上的比较

第四节　本章小结

随着移动社交平台的迅速发展，社会化网络是实现移动商务精准推荐服务的一个重要手段，而社会化网络中用户关系强度计算的准确度对于个性化推荐服务和企业精准网络营销来说至关重要；同时，移动商务精准推荐服务的开放性、动态性使得隐私问题逐渐显现出来，已经严重影响到用户社交网络行为，而且用户的隐私偏好强度会通过个体人格特质来影响用户网络行为。因此，本章提出了一种隐私关注下基于人格特质与用户关系强度的移动社交网络推荐方法。首先，本章阐述了人格特质作为用户偏好挖掘的合理性，重点分析了开放性、外向性、随和性这 3 个人格特质对移动用户网络行为的影响，创新性地将隐私关注偏好度融入到个体人格特质计算模型中，并将上述 4 个影响因子进行量化，设计了 PP-PTM。其次，提出 AI-URS。AI-URS 对交互活动进行活动领域的划分，计算属于同一活动领域的用户间关系强度。同时，以交互活动文档为依据计算同一领域中用户的单向综合关系强度，包括直接关系与间接关系，克服了以往研究中只能计算直接关联用户关系强度的局限，从而提高了计算结果的准确度。 最后，将隐私关注的人格特质和用户社交关系融入到协同过滤推荐中用户相似度的计算里，并在模拟数据集和公开数据集上进行实验对比，以表明该方法的优越性，能有效缓解协同过滤推荐中的数据稀疏性和冷启动的问题，从用户主观角度降低目前隐私关注对用户采纳移动商务精准推荐服务的影响。

第七章　面向用户隐私关注问题的
移动商务精准推荐服务应用

　　移动互联网企业应用推荐系统提供给用户精准化服务，是为了将平台浏览者转变为购买者，增加平台交叉销售能力、提高用户的忠诚度，从而达到提高企业收益的效果。但伴随着移动商务快速发展的是用户不断受到恶意攻击，因此网络安全和隐私关注成为用户采纳移动商务精准推荐服务的"绊脚石"。本章在前面章节建立的理论与方法的基础上，主要研究面向用户隐私关注问题的移动商务精准推荐服务应用，构建 MRecommend 平台开展对本书提出的移动商务精准推荐系统理论与方法的实践，包括基于 MRecommend 平台的移动个性化推荐方法的实现，面向移动商务精准推荐服务的本体信息建模，等；最后，根据理论研究和实证应用的结果，提出了对移动互联网企业在隐私关注和推荐策略的管理启示，为隐私关注下移动商务企业的精准化推荐实践应用提供参考。

第一节　面向用户隐私关注问题的移动商务精准推荐系统设计

一、移动商务精准推荐系统开发平台

面向用户隐私关注问题的移动商务精准推荐系统开发的服务器平台是戴

尔 PowerEdge R740 机架式服务器，主要参数有：CPU 类型——Intel 至强 E5-2600 v3；CPU 型号——Xeon E5-2603 v3；CPU 频率——1.6GHz；内存容量——16GB Memory；标配硬盘容量——4TB；网络控制器——Broadcom 5720 千兆网卡（四口）；系统支持——Microsoft Windows Server 2008/2012 SP2，x86/x64（x64 含 Hyper-VTM）。 软件平台基于面向移动商务精准推荐服务的 MobileRecommend 平台（以下简称 MRecommend），MRecommend 是所在团队基于开源数据挖掘框架研发的大数据挖掘与知识推荐集成系统，本书作者负责移动商务精准推荐子系统开发。 该系统集成与调用了 AlphaMiner、NLPIR、Protégé 等汉语词法分析和本体建模工具。 MRecommend 能够以插件和 API 调用的方式将用户实现的算法集成到 MRecommend 平台中，在实施推荐任务时，具体步骤包括多源数据采集、数据处理、用户兴趣建模、推荐任务执行、知识展示与推荐结果反馈。 MRecommend 平台最大的特色是其构建的个性化推荐模型可以将数据经过挖掘变成知识案例，并以知识形式保存和重用。 图 7-1 是 MRecommend 大数据挖掘与知识推荐系统的整体架构。为了便于对个性化推荐过程进行知识表达，MRecommend 采用商业智能标记语言 BIML 语言（基于 XML 格式）实现，且执行任务后的案例也通过该语言进行保存和调用。 多个节点组成的流程是作为面向一个具体应用任务的个性化推荐方案，也称一个案例。 具体在构建案例过程中，首先，使用 Case Modeler 模块提供一个基于工作流形式的模型和流程环境；其次，利用 Case Builder 构建该案例，用 BIML 形式记录并保存；最后，利用 Case Retriever 模块，系统可以重用已有的商务智能知识，同时便于处理新的商务智能问题。

MRecommend 设计了插件程序框架，利用这个框架采用节点插件的方法使得个性化推荐算法可被方便地整合进平台。 插件程序是 MRecommend 上可执行节点的集合，是一个 jar 文件，由代码、资源及所需的配置信息组成。 为了整合新的个性化推荐算法进入 MRecommend，平台所需做的仅仅是将新的个性化推荐算法的插件程序放入 PLUGINHOME，然后重新启动 MRecommend；也可以通过函数方便调用，如 PI-UCF 通过继承 CF 类——public class PI-UCF extends CFAlgorithm 完成新算法的插入。

MRecommend 可以通过调用 NLPIR 和 Protégé 软件的应用程序接口

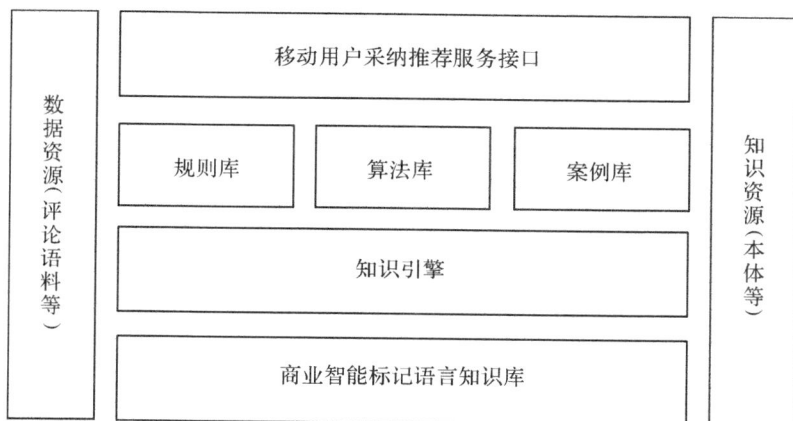

图 7-1　面向移动商务精准推荐服务的 MRecommend 平台整体架构

（API）和插件（Plugin）实现二次程序开发。 北京理工大学张华平博士团队研发的 NLPIR 是目前使用比较多的面向文本情感倾向性挖掘的开源软件，主要实现多渠道数据源抓取方式（网络爬虫、文本信息、自建语料、网页 URL 等），构建中英文词汇集，可一体化完成文本抓取、数据挖掘与知识展示等功能。 而且，NLPIR 所有功能模块全部备有对应的二次开发接口（动态链接库. dll，. so，及静态链接库等形式），平台的各个中间件 API 可以无缝地融合到客户的各类复杂应用系统之中，可兼容 Windows、Linux、Android、Maemo5、 FreeBSD、麒麟等不同操作系统，开发者可使用 Java、C/C＋＋、C♯、Python、Php、R 等各类主流开发语言调用其所有功能。 此外，由于本书在面向移动商务精准推荐服务时需要对本体信息建模与语义表达，因此，引入了一款国外研究机构开发的基于 Java 的本体建模开源软件 Protégé 进行程序调用，实现移动商务手机购物领域的知识共享。 综上所述，本书的算法实现遵循 MRecommend 系统框架和标准语法格式，并能够灵活地通过 API 调用其他软件流程化实现推荐过程。

二、移动商务精准推荐系统框架

（1）数据采集层。 它是整个推荐系统的基础数据层，负责多渠道抓取推荐系统所需的信息。 该层通过隐式浏览输入、显式收藏、关键词和商品属性输入等方式获取移动用户信息、网络商品/服务信息、用户采纳移动网络商品/服务行为信息等内容，具体包括采集移动用户的注册信息、购买记录、评分记录、收藏夹记录等偏好信息，采纳服务过程中的上下文、用户社交行为（交互信息、发博文行为等）、文本评论等辅助信息，从而为移动商务精准推荐系统提供基础的源数据。

（2）数据处理层。由于采集到的数据存在多源异构、格式不一、字段重复等噪音问题，需要根据推荐任务要求对它进行规范化过滤。同时，采集到相关数据后，对数据集中上下文信息按照数据属性统一预处理；考虑到隐私等问题，除了需要对源数据进行预处理之外，还需对位置、密码等私密信息进行加密处理，具体包括移动个体与群体用户偏好提取，即根据用户个人统计数据、移动网络行为日志、移动上下文信息等数据源采集层信息提取有关偏好评分信息构建"用户—服务"二维矩阵；根据推荐任务划分不同粒度的评分内容，如上下文偏好、情感偏好、服务偏好、隐私偏好等；隐私程度计算，即对影响用户采纳移动商务精准服务的隐私关注因素进行提取与数据表达，并计算隐私关注强度和隐私偏好度；上下文信息推理，即对数据源层上下文属性进行规则推理，量化上下文对用户偏好的影响；社会化网络构建，即形式化表达移动用户交互行为（如评论、关注），在此基础上计算社会关系强度、融入隐私偏好和社交行为对人格特质进行度量，量化社会化网络中用户之间关联关系。

（3）推荐建模层。用户兴趣模型与推荐模型是推荐系统层的核心内容。首先，用户兴趣特征提取模块负责从数据处理层里面提取客户关键行为，以作为客户行为模式的特征；其次，特征转换模块负责将提取的特征进行转换，构造符合要求的客户的兴趣特征（重点考虑隐私关注的兴趣特征），形成所需要的客户兴趣模型供推荐模型模块使用。最后，将本书第四章得出的用户隐私关注影响因素的信息融入到基于情感倾向性分析的移动上下文推荐方法和基于人格特质与用户关系强度的移动社交网络推荐方法中，主要实现基于隐私关注强度的移动协同过滤推荐，基于隐私偏好度的移动协同过滤推荐，以及融合上下文、情感倾向性、人格特质以及网络用户关系强度等多维度信息的移动混合推荐技术，通过与不同协同过滤推荐方法的用户相似度计算和预测评分计算的融合，对推荐模型进行学习并对移动用户未评价项目进行偏好预测，基于预测的项目偏好生成 Top-N 推荐。

（4）推荐应用层。 需要将推荐层产生的推荐结果展示给客户（包括"猜你喜欢""首页频道推荐""今日推荐个性化推送""品类列表的个性化排序"等），并且和客户交互，将客户对推荐结果的反馈信息返回给推荐引擎管理模块，使其不断更新客户兴趣模型。 在用户采纳移动商务精准推荐服务时，需要根据不同用户的历史兴趣、当时上下文将个性化服务推送给他。 同时，该层需要采用排序精确度、推荐查全率和查准率、预测准确率等指标评价推荐系统的性能。 从图 7-2 可以得出，本文提出的基于多维度信息的两种移动个性化推荐方法不仅收集了用户的行为评分信息，而且融入了移动用户的隐私关注影响因素、社交网络、人格特质、上下文、评论行为等信息，从而优化了推荐系统的数据处理层和模型学习推荐层对移动用户复杂网络行为信息的处理和建模。

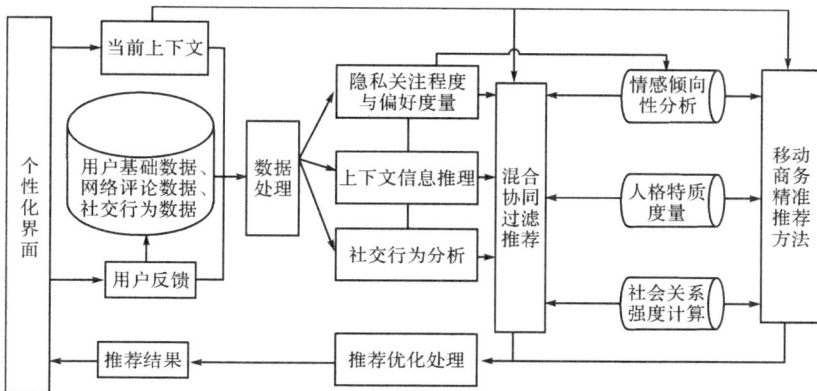

图 7-2　移动商务精准推荐系统框架图

第二节　面向移动商务精准推荐服务的本体建模

一、本体的概念

本体，是一个哲学名词，最早是指事物的本身，后来引申为形成现象的根本实体。随着计算机科学的发展，计算机科学界用"本体"这个词表述和界定由 Gruber（1993）提出的"本体是概念化的明确的规范说明"这个事物。于是，"本体"一词又成为了一个计算机科学的名词。在商务智能领域，最早给出本体定义的是 Neches 等人。1997 年，Borst 进一步将其完善为"共享概念模型的形式化规范说明"。目前，虽然关于本体的概念学界还没有形成一个统一的定义，但是都把它当作是领域内部不同主体之间进行交流的一种语义基础，而且由于本体具有对多源信息进行语义表达、知识共享等特点，使得其在文本情感倾向性挖掘、个性化推荐、人工智能等领域广为应用。

由于本体定义的标准与角度不统一，各个研究机构对本体的分类也有所差异。目前应用最广泛的分类体系如下：领域本体即基于领域描述的本体，所建模的是某个特定领域，或者现实世界的一部分。领域本体所表达的是那些适合于该领域术语的特殊含义。例如，本书前文介绍了基于社会化标签的领域本体中，网络用户给商品贴了一个标签"苹果"，这可能是说该商品是一种水果，也可能是说该物品是一个电子产品。问题求解模型（Problem Solving Model）是指以问题求解方法为描述对象的本体；而表示本体（Representation Ontology）是指以知识表示语言为描述对象的本体。在表示本体中，类、对象、关系、属性、槽等术语有着严谨的分析和定义，其中，本体基本关系有 4 种：part-of，kind-of，instance-of 和 attribute-of。具体而言，part-of 指概念之间部分与整体的关系；kind-of 指概念之间的继承关系，类父子类关系；instance-of 指概念的实例与概念之间的关系，类对象和类之间的关系；attribut-of 指某个概念是另一概念的属性。

二、本体的描述语言

本体语言使得用户为领域模型编写清晰的、形式化的概念描述。大量的研究工作者活跃在该领域，因此诞生了许多种本体描述语言。本节把它们归类如下：

（1）和 Web 相关的有 RDF 和 RDF-S、OIL、DAML、OWL、SHOE、XOL。其中，RDF 和 RDF-S、OIL、DAML、OWL、XOL 之间有着密切的联系，是 W3C 的本体语言栈中的不同层次，也都是基于 XML。而 SHOE 是基于 HTML，是 HTML 的一个扩展。（2）和具体系统相关的（基本只在相关项目中使用的）有 Ontolingua、CycL、Loom。（3）KIF 是美国国家标准，但是它并没有被广泛应用于互联网中。作为一种交换格式，KIF 更多地应用于企业中。本节重点对 OWL 语言进行介绍：

OWL 全称为 Web Ontology Language，是 W3C 推荐的语义互联网中本体描述语言的标准。它是从欧美一些研究机构的一种结合性的描述语言 DAML＋OIL 发展起来的，其中，DAML 来自美国的提案 DAML-ONT，OIL 来自欧洲的一种本体描述语言。在 W3C 提出的本体语言栈中，OWL 处于最上层。

针对不同的需求，OWL 有 3 个子语言，描述如下。

OWL Lite：用于提供给那些只需要一个分类层次和简单的属性约束的用户。支持基数（Cardinality）只允许为 0 或 1。

OWL DL：支持那些需要在推理系统上进行最大程度表达的用户，这里的推理系统能够保证计算完全性（Computational Completeness，即所有的结论都能够保证被计算出来）和可决定性（Decidability，即所有的计算都在有限的时间内完成）。它包括了 OWL 语言的所有约束，但是可以被仅仅置于特定的约束下。当一个类可以是多个类的一个子类时，它不能被约束为另外一个类的实例。

OWL Full：支持那些需要在没有计算保证的语法自由的 RDF 上进行最大程度表达的用户。它允许在一个 Ontology 预定义的（RDF、OWL）词汇表上增加词汇，从而任何推理软件均不能支持 OWL FULL 的所有 Feature。一个类可以被同时表达为许多个体的一个集合以及这个集合中的一个个体。

三、基于社会化标签的领域本体建模

与传统互联网相比，移动互联网中商务信息更加复杂多变，对本体构建提出了新需求。目前，主流的构建方法大都由一定领域有经验的专家来进行人工开发，虽然具有一定的体系性，但显然已经很难适应以用户参与、开放共享、群智群策为特质的 Web 2.0 时代。因此，基于语义的社会化标签技术应运而生。该技术充分利用了 UGC 产生的网络信息"金矿"，可以为领域本体的构建提供丰富的网络领域知识。但与本体相比，它也存在一些不足，如无等级性、语义模糊、标签多样、组织序化较弱、检索效率低下等。因此，本章结合本体与社会化标签各自的特点，并根据面向移动商务精准推荐服务的本体信息建模的实际需要，使用社会化标签对本体模型进行改进，以满足移动网络商务活动的需要。

标签是指除评分外，由用户向商品发出的另一种信息，它像一座桥一样连接着用户和商品。与评分信息类似，标签也表达着用户对物品的偏好，如"好吃"。与评分信息不同的是，标签同时还蕴含着语义信息，它不仅暴露了用户的语义偏好，而且显示出了物品的特征。例如，标签自由的形式会产生语义模糊等问题：一个人给商品贴了一个标签"苹果"，这可能是说该商品是一种水果，也可能是说该物品是一个电子产品。

本章以移动购物应用的个性化推荐为例构建手机领域本体模型，主要分为 4 个阶段：第一阶段，通过采集主流网络平台对手机的评测与描述，分析构建领域主题词表；第二阶段，分析网络上对手机描述的社会化标签，整理归纳之后转换为手机领域主题词；第三阶段，将上述信息用结构化手机领域本体表示；第四阶段重点厘清手机领域本体核心大类、各个类之间的层次关系，并搞清楚形式化定义、关系函数公理，以及手机领域本体类的实例。

1. 创建手机网络描述关键词表

目前，研究机构暂未形成手机领域的详细分类体系标准，手机行业也没有采用统一的手机关键描述词库。因此，本节首先构建的初始手机网络领域

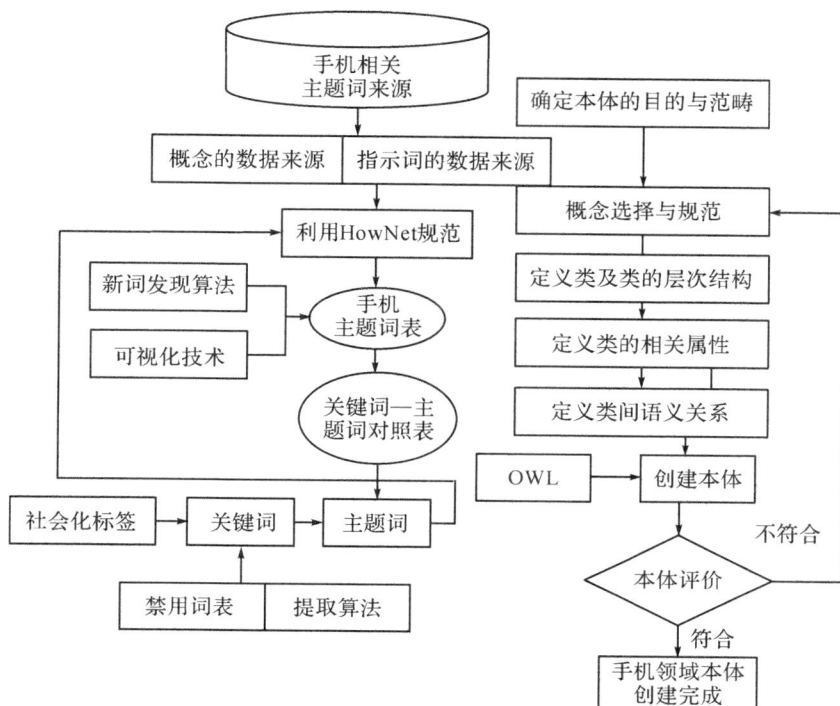

图 7-3　基于社会化标签的手机领域本体的构建流程图

信息主要来源是品牌官方网站、中关村在线等平台提供的详细参数以及京东、天猫上社会化标注的 UGC 产生。在网络平台上，通常描述手机的属性有移动网络、手机品牌、屏幕尺寸、手机系统、运行内存、价格、机身内存、像素、发行时间等。网络用户对手机的标签有双卡双待、拍照神器、指纹识别、非智能机、女性手机、快速充电等。本节首先采用文档关键词自动提取算法将上述信息转为关键词，考虑到 Web 2.0 中网络用户在标注时存在语义模糊性和描述多样性，本章对其进行规范化处理。

2. 确定手机领域本体类的等级体系

在手机领域，一般顶层类包括{基本信息，规格参数}，其他都是这两个本体类核心概念的子类及相关属性。这里以手机领域本体核心大类（基本信息）为例，分析其各个子类之间的层次关系。如基本信息，包括{消费者，产地，品牌，外观}。

3.定义手机领域本体类间的关系

首先，根据前面对手机领域本体类的等级体系的分析，本章将该领域本体类之间的关系用等级关系来描述，采用树形结构形式化表达。 其次，依据移动商务的特点，分析购物领域中手机本体概念与概念之间的关系，定义手机领域本体中类间的具体关系（上下级关系、兄弟关系）。 最后，根据前面对手机网络描述关键词信息的分析，本章提取以移动网络、手机品牌、手机系统、手机类型等 13 个为本体的核心概念，如规格参数，包括{基本参数，移动网络，基本功能，手机硬件，手机软件}。

4.定义手机领域本体类的属性

本体属性一般分为具体属性和抽象属性。 本研究根据前面的分析及核心概念的数据特征确定手机领域本体类的不同属性及相应值。 其中，具体属性是可以量化的属性，而抽象属性是描述性的。

对象属性（属性值是其他相关类的一个实例）包括产地、手机款式、网络类型、内存、品牌、系统软件、存储设备等。

数据属性（属性值是基本的数值）包括价格、上市时间、分辨率、RAM容量、电池容量、手机型号、容量、核心数、重量等。

5.创建手机领域本体类实例

创建手机领域本体类实例流程为类—具体实例—属性值。 本研究中实例主要有品牌（包括苹果、三星、华为等）、操作系统（包括 iOS9.0、Android OS 4.1、Windows Phone 等）、移动网络（包括移动 4G、联通 4G、电信 4G、一卡 4G/一卡 2G 等），手机类型（包括折叠式、直立式、滑盖式、旋转式等）。

6.实现手机领域本体的 OWL

利用 MRecommend 平台调用本体建模开源软件 Protégé 4.3 实现手机领

域本体构建，本体的建模语言采用 OWL，根据前面的 5 个步骤完成本体构建，包括 120 个类、13 个关系、87 个数据属性，以及多个具体实例。

四、基于领域本体的用户上下文建模

在移动商务精准推荐服务中，用户基础信息主要包括 ID、工作单位、家庭地址等信息，不同年龄层次消费者有着不同的网络行为；用户的设备信息主要包括软件移动设备和硬件基础设备；用户环境信息主要包括当前用户的状态、具体的时间、地理位置、陪伴的人等。将上述 3 种上下文信息采用领域本体概念树的形式来描述，对上下文进行形式化定义与知识表达，在此基础上，构建基于领域本体的用户上下文层次结构模型。用户上下文的形式化定义与结构化表达为：

定义 7.1　上下文 C（Context）：在推荐过程中，影响客户对手机偏好的因素来自自身和外部环境，这些因素来源不同，表达的含义也有差异。需要对上述上下文及其取值用一定的数据结构进行存储并形式化定义，以便后续度量。

定义 7.2　上下文因素集合是指移动环境中多种上下文因素的集合 C_L，主要有性别、情感、时间、心理、宽带速率和地理位置等 L 个维度，则定义上下文因素集为：

$$C = \{C_1, C_2, \cdots, C_k, \cdots, C_L\} \tag{7-1}$$

定义 7.3　上下文实例：根据公式（7-1），定义上下文 C_k 的实例如公式 7-2 所示，c_{kj} 为 C_k 的第 j 个上下文取值，C_k 上下文实例个数最多是 l_k 个。

$$C_k = \{c_{kj} \mid k \in [1, l], j \in [1, l_k]\} \tag{7-2}$$

假设 C_4 为"时间"上下文因素，C_2 为"地理位置"上下文因素，C_5 为"晚上"上下文因素，从层次化本体的角度看 C_2 和 C_4 为具体的父类上下文，C_5 为对应的子类上下文，通过种属关系（SubClass of），C_5 的上下文实例可由 C_4 的上下文实例推导而出。

定义 7.4　上下文本体模型：分析手机领域各个上下文及实例，可以发现各个上下文之间具有树形关系（包括上下级父子关系、同级兄弟关系等）。因此，本节提出基于领域本体的上下文模型建模（见图 7-4），数值表达式

如下：

$$C^S = C_1 \times C_2 \times \cdots \times C_k \times \cdots \times C_L \qquad (7\text{-}3)$$

式中，C^S 中的上下文实例通过 C_k 的笛卡尔积来表示，而 C_k 定义和具体实例由公式（7-2）得出。

假设移动个性化推荐过程中影响用户网络行为的某一上下文因素集合 C_k ＝{基础，天气，位置，时间}，其中，基础、天气、时间、位置 4 个上下文每个因素具体实例个人均为 3，且 C^1 ＝{男，晴天，家里，晚上}和 C^2 ＝{女，下雨，单位，上午}被视为两组不同的上下文信息，由此可得出该上下文模型含有 81 组不同的上下文信息。

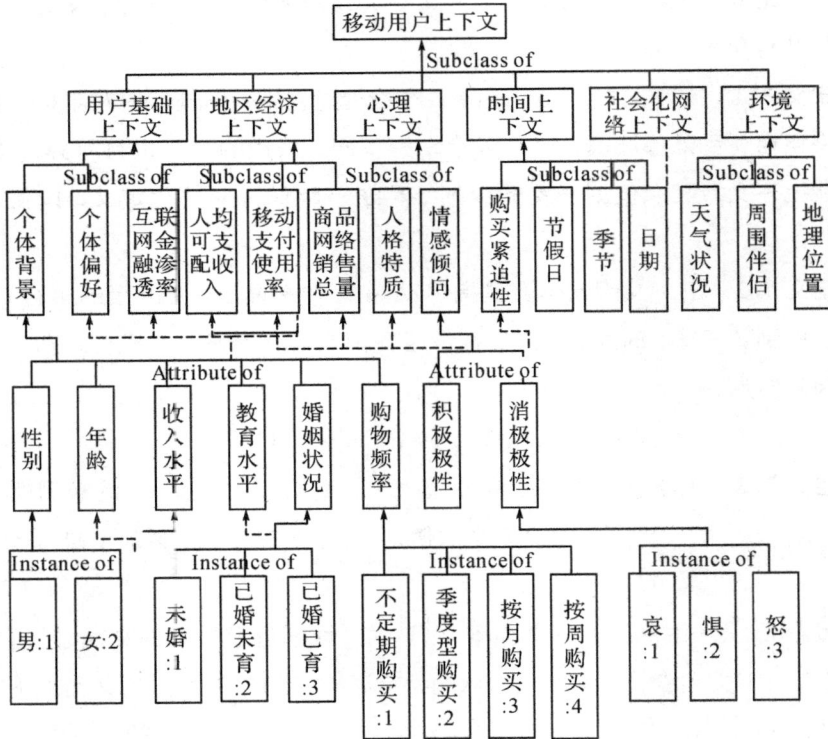

图 7-4 部分上下文要素维度及其各子类要素构成的层次关系

（1）用户基础上下文。 描述的是移动用户的基础信息，包括 ID、工作单位、家庭地址等信息；购物行为上下文中基础偏好信息，包括历史购买的商品、购买的时间以及对商品的评论信息。

（2）心理上下文。 描述的是在移动商务活动中用户的各种内心活动，包括用户的人格特质（比如开放性、外向性、随和性等）的心理因素，用户购物时的意图，以及用户进行网络活动时的情感倾向性（喜怒哀乐等）心理因素。

（3）时间上下文。 描述的是发生移动商务活动的具体时间，也含季节（春夏秋冬）等；时间因素还跟用户网络行为紧迫性有关，比如是否需要马上购买，是否有足够的时间比对，等。 同时，促销时间也会影响用户做决策，比如天猫"双十一"这个特殊时间因素会促进用户购买行为。

（4）地区经济上下文。 描述的是跟经济发达程度有关的因素。 我国有着明显的地域性，不同地区的人均可支配收入、互联网金融渗透率、商品网络销售总量、WiFi 覆盖率、移动支付使用率等都不同。 其中，移动支付使用率对区域移动用户网络行为具有重要的影响，如：2016 年 G20 举办地杭州是中国互联网普及率最高的城市，当地用户移动行为与其他地区有较大的差异。

（5）社会化网络上下文。 描述的是移动用户在微博、微信等社交网络中产生的用户好友关系、隐私关注程度、隐私偏好强度、微博转发行为、评论行为等。

（6）环境上下文。 描述的是跟用户自身有关的外界因素，包括 LBS 中的地理位置、当时的天气状况以及身边的伴侣等；同时还包括用户设备物理环境（软件、硬件、手机、Pad）等。

五、融入评论特征的手机领域本体建模

本书第五章曾指出，评论对象抽取的好坏直接影响最终的情感倾向性分析质量。 然而，现有方法大都直接从语料中提取评论对象，导致评论对象表述不一致。 比如"操作系统""手机系统""安卓"等都表示某一手机的操作系统，但是传统方法对上述"手机操作系统"特征描述不统一。 另外，现有方法缺乏对特征属性之间关系的研究。 比如"手机内置内存大""手机响应快"，其中的内置内存大和响应快都是运行内存 RAM 的属性，可以使用手机内存来统一表示内存容量和响应度的情感倾向。 因此，本节将领域本体知识引入到手机网络评论信息挖掘当中，利用本体在领域中表达统一、知识共

享等特点构建基于领域本体的评论特征库，利用本体概念对评论中的特征词进行统一规范描述，提升文本挖掘质量，并能深度挖掘评论特征词之间的关系。

具体的实现方法是在构建手机领域本体的基础上，结合评论语料内容和第五章中抽取的情感评论单元来构建基于领域本体的评论特征库。具体分为两个步骤，分别是基于评论单元的手机特征属性提取和手机领域本体层次关系的确定。首先，根据从情感评论单元中提取评论对象，并构建评论对象中的特征词典；其次，基于手机领域知识构建领域本体库；最后，将评论单元与手机领域本体库中的信息进行对比，并将评论短语增加到匹配的本体库中，从而构建融入评论词属性类的手机领域特质本体。

1. 基于评论单元的手机特征属性提取算法

首先，构建基于手机领域本体的评论特征属性库的目的是为了解决评论短语中属性描述不统一、评论特质属性重复冗余等问题，从而提升基于评论对象的文本情感倾向性挖掘的质量。其次，使用统计的算法提取手机的特征属性。在实际应用中，手机的主要属性往往是在评论中被消费者评论频率较高的特征词汇，通过数据统计分析方法可以取得良好的有效词汇覆盖率；同时，特征属性词汇的重要性程度也可以通过计算该词汇在评论短语中出现频率次数的高低来衡量。频率越高，其重要性越高，也越能代表该商品的特征属性。

基于评论单元的手机特征属性提取算法如下。

输入：抽取到的评论单元集 S；频繁阈值 p。

输出：候选评论对象词集 L_{obj}。

步骤 1：对抽取的所有评论单元的二元组〈评论对象，评论短语〉进行排序，从 1 到 $|S|$。

步骤 2：统计评论对象词语出现的次数。

步骤 3：获取最终的候选评论对象词集 L_{obj}。

步骤 4：回归最终的候选评论对象词集 L_{obj}。

2. 手机领域本体层次关系的确定

目前，主流的网络平台一般采用简单的文字信息对手机产品进行描述，关于手机的分类也是每个网站有其自己的一套规则，通常京东和天猫描述比较一致，但在移动社交平台上对一些特征属性描述就有些差异。比如，前者对"运行内存 RAM"评论为"手机内置内存大"，而后者评论为"手机响应快"。因此，用户根据特征属性搜寻手机产品时不一定能"投其所好"。本节基于前面提出的领域本体构建移动购物领域中手机产品的重要特征属性本体库改进评论效率，从而提高个性化推荐系统中对用户情感倾向性挖掘的准确率和召回率。

（1）确定手机领域的顶层概念，包括手机基本信息、规格参数。由于手机领域本体概念之间以树形结构进行存储和表达，即先确定根节点，再由某个概念对应一个类（子类是上一层父类的分支），如"手机基本信息"类下面有产地、品牌、外观等。使用 Protégé4.3 工具建模时，首先构建顶层父类，然后建立其子类信息，并逐一细化，如图 7-5 所示。

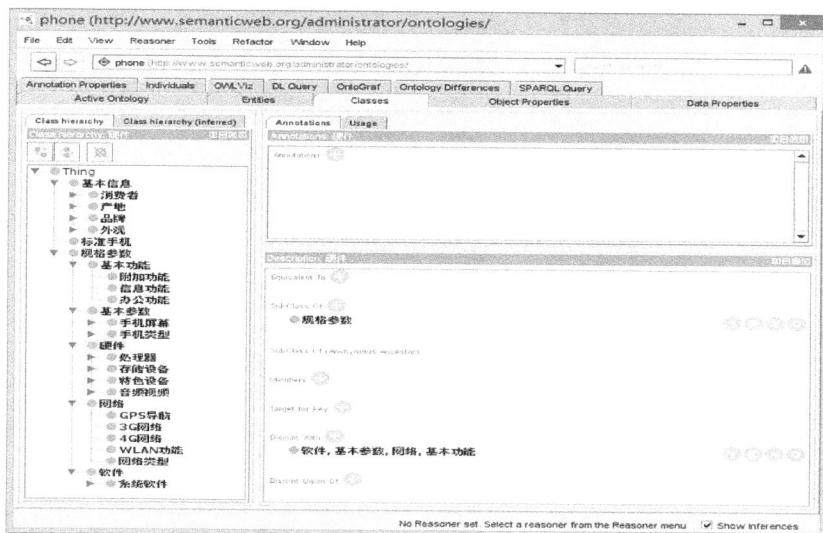

图 7-5　手机领域本体核心概念层次结构

（2）确定手机领域本体类之间的关系。 主要完成基于领域本体对移动商务中手机产品信息相关概念的映射，并确定各个概念之间的层次关系。 首先，除了分析基本信息、规格参数等顶级概念外，还提取消费者、产地、附加功能、信息功能、办公功能、处理器、存储设备、特色设备、音频视频、5G网络、4G网络、WLAN功能、系统软件等核心概念。 然后，利用Protégé4.3中的"Classes"中的"Add subclass"和"Add sibling class"标签来创建上述顶级概念（父类）与其他核心概念（子类），包括创建名称、注释信息等。

本章前文阐述了以上几种基本关系的含义。 本节根据前面的分析和梳理，确定手机领域本体各个类之间的层次关系，并使用Protégé4.3来实现上述关系在系统中的建模，如图7-6所示。 如手机基本信息和品牌属于种属关系（Subclass of）；处理器和存储设备属于等同关系（Same as）；屏幕尺寸是基本参数的一个属性概念（Attribute of）；全网通是网络类型子类的一个具体实例关系（Instance of）。

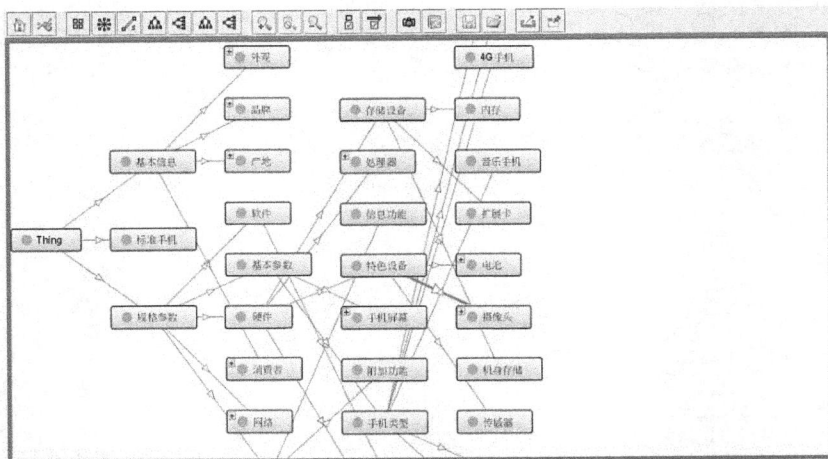

图 7-6　手机领域本体类之间关系结构

（3）确定手机领域本体类的属性。 在本体中属性一般分为数据属性和对象属性，而且各个属性有其相应取值范围及限定条件。 本书在前文构建的手机领域本体中融入评论特征本体信息，通过专家和网络 UGC 标签共同标注构建手机领域的特征属性本体库。 实现如下：

①通过手机领域本体中的概念和 UGC 标签对目标评论对象进行分类，并将其归属于相应本体类。 如从评论语料中抽取的评论搭配二元组〈屏幕尺寸，手机屏幕〉，由于它表示的评论对象是手机的"屏幕尺寸"，所以本章在"手机屏幕"类中添加一个数据属性"屏幕尺寸"；又如二元组〈具有品牌，手机〉，其评论对象"具有品牌"，由于它表示的是手机的"具体品牌"，所以本章在"手机"类中添加一个对象属性"具有品牌"。

②根据步骤①对所有目标评论对象进行标注，并在手机领域本体库中将标注好的评论对象作为特征属性添加进去。 最终，构建手机领域本体的对象属性图如 7-7 所示。 在基础上，构建完整的手机本体的类、类层次关系、属性及部分取值，建立手机领域实例，如图 7-8 所示。

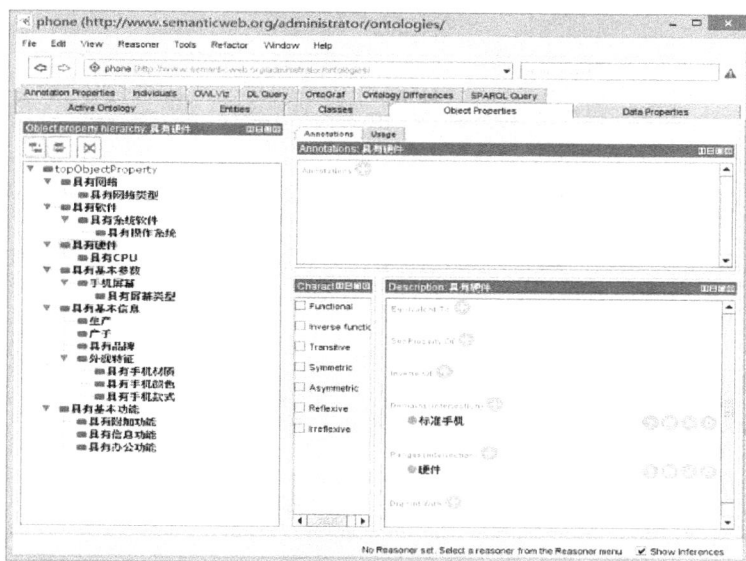

图 7-7　手机本体的对象属性图

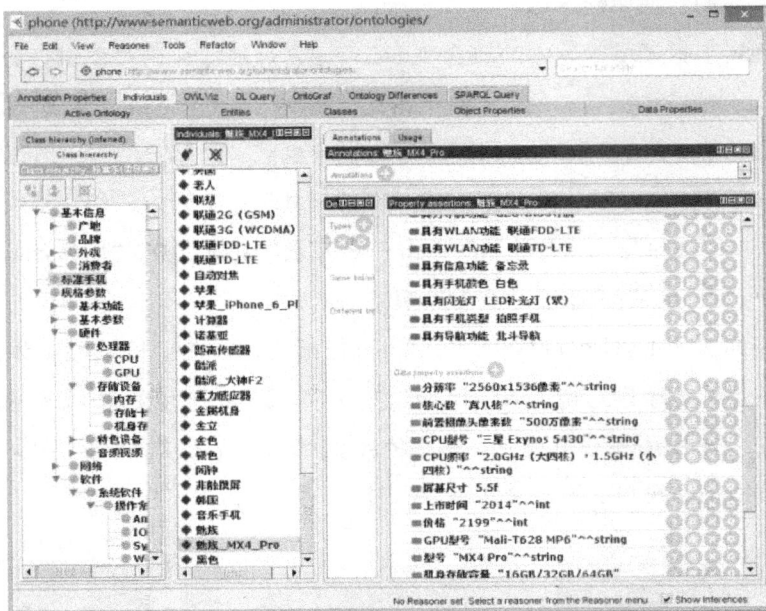

图 7-8　手机本体的实例图

第三节　移动社交网络中的情感倾向性分析

一、融入时间因子的短文本主题情感混合模型

基于以上研究，本节主要从 3 个方面对主题模型进行改进：（1）解决微博短文本造成的稀疏矩阵问题；（2）控制同一词对的主题分布与情感分布；（3）融入时间因子后，主题模型如何解决文本同质性问题。因此，本节首先提出融入时间因子的短文本主题情感混合模型（Time-aware Short-text Topic-Sentiment Model，TSTS），将"词对"约束在同一篇文档内，有效地降低了建模的时间复杂度和空间复杂度，同时也在一定程度上弥补了微博短文本的稀疏矩阵缺陷。其次，TSTS 模型融入情感层，延用主题—情感统一模型（Aspect and Sentiment Unification Model，ASUM）的部分假设，约束句子

生成的词对服从同一个主题—情感分布。 最后，TSTS 模型融入时间因子，不依赖于除马尔科夫模型将时间离散化，使每一个主题都服从于时间连续分布。 对于每一篇文档的生成，主题的混合分布是由共现词对与时间戳共同决定的。 TSTS 模型示意图如图 7-9 所示。

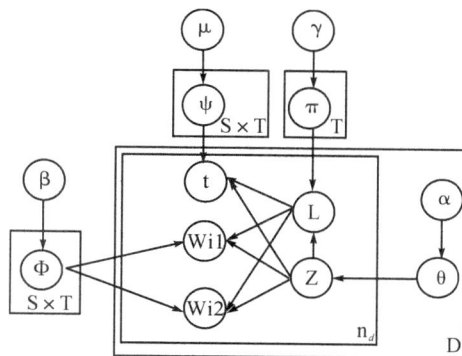

图 7-9 TSTS 模型

TSTS 模型模拟用户发布网络评论的生成过程。 通常情况下，用户书写的网络评论短小而精练，极富情感色彩，每个用户的一则网络评论就是一篇文档。 这些文档暗含评论者的真实意愿与个人性格，因此可以利用这些推断用户对本人的隐私关注程度，在不使用户厌烦的情况下使用最多的隐私信息，从而实现移动端的精准推荐。 针对短文本的主题模型建模，Biterm 主题模型（Biterm Topic Model，BTM）的"词对共现"形式是当前最有效的解决方法。 另外，在 JST 基础上增加"时间层"的 TSTS 模型可以连续采样用户对热点事件的评价，以及用户的情感的动态变化。 故 TSTS 模型建模的前提假设如下：

（1）时间因素的概率分布不完全等同于主题和情感的联合分布；

（2）每个文档的主题情感分布都是独立的；

（3）不同情感极性下相似的主题并不是自动归类的。

结合模型的贝叶斯网络概率图，TSTS 模型有四大特点：第一，采用词对代替单个词，进行采样建模；第二，每个时间戳都与主题、情感相关；第三，主题特征词与情感词是从整个语料库中抽取的；第四，在 TSTS 模型推导过程中，由于每一个主题、情感都有与之相应的多项式的词对分布，所以主题特征词不需要与情感极性词一一对应。此外，TSTS 模型的文本建模过程还必须遵循一条假设，那就是主题特征词与情感极性词之间是有联系的，且随时间因子变化而变化，故用来训练模型的文档都必须有一个明确的时间戳，也就是微博发布的时间。

二、TSTS 模型生成文本过程描述

本节所提出的 TSTS 主题模型（见图 7-9），假设一个语料库 D 由若干则文本组成，其中，一则微博就是一篇文本，每则文本都有主题与情感两个层面的度量。考虑到舆论的实效性与微博文本的有关参数，词分布由主题、情感、时间共同决定。TSTS 是一种无监督的主题情感混合模型，文档生成过程如下：

（1）从狄利克雷先验分布 α 中抽取一个在主题上的多项式分布 θ_d，即 $\theta_d \sim Dir(\alpha)$；

（2）从狄利克雷先验分布 μ 中抽取一个在时间上的多项式分布 $\psi_{z,l}$，即 $\psi_{z,l} \sim Dir(\mu)$；

（3）从狄利克雷先验分布 γ 中抽取一个在情感上的多项式分布 π_z，即 $\pi_z \sim Dir(\gamma)$；

（4）对于每个文档 d，针对文章中的每一组单词 $b=(\omega_{i1}, \omega_{i2})$，$b \in B$，

①选择一个主题，$z_i \sim \theta_d$；

②选择一个情感标签，$l_i \sim \pi_{z_i}$；

③选择一对单词，$b_i \sim \varphi_{z_i, l_i}$；

④选择一个时间戳，$t_i \sim \psi_{z_i, l_i}$。

由图 7-9 可以看出，在 TSTS 主题模型下的文本生成过程中，一篇文档中的词对可能属于不同的时间戳。事实上，一篇文章的所有内容（词、主题）应该属于同一个时间戳，就如评论者的评论应该与舆情事件相关，而不应该杂乱匹配在一起。在实际主题建模过程中，主题模型引入时间因子会影响一篇文章的主题同质性。但在主题模型建模过程中，TSTS 模型默认时间因子不会对文本的同质性产生影响。本研究假设时间因子是没有权重的，TSTS

模型参考主题演化模型（Toic over Time，TOT）和主题组（Group Topic，GT）模型，引入超参 μ，平衡文档生成过程中时间和词的相互影响。 TSTS 模型参数的具体解释如表 7-1 所示。

表 7-1　参数说明

D	文档数量	Θ	$[\theta_d]$：主题的多项式分布
V	词汇表大小	Φ	$[\varphi_{z,l}]$：$T \times S \times V$ 矩阵，词对分布
T	主题数目	Π	$[\pi_z]$：$T \times S$ 矩阵，情感分布
S	情感极性数	Ψ	$[\psi_{z,l}]$：$T \times S \times H$ 矩阵，时间分布
H	时间戳数目	α	θ 的 Dirchlet 先验参数
M	词对数量	γ	π 的 Dirchlet 先验参数
B	词对集合	β	Φ 的非对称 Dirchlet 先验参数
		μ	ψ 的先验参数
B	词对，$b = (w_{i1}, w_{i2})$	n_d	文档 d 中词对的数量
W	词	$n_{d,j}$	文档 d 中确定主题 j 的词对数量
T	时间	n_j	主题 j 的词对数量
Z	主题	$n_{j,k}$	指派为主题 j 和情感极性 k 的词对的数量
L	情感极性标签	$n_{i,j,k}$	词对 b_i 指派为主题 j 和情感极性 k 的次数
		$n_{j,k,h}$	时间戳为 h 时词对 b_i 指派为主题 j 和情感极性 k 的次数
		n^{-p}	当前文档中除 p 位置以外所有词对的数目

三、模型推理

结合 TSTS 模型的贝叶斯网络结构图可以得知，当给定超参 α、β、γ、μ 时，就可以计算出主题的多项式分布 θ、情感随主题的分布 π，词对随〈主题，情感〉的相关分布 φ 以及时间随〈主题，情感〉的相关分布 ψ。之后，使用 Gibbs 采样方法对 TSTS 模型上述 4 个后验参数进行估计，这样可以保证 TSTS 模型在迭代次数足够多的情况下实现收敛状态。

按照贝叶斯独立原则，首先给出词对、主题、情感极性、时间戳的联合概率，其表示形式如下：

$$p(b, t, l, z \mid \alpha, \beta, \gamma, \mu) = p(b \mid l, z, \beta) \times p(t \mid l, z, \mu) \times$$
$$p(l \mid z, \gamma) \times p(z \mid \alpha) \tag{7-1}$$

在上式中，词对 b 与参数 α、γ、μ 是相互独立的，时间戳 t 与参数 α、γ、β 是相互独立的；情感极性 l 与参数 α、μ、β 是相互独立的；主题词 z 与参数 β、γ、μ 是相互独立的。因此，式（7-1）中的联合分布可以通过计算等式右边 4 部分得到。

由于在特定的主题特征词语情感极性标签下，b 的分布可以看成是一个多项式分布，即在主题词 z_i 和 l_i 的前提下，每次以概率 $p(b \mid l, z)$ 生成 b_i，进行 N 次。已知词对之间是相互独立的，可得：

$$p(b \mid l, z, \beta) = \prod_{i=1}^{N} p(b_i \mid z_i, l_i) = \prod_{i}^{N} \beta \cdot b_i \tag{7-2}$$

超参数是机器学习模型中框架的表示参数，例如聚类方法中的类数或主题模型中的主题数。在贝叶斯网络中，θ 的分布函数为 $H(\theta)$，被视为先验分布函数；θ 的密度函数为 $h(\theta)$，被视为先验密度函数。它们统称为先验分布。如果在采样后获得 θ 的分布，则称为后验分布。基于狄利克雷多项式的共轭性质，当总体分布中的参数符合多项式的分布规律时，共轭先验分布符合以下分布：

$$\mathrm{Dir}(\theta \mid \alpha) + \mathrm{Mult}(\delta) = \mathrm{Dir}(\theta \mid \alpha + \delta) \tag{7-3}$$

一般文本模型下，离散化的 Dirichlet 分布和 Multinational 的定义如下：

$$\mathrm{Dir}(b \mid \beta) = \frac{\Gamma\left(\sum_{j=1}^{T} \beta\right)}{\prod_{j=1}^{T} \Gamma(\beta)} \prod_{j=1}^{T} n_j \tag{7-4}$$

$$\mathrm{Mult}(n \mid b, N) = \binom{N}{n} \prod_{j=1}^{T} n_j \tag{7-5}$$

式中，i、j、k 和 h 分别表示建模过程中单词对的迭代时间、主题、情感和时间戳。由于 $p(b \mid l, z, \beta)$ 的分布服从 Dirichlet 分布，所以针对公式（7-1）中第一部分，本研究引入了 $p(b \mid l, z, \beta)$ 的 φ。通过对 φ 积分，可以得到：

$$p(b \mid l,\ z,\ \boldsymbol{\beta}) = \int p(b \mid l,\ z,\ \boldsymbol{\beta}) \times p(\varphi \mid \boldsymbol{\beta}) \mathrm{d}\varphi$$

$$= \left(\frac{\Gamma(V\boldsymbol{\beta})}{\Gamma(\boldsymbol{\beta})^{V}}\right)^{T \cdot S} \prod_{j} \prod_{k} \frac{\prod_{i} \Gamma(n_{i,j,k} + \boldsymbol{\beta})}{\Gamma(n_{j,k} + V\boldsymbol{\beta})} \qquad (7\text{-}6)$$

研究需要对公式中涉及的后验参数 φ 进行估计，因为 φ 符合 Dirichlet ~ Multinomial 共轭性质，再结合贝叶斯公式，可以得到后验参数分布如下：

$$p((\boldsymbol{\phi} \mid l,\ z,\ \boldsymbol{\beta})) \propto \mathrm{Dir}(\varphi \mid n_{i,j,k} + \boldsymbol{\beta}) \qquad (7\text{-}7)$$

因为 Dirichlet 分布的期望 $E(\mathrm{Dir}(\boldsymbol{\varepsilon})) = \varepsilon_{i} / \sum_{i} \varepsilon_{i}$，因此，利用已知的后验参数分布期望来对待计算的参数进行估计，估计结果如式（7-7）所示。

类似的，针对公式（7-1）中第二部分，引入 ψ，通过对 ψ 求积分，可以得到：

$$p(t \mid l,\ z,\ \boldsymbol{\mu}) = \left(\frac{\Gamma(H\boldsymbol{\mu})}{\Gamma(\boldsymbol{\mu})^{H}}\right)^{TS} \prod_{j} \prod_{k} \frac{\prod_{h} \Gamma(n_{j,k,h} + \boldsymbol{\mu})}{\Gamma(n_{j,k} + H\boldsymbol{\mu})}$$

$$(7\text{-}8)$$

针对公式（7-1）中第三部分，引入 $\boldsymbol{\pi}$，通过对 $\boldsymbol{\pi}$ 积分，可以得到

$$p(l \mid z,\ \boldsymbol{\gamma}) = \left[\frac{\Gamma\left(\sum_{k} \boldsymbol{\gamma}_{k}\right)}{\prod_{k} \Gamma(\boldsymbol{\gamma}_{k})}\right]^{T} \prod_{j} \frac{\prod_{k} \Gamma(n_{j,k} + \boldsymbol{\gamma}_{k})}{\Gamma(n_{j} + \sum_{k} \alpha_{k})} \qquad (7\text{-}9)$$

针对式（7-1）中第四部分，引入 $\boldsymbol{\theta}$，通过对 $\boldsymbol{\theta}$ 积分，可以得到：

$$p(z \mid \boldsymbol{\alpha}) = \left[\frac{\Gamma\left(\sum_{j} \boldsymbol{\alpha}_{j}\right)}{\prod_{j} \Gamma(\boldsymbol{\alpha}_{j})}\right]^{D} \prod_{d} \frac{\prod_{j} \Gamma(n_{d,j} + \boldsymbol{\alpha}_{j})}{\Gamma(n_{d} + \sum_{j} \boldsymbol{\alpha}_{j})} \qquad (7\text{-}10)$$

通过采样 z、s 计算得到所有的估计值之后，TSTS 模型可以估计后验分布值。为了便于计算，TSTS 定义 $-p$ 为当前文档中除去 p 位置的所有词对。将计算得到的式（7-2）—（7-6）带入式（7-1），结合 Gamma 函数性质，可以得到 Gibbs 采样过程中每次的条件分布概率为：

$$p(s_{p} = k,\ z_{p} = j \mid b,\ t,\ l^{-p},\ z^{-p},\ \boldsymbol{\alpha},\ \boldsymbol{\beta},\ \boldsymbol{\gamma},\ \boldsymbol{\mu})$$

$$\propto \frac{n_{d,j}^{-p} + \alpha_{j}}{n_{d}^{-p} + \sum_{j} \alpha_{j}} \frac{n_{w_{p},j,k}^{-p} + \boldsymbol{\beta}}{n_{j,k}^{-p} + V\boldsymbol{\beta}} \frac{n_{j,k}^{-p} + \boldsymbol{\gamma}_{k}}{n_{j}^{-p} + \sum_{k} \boldsymbol{\gamma}_{k}} \frac{n_{j,k,t_{p}}^{-p} + \boldsymbol{\mu}}{n_{j,k}^{-p} + H\boldsymbol{\mu}} \qquad (7\text{-}11)$$

为了简化式（7-6），引入超参 $\boldsymbol{\mu} = 1/n_{d}$。只要给定超参 $\boldsymbol{\alpha}$、$\boldsymbol{\beta}$、$\boldsymbol{\mu}$ 和 $\boldsymbol{\gamma}$，词对集合 B 和其对应的主题 z，情感标签 l，这样就可以利用贝叶斯规

法则和 Dirichlet 共轭特性推断出参数 φ、θ、π 和 ψ。

$$\varphi_{j,k,i} = \frac{n_{i,j,k} + \beta}{n_{j,k} + V\beta} \qquad (7\text{-}12)$$

$$\theta_{d,j} = \frac{n_{d,j} + \alpha_j}{n_d + \sum_j \alpha_j} \qquad (7\text{-}13)$$

$$\pi_{j,k} = \frac{n_{j,k} + \gamma_k}{n_j + \sum_k \gamma_k} \qquad (7\text{-}14)$$

$$\psi_{j,k,h} = \frac{n_{j,k,h} + \mu}{n_{j,k} + H\mu} \qquad (7\text{-}15)$$

四、实验设计

1.数据准备

为了验证 TSTS 模型，本研究爬取了新浪微博上随机选取的 4 个热点事件的评论数据作为实验数据集。选择的 4 个数据集分别是"国庆阅兵""袭击医生""香港事件"与"垃圾分类"，对这些事件在微博社交网络平台的数据进行爬取。微博文本中有一些内容表达无实际意义的词汇，如停用词、语气叹词、标点符号、数字表情等。所以在进行文本建模之前，需要利用 Python 中的分词包中精确模式的分词方式对实验初始数据集进行分词处理。此外，由于社交网络评论用语有时比较新潮，本研究尽可能搜集日常网络中出现的潮流用语，并将其加入自定义的词典中，使得分词阶段程序可以尽量识别出这些新兴词汇，同时用符合日常习惯的表达进行替换。另外，对于文本中存在的一些无用词，如网址链接、中文数字等，采用正则表达式进行过滤处理。经过以上一系列的数据预处理操作，本研究最后获得 4 个事件的实验数据集，总共收集 14 288 条有效实验数据，相关统计信息如表 7-2 所示。

表 7-2　数据统计信息

事件 （微博总数）	每条微博词数		词汇量	
	初始值	预处理	初始值	预处理
数据 1(3562)	134	102	9789	6319

续　表

事件 （微博总数）	每条微博词数		词汇量	
	初始值	预处理	初始值	预处理
数据 2（3527）	127	94	9736	6242
数据 3（3617）	131	100	9780	6301
数据 4（3582）	128	96	9742	6254
平均值（3572）	130	98	9762	6279

2. 情感字典

组成情感字典的词或短语，都带有明显情感倾向，大致可将情感极性词分为褒义词和贬义词。本研究使用情感字典主要有两个目的：一是识别情感极性词，同时区分出主题特征词和情感词；二是可以结合情感先验信息，使得模型对文研究的情感极性判断更为准确。由于情感极性词能明确表示用户的情感倾向性，所以对文研究的情感倾向性分析有着重要意义。如果将情感词典应用于用户对商品或服务的评论上面，就可以判断用户是喜爱还是讨厌，抑或是无感，由此对已有的精准推荐系统进行有针对性的优化，这对于移动用户的精准推荐服务同样有着十分重要的参考意义。

目前，国内的主流中文情感字典有台湾大学收集的 NTUSD，以及知网的 HowNet 评价词典。前者的情感字典包含 2812 个褒义词和 8276 个贬义词；而后者包含大约 5000 个正面词汇和 5000 个负面词汇。本研究在 HowNet 的基础上对情感极性词进行分类，构成了 TSTS 模型评估实验的情感字典，具体如表 7-3 所示。

表 7-3　情感词的分类

情感标签	高兴	惊喜	悲伤	生气
词汇量	2467	276	3025	1897

3. 参数设定

本研究使用 Gibbs 对 TSTS 模型进行采样，并估计 4 个后验参数。根据传统主题模型中的参数设置，超参数的设置如下：（1）将超参数 α 设置为 $50/K$，其中 K 是需要提取的主题数；（2）将 β 设置为 0.01；（3）将 c 设定为（$0.05 \times$ AVE）$/S$，其中，AVE 代表文章的平均长度，即此实验中微博中的平均单词数，S 代表极性标签的总数；（4）将 μ 设置为 $1/n_d$。

4. 评估指标

针对主题特征词的抽取，采用困惑度（Perplexity）作为评估指标，用来测量模型建模过程中未知数据的预测能力，困惑低则意味着更高的效率。 在 TSTS 模型评估方法中，困惑度的计算公式如下：

$$perplexity = P(\widetilde{D_t} \mid M) = \exp\left\{ - \frac{\sum_{d=1}^{D^t} \log P(\widetilde{b}_d^t \mid M)}{\sum_{d=1}^{D^t} \widetilde{N}_d^t} \right\} \quad (7\text{-}16)$$

式中，$\widetilde{D_t} = \{\widetilde{b}_d^t\}_{d=1}^{D^t}$ 表示带有时间戳 t 的未知数据集合。

$$P(\widetilde{b}_d^t \mid M) = \prod_{n=1}^{\widetilde{N}_d^t} \prod_{l=1}^{L} \prod_{t=1}^{T} P(\widetilde{b}_{d,n} \mid l, z) P(z \mid l) P(l) \quad (7\text{-}17)$$

式中，$\widetilde{b}_d^t$ 代表第 d 篇文本中词对的向量集；$\widetilde{N}_d^t$ 表示 $\widetilde{b}_d^t$ 中所有的词对数量；$P(\widetilde{b}_d^t \mid M)$ 表示训练语料的直接可能性，其公式如下：

$$P(\widetilde{b}_d^t \mid M) = \prod_{i=1}^{V} \left(\sum_{l=1}^{l} \sum_{z=1}^{T} \varphi_{l,z,i}\, \theta_{d,l,z}\, \pi_{d,l} \right)^{\widetilde{N}_{d,i}^t} \quad (7\text{-}18)$$

对于情感分词，本研究采用文章级别的情感判断作为评估指标，这是由于文章级别的情感分析判断是以情感词典中的情感极性标签为基准的。 而针对本研究中涉及的所有文档，可以比较明确地判断一则文档的正面情感和负面情感。 本研究采用一致性检验方法，为每篇文章的情感标签进行标注。

五、实验结果

1. 提取主题

TSTS 模型的主要任务是提取主题特征。 作为主题—情感混合模型的扩展,该模型要判断提取的主题特征是否合理、准确。 因此,在文本建模提取主题特征之前,需提前确定要提取的主题数量和 Gibbs 采样的迭代时间。 而为了更有效地评估主题发现,本研究将困惑度用作度量指标。 困惑度越低,模型的拟合效果越好,反之则越差。 以数据集 1 为例,仿真结果如图 7-10所示。

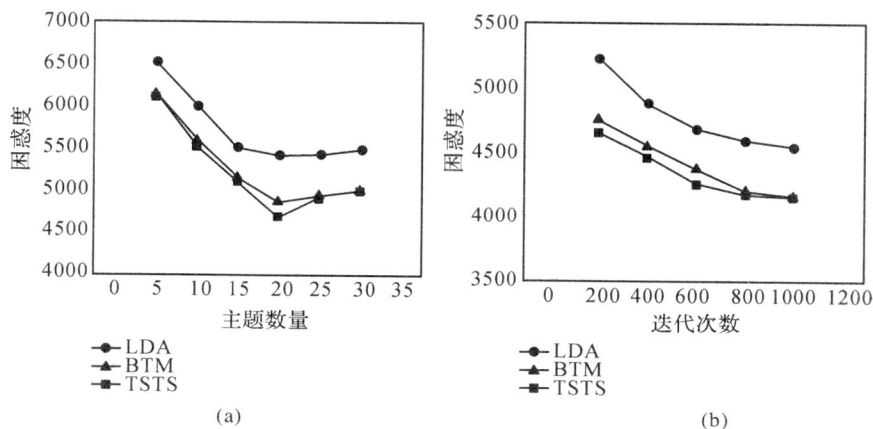

图 7-10 困惑度与主题数及迭代次数之间的关系

根据图 7-10 所展示的实验结果,在随后的实验中需要将主题数设置为20。 随着迭代的变化,可以分别计算出 3 个模型的困惑度。 首先,对 TSTS和 LDA 的实验结果进行比较,可以发现 TSTS 的效果总是优于 LDA,其困惑程度也随着迭代次数的增加而不断降低。 并且,由于 TSTS 模型结合了单词对,减轻了 LDA 的稀疏矩阵,TSTS 的主题发现能力不断增强。 其次,比较TSTS 和 BTM 的实验结果,可以发现,当迭代次数增加时,TSTS 比 BTM 更好。 但随着迭代次数的增加,两个模型之间的差距变小了。 这是因为 BTM的单词对被用于整个语料库之中。 而当迭代次数较少时,噪声词的比例相对较大,导致主题词的质量较差。 此外,将情感层集成到 TSTS 中,那情感评价中产生的错误将不断受影响。 因此,在抽取主题特征期间,可以将主题数目设置为 20,迭代次数设置为 600。

2. 情感极性

根据词汇的主题和情感极性来提供与情感极性有关的信息。从 TSTS 模型中提取主题的情感分布,并引入主题情感联合(Joint Sentiment/Topic,(JST)模型、ASUM,其目的是与 TSTS 模型的情感识别效果进行对比,其中每个文档都有一个二进制情感标签,如正负情绪。以数据集 2 中的"袭击医生"为例,如图 7-11 所示。实验开始时的主题数设置为 5,随着粒度的完善与改进,TSTS 模型的性能也在不断提高。与 JST 模型和 ASUM 相比,TSTS 模型的曲线将文档中的单词对之间的主题和情感关系也考虑到了。JST 模型的变化曲线显露出稳定的上升趋势。但由于 ASUM 有严格的假设,并且主题数量的增加会导致主题和情感的分散,对其整体性能产生了抑制作用,因此 ASUM 的识别效率变得很低。TSTS 模型的总体效果优于 JST 模型和 ASUM,在主题数增加到 20 之后效果则略有下降。这是由于数据集中收集的数据有限,主题数被认为会使单词分布离散。通过这些观察结果可以对情感极性得到一个初步的判定:在不同的主题下比较文档主题的情感标签分类,TSTS 模型的结果优于 JST 模型和 ASUM。

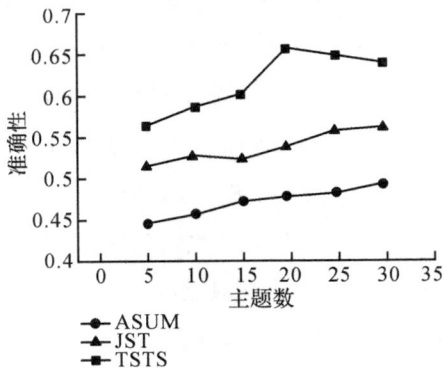

图 7-11 情感极性判断的准确性

随着主题数的增加,主题模型的识别性能会有一定的波动。但是,TSTS 模型始终优于 JST 模型和 ASUM。当分别设置获得的话题数和迭代次数为 20 和 600 时,TSTS 是主题检测的最佳模型。当 4 个数据集中的主题数都设置为 20 时，情感极性判断的准确性如表 7-4 所示。

表 7-4　情感极性判断的准确性

	ASUM	JST	TSTS
数据集 1	0.4763	0.5427	0.6348
数据集 2	0.4617	0.5398	0.6599
数据集 3	0.4832	0.5461	0.6475
数据集 4	0.4841	0.5294	0.6522

　　从表 7-4 可以看出，在判断文档的情感极性方面，TSTS 模型优于 JST 模型和 ASUM。 这是因为情感极性取决于上一阶段主题发现的性能。 而在此实验中，JST 模型和 ASUM 的效果恰好相反。

　　从图 7-12 中可以看出，在"国庆阅兵"数据集和"垃圾分类"数据集中，积极情绪的比例明显高于其他情绪，这与社交网络中用户的情绪倾向一致。 而对于第二个数据集"袭击医生"，对比主题 1 与主题 2 的两种负面情绪极性可以发现，主题 1 更多的是悲伤情绪，而主题 2 则多为生气的情绪。 这主要是由于主题 1 反映的是事件的基本陈述，而主题 2 则代表事件的后续讨论。

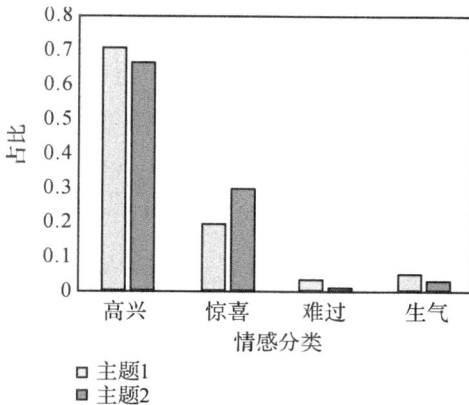

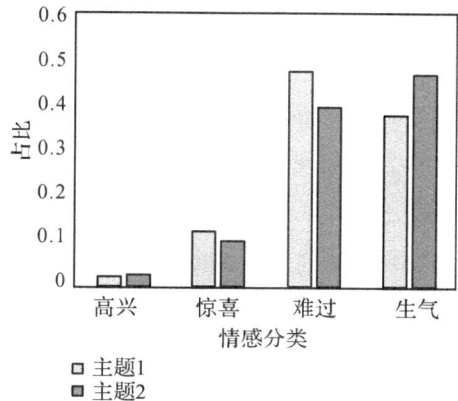

(a)　　　　　　　　　　　　　　　　(b)

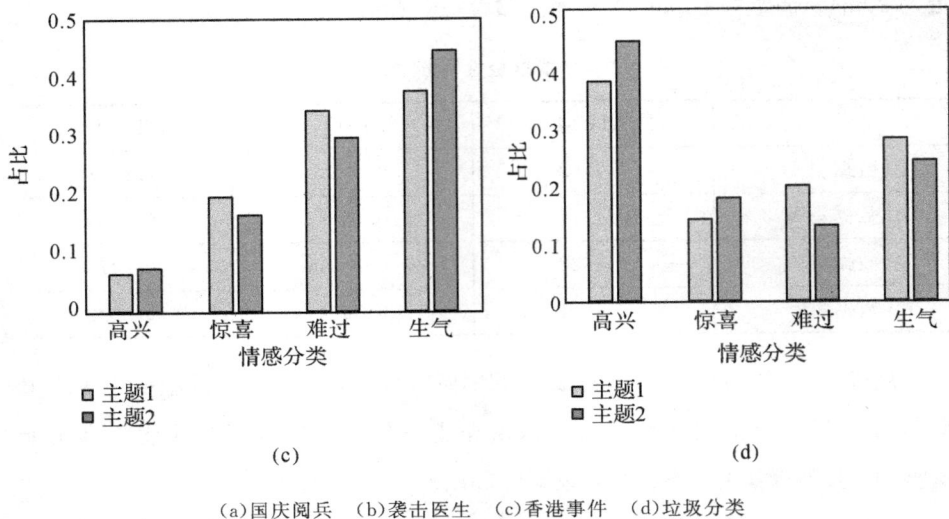

(a)国庆阅兵　(b)袭击医生　(c)香港事件　(d)垃圾分类

图 7-12　4 个数据集的情感分布

3. 话题与情感演变

利用 TSTS 模型从 4 个数据集中提取了主题特征曲线，如图 7-13 所示。以数据集 2 为例，主题曲线符合社交事件和突发事件的演变规律。这两条曲线代表主题 1 和主题 2 中的特征词随时间的变化趋势。主题 1 是关于事件本身的陈述，事件发生初，社会网络上对该事件的讨论量陡然上升，然后热度逐渐下降，评论数量也随之减少。主题 2 是关于事件发展的讨论，而这又引起了第二次热议。这两条曲线达到最高峰时的时间不一致，且主题 2 曲线的峰值低于主题 1 的峰值。这反映了对同一事件的讨论会随时间而消失，即便有了新主题，对新主题的讨论也远远少于事件发生时的讨论。类比可得，在其他 3 个数据集中也能得到相同的结果。

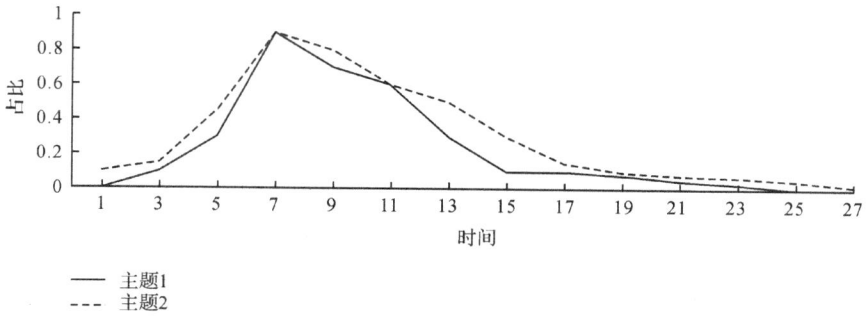

(a)

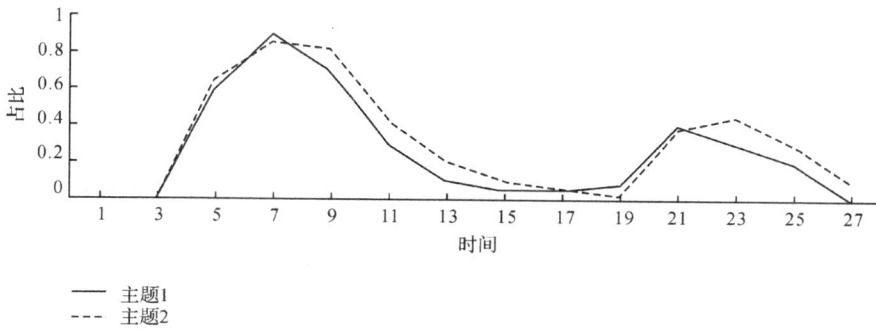

(b)

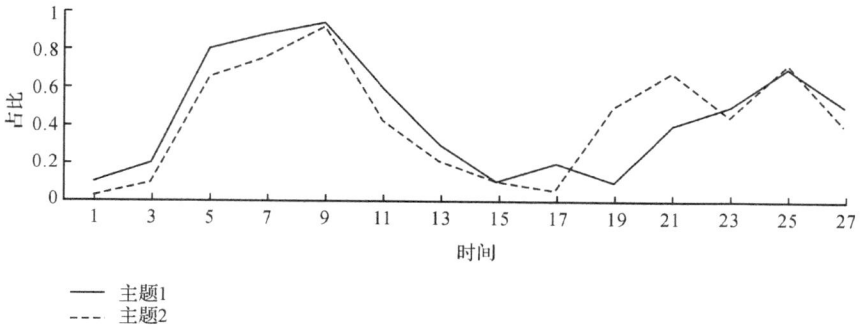

(c)

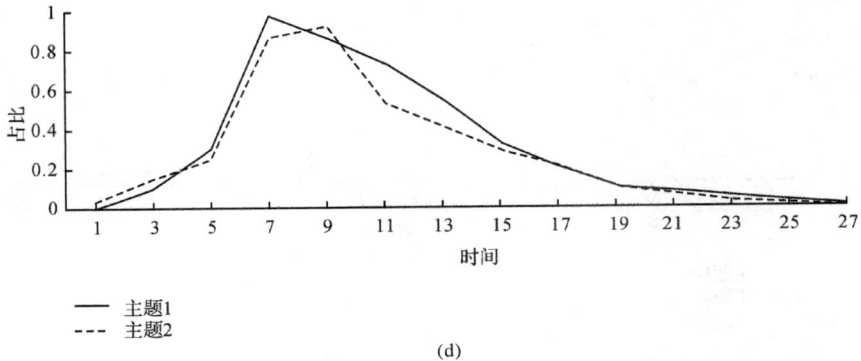

(d)

（a）国庆阅兵　（b）袭击医生　（c）香港事件　（d）垃圾分类

图 7-13　4 个数据集中的主题变化

4 个数据集中的情感极性比例如图 7-14 所示。 由于已经测量了情感极性比例，因此在事件发生之前，4 个情感极性是平衡分布的。 而在事件发生后，积极情绪和消极情绪的极性开始向两个极端转变。 在这 4 个数据集中，第 1 个数据集"匡庆阅兵"和第 4 个数据集"垃圾分类"的积极情绪高于消极情绪，符合事件的社会情感。 此外，可以发现，在最初阶段，4 种情感标签之间的差异较大，而在后期情感标签的分布变得稳定，这证明了社会事件第 2 次的热度不会超过第 1 次。 但是，社交网络中的情感倾向判断不会随着讨论的减少而急剧下降，如第 2 个数据集"袭击医生"的主题 2 中可以证明。 从情感极性演变的角度来看，4 个曲线的相对位置更接近。 这与事件开始时情绪极性的均匀分布是不同的，与政府的感受仍存在差距。

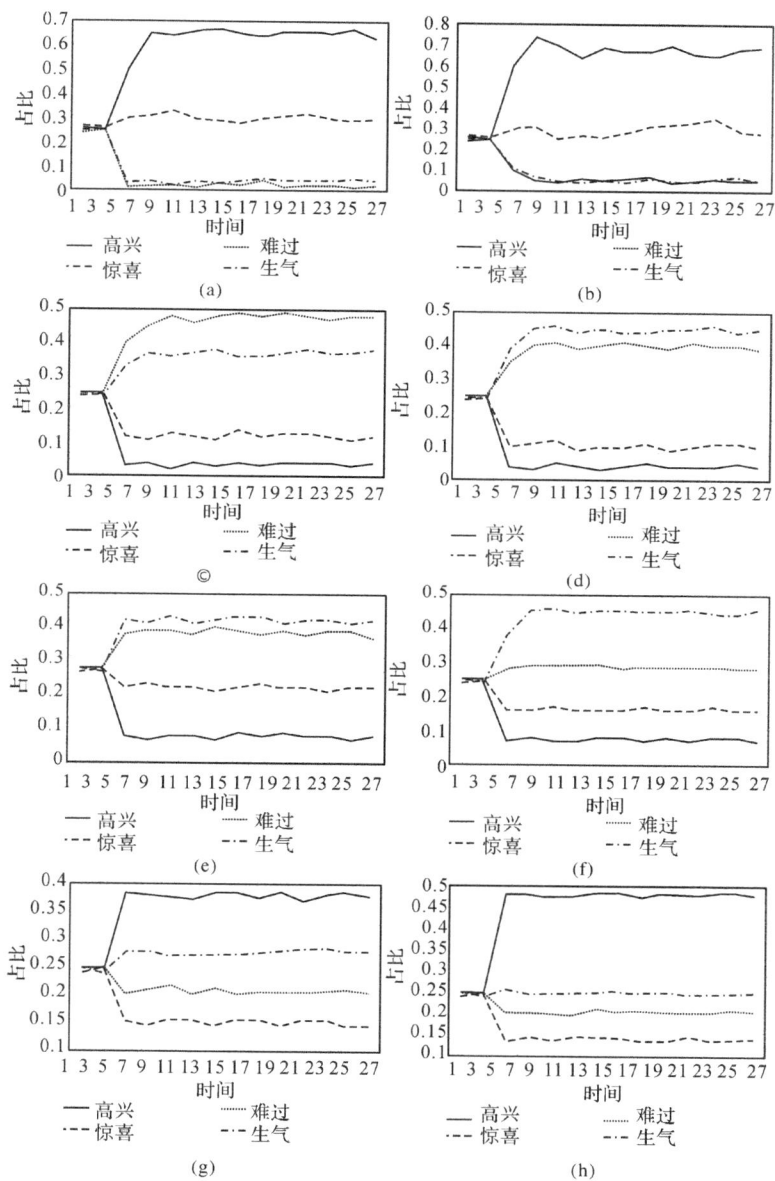

（a）国庆阅兵主题 1　　（b）国庆阅兵主题 2　　（c）袭击医生主题 1　　（d）袭击医生主题 2

（e）香港事件主题 1　　（f）香港事件主题 2　　（g）垃圾分类主题 1　　（h）垃圾分类主题 2

图 7-14　4 个数据集中的情感变化

第四节　基于 MRecommend 框架的移动商务精准推荐系统实现

一、网络数据采集模块

对于本书研究所需的用户评论数据，本书通过爬虫的方法从网络上抓取用户的在线评论数据，时间为 2014 年 1—5 月。在移动商务精准推荐系统 MRecommend 数据采集层，本书实现了爬虫采集数据功能，通过 HTMLParse 方式对目标网页进行分析，获取评论数据和关联网页链接；然后，样本集中抽取 50 个起始用户，利用网络文本链接密度作为主要参数，并设置网页链接深度为 2，基于神经网络模型进行广度优先遍历抓取网页，并根据推荐任务要求对数据集进行预处理。抓取主程序部署在戴尔 PowerEdge R740 机架式服务器上，并远程协同 3 台企业版戴尔电脑构建分布式采集环境，从而提升运行效率。具体程序使用面向对象的跨平台语言 Java 编写，利用标签库解析 API 对由 Apache Http Client 抓取的 URL 页面进行处理。考虑到关系型数据库过于复杂而无法快速处理移动互联网形成的海量数据以及本文多源异构数据源（评分、文本、上下文、社会关系等），本研究使用支持复杂的数据结构的非关系型数据库 MongoDB（尤其对文本语料存储性能较好）对数据采集层的基础源数据进行管理和面向对象查询。

对于本研究所需的用户微博数据，本书同样通过分布式爬虫数据采集软件从新浪微博上获取用户的微博数据，时间为 2014 年 1—8 月。新浪微博数据中心和开放平台允许开发者利用上述数据和接口实现对微博数据的抓取和使用，主要包括微博行为数据、粉丝分析、博文分析，以及微博接口、评论接口、用户接口、关系接口、位置服务接口等 16 种 API。但是，考虑到微博用户隐私信息及平台自身的安全性，目前微博开发了新浪访客系统。该系统限制开发者在一定周期内对微博的访问次数，过于频繁调用 API 不能获取所需信息，不利于数据的采集。因此，在构建的分布式实验计算环境下完成微博数据的抓取与存储。一方面，多台不同 IP 电脑不间断地用不同用户账号自动登录微博，并模拟用户正常的使用微博方式保持活跃度，避免同一账号或者 IP 访问受限的问题；另一方面，系统通过自动切换代理方式模拟浏览器请求，实现数据采集层数据的持续获取、存储与更新。

网络数据采集模块核心技术为分布式资源调度与分配，上述抓取的信息部分涉及用户的隐私。为了保护用户的隐私，对此部分数据进行了一定的匿名、扰动、加密、剔除冗余数据等处理，从数据源中防止用户隐私泄露。最后采集的数据包括微博博主语料库 6 万条、微博内容语料库 3 万条、微博关注关系语料库 5 万条，部分字段信息如表 7-5 所示。

表 7-5　抓取的微博部分字段

字段名称	字段说明
id	内部 id
sex	性别
address	家庭住址
fansNum	粉丝数目
summary	个人摘要
wbNum	微博数量
gzNum	关注数量
blog	博客地址
edu	教育情况
work	工作情况
renZh	是否认证
brithday	生日
id	文章编号
article	正文
discuss	评论数目
insertTime	正文插入时间
origin	来源
person_id	所属人物的 id
time	正文发布时间

字段名称	字段说明
transmit	转发
person_id	人物的 id
guanzhu_id	所关注人的 id

二、情感倾向性计算模块

1. 评论语料分词标注

本书第五章提出了基于情感词汇本体库的文本情感倾向性分析方法，重要的第一步是需要对文本语料进行分词处理。 一方面，分词有利于提升评论对象抽取的精确度；另一方面，对分词进行标注有利于个性化推荐系统反向动态调整已经构建的评论词本体库、情感词本体库，以及反转词本体库，而且可以发现网络新词。 MRecommend 通过网络数据采集模块对收集到的评论语料进行预处理，然后使用 Java 语言通过 JNI 调用北京理工大学数据搜索与挖掘实验室张华平博士团队研发的汉语词法分析系统 NLPIR/ICTCLAS 中文分词包中的算法对评论语料进行分词和词性标注。 因此，首先，MRecommend 在分词时结合移动环境下情感倾向性分析实际，选择了细粒度切分和计算所二级标注指标。 其次，基于层叠隐马尔科夫模型的分词标注去除代词、语气助词等高频出现但无实际意义的停用词，利用机器学习的方式解决歧义切分与词性标注歧义问题，提升分词质量。 最后，NLPIR/ICTCLAS 分词系统支持中英文分词与词性标注，可视化系统可根据词性对不同的分词结果进行区分显示，一般虚词都是浅色，而名词、动词、形容词等实词为显著的颜色，评论语料分词标注结果如图 7-15 所示。

2. 情感倾向性分析

首先，采用 DUTIR 来构建上述语料的评论词汇本体库和情感词汇本体库，抽取常用的评论对象；其次，利用基于 CRF 模型半监督学习方法抽取评价搭配对象，包括评论对象、评论词、评论短语的抽取；最后，针对评论文本

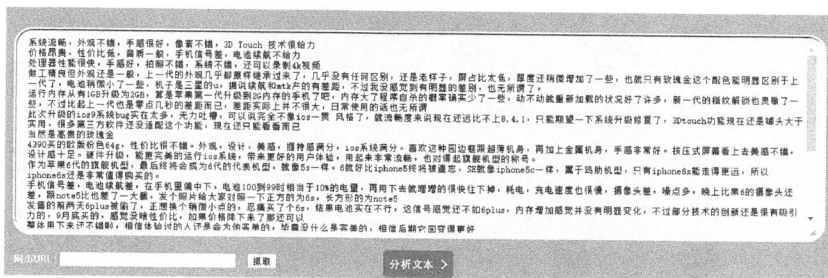

图 7-15　利用 NLPIR/ICTCLAS 分词结果

中用户的情感表达，将情感类型分为乐、好、怒、哀、惧、恶、惊，其中，乐、好为正面得分，怒、哀、惧、恶、惊为负面得分。通过基于情感词汇集的情感倾向性分析算法进行情感倾向性判断，自动分析文本内涵的正负面情感，并对情感分析对象进行综合，情感倾向性分析结果如图 7-16 所示。

三、MRecommend 节点执行流程

在 MRecommend 中本书提出的个性化推荐算法通过节点进行调度与流程化执行，每个节点是一个知识案例基本单元，运行原理如图 7-17 所示。

重点对 BIModel 进行描述。它集成了 Xelopes RecommendMode 对象及

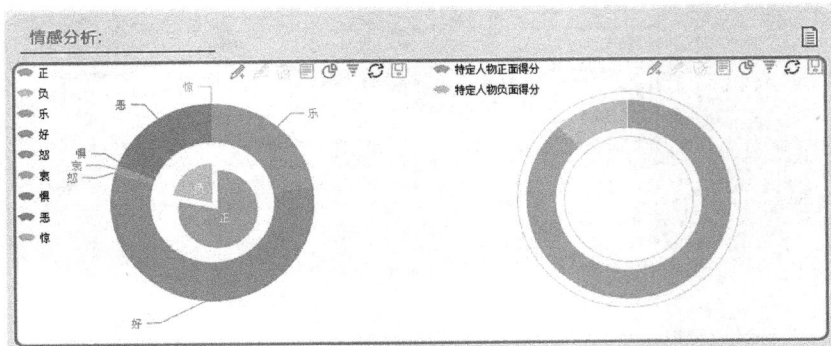

图 7-16 利用 MRecommend 情感倾向性分析结果

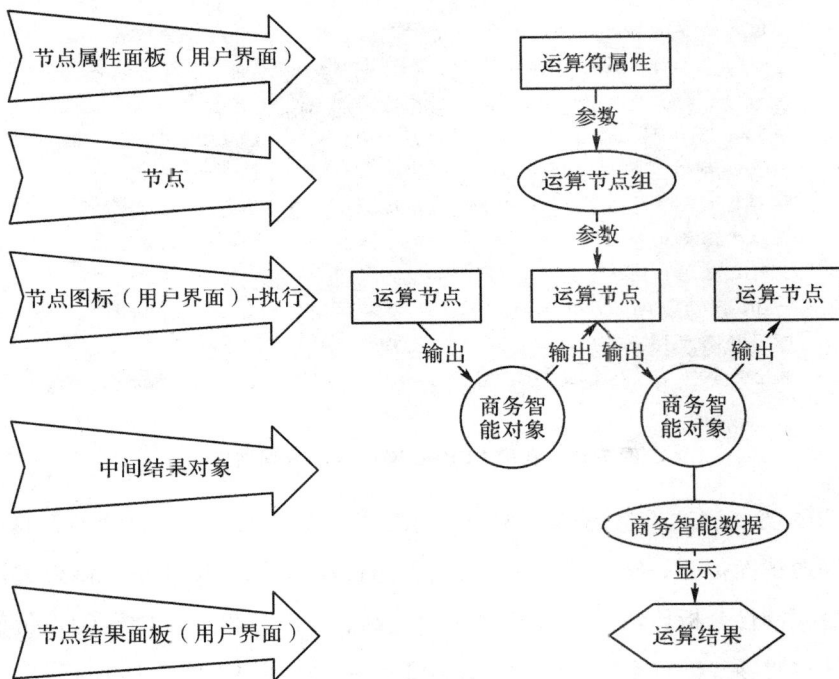

图 7-17 节点执行流程图

以下列出的设置对象。 ModelName，即模型的名称，产生于模型创建节点。在不同模块之间传递时模型的名称要保持一致。 RecommendModel：产生于 Xelopes 库的模型对象。 RecommendSettings：用户输入的推荐模型参数信息。 RecommendAlgorithmSpecification：推荐算法说明是由用户输入或从 xml 形式的 Xelopes 算法说明文件读取的。 writeTempBIModel：该方法将临时模型写入一个 pmml 文件。 loadTempBIModel：该方法可读入 pmml 格式的临时文件，并装载至 RecommendStoredData 对象。 根据模型类型将创建不同的 RecommendModel 对象，模型的类型是以 BIModel 静态变量的形式定义的，当支持新的模型时，更新该变量。 hasResult：该方法通过查看 RecommendModel 对象是否为空检验 BIModel 对象是否仍有效。 它是由父节点对应的 BIObject 对象调用的。 clear：该方法通过删除临时文件然后将 RecommendMode 设为空来清除并使 BIModel 对象失效。

四、MRecommend 算法模型

本节在 MRecommend 挖掘平台上构建个性化推荐模型，以第四章中的隐私关注下基于情感倾向性分析的移动上下文推荐方法为例。 如图 7-18、图 7-19所示，即在 MRecommend 平台上构建的移动上下文兴趣偏好挖掘模型。

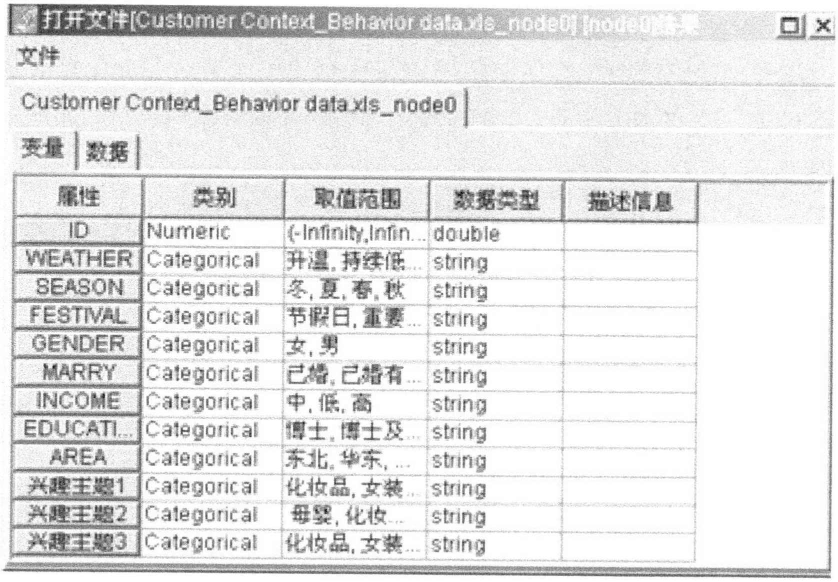

属性	类别	取值范围	数据类型	描述信息
ID	Numeric	(-Infinity,Infin...	double	
WEATHER	Categorical	升温, 持续低...	string	
SEASON	Categorical	冬, 夏, 春, 秋	string	
FESTIVAL	Categorical	节假日, 重要...	string	
GENDER	Categorical	女, 男	string	
MARRY	Categorical	已婚, 已婚有...	string	
INCOME	Categorical	中, 低, 高	string	
EDUCATI...	Categorical	博士, 博士及...	string	
AREA	Categorical	东北, 华东, ...	string	
兴趣主题1	Categorical	化妆品, 女装...	string	
兴趣主题2	Categorical	母婴, 化妆...	string	
兴趣主题3	Categorical	化妆品, 女装...	string	

图 7-18　融入多元上下文的数据源变量展示图

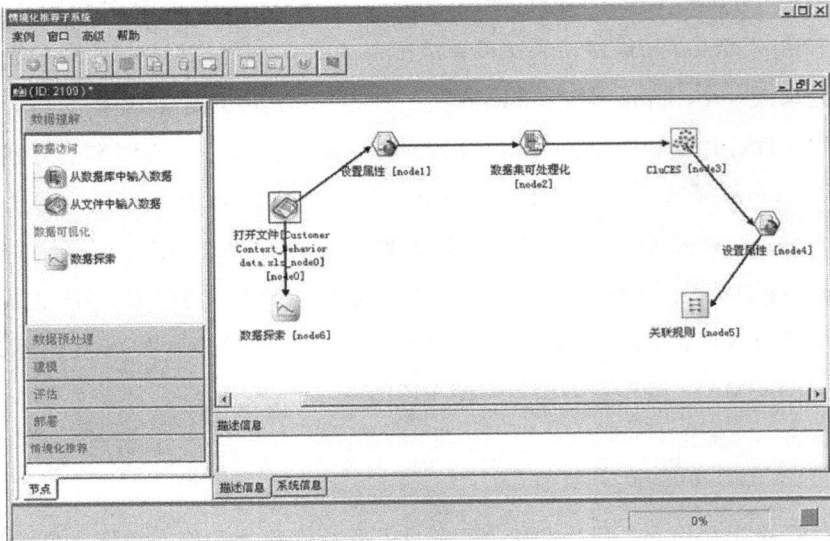

图 7-19 移动上下文推荐方法中的客户偏好建模

　　MRecommend 中数据包括移动上下文推荐方法中客户偏好建模时调用的上下文、评分数据源（已从数据库中导出为 Excel 类型存储）；同时，系统构建基于社会化标签的领域本体时调用语义数据（Attribute-Relation 格式），其他还有 TEXT 文本（评论、微博数据）等格式的输入数据类型，如图7-20、图 7-21 所示。

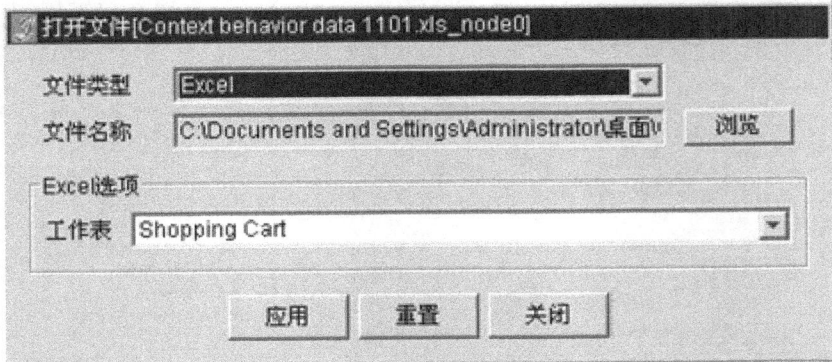

图 7-20 Excel 数据源

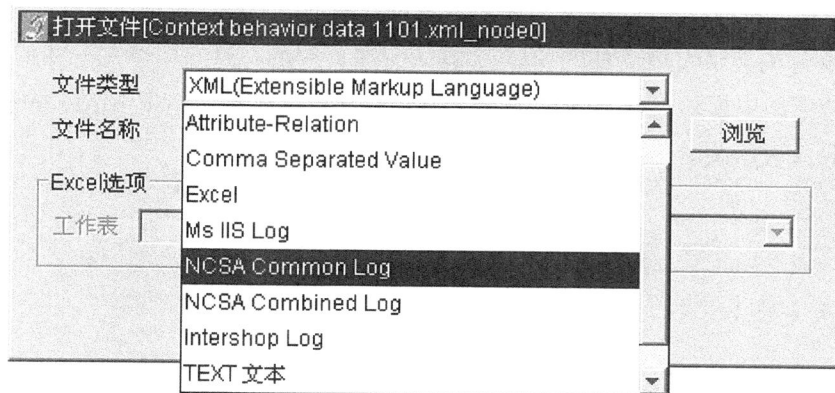

图 7-21　支持的数据类型

五、MRecommend 算法实现

步骤 1：算法的代码实现。 为了支持 CWM 等标准，系统采用 Java 语言，且每种算法都需要有一种模型结构来支持。 对于 PC-MSPR 算法需要协同过滤模型结构（Collaborative Filtering），CF 来支持，并实现其中的功能函数，如 public class PC-MSPR extends CFAlgorithm。

步骤 2：算法功能节点的实现。 编写完算法代码后，算法（PC-MSPR）节点模型的建立与实现，主要包括 MRecommend 主程序调用算法，建立算法（PC-MSPR）的输出模型，便于后续功能节点的调用，如 public void execute（IOperatorNode a_OperatorNode， Vector a_Parents）。

步骤 3：算法参数设置窗口设计。 主要完成算法参数的设置和传递，需要编写一个参数的输入窗口，它首先要继承功能节点属性类。 如 public PC-MSPR-CFOperatorProperty（String a_CaseID， String a_NodeID， String a_Name， INodeInfo a_NodeInfo， ICaseHandler a_CaseHandler），构建一个算法节点属性目标、用户窗口及其相应的事件响应函数、变量属性函数，将用户输入的参数传递给节点模型以及从操作节点中获取算法参数。

步骤 4：算法输出显示。 主要完成算法结果的生成与展示。 针对不同的算法，不同的数据其结果输出格式也有所不同。 协同过滤这类的算法主要有树图视图、图标视图、pmml 视图以及数据视图。

步骤 5：算法配置文件的编写。 算法配置文件是对算法信息的一些说明，包括算法中出现的各个参数定义、初始值、类型等信息，便于 MRecommend 程序对该算法调用。

如：

```
<?  xml version="1.0" encoding="UTF-8" ?  >
<! --<! DOCTYPE PC-MSPR PUBLIC "../config/PC-MSPR.dtd">-->
<PC-MSPR>
  <AlgorithmSpecification name="PC-MSPR"
            function="PC-MSPR"
            algorithm="CF"
                       classname=" com. prudsys. pdm. Models. cf. Algorithms.
PC-MSPR. java "
            description="PC-MSPR CF algorithm. ">
            version="1.0">
  <AlgorithmDefaultParameter name="UserRating"
            type="int"
            value="5"
            method="setItemrate"
            descr="default item rate for PC-MSPR. "/>
  <AlgorithmDefaultParameter name=" PredictorRating"
            type="int"
            value="5"
            method="getItemrate"
            descr=" default item rate for PC-MSPR. "/>
  < AlgorithmDefaultParameter name="PPI"
            type="double"
            value="0.01"
            method="PP-PTM"
            descr="Privacy Preference Intensity for PP-PTM. "/>
```

```
< AlgorithmDefaultParameter name="RS"
        type="double"
        value="0. 1"
        method="AI-URS"
        descr="User Relationship Strength Estimation forAI-URS. "/>
</AlgorithmSpecification>
</PC-MSPR>
```

步骤 6：功能节点配置文件的编写。 通过该配置文件可以让 MRecommend 获知算法插件位置，方便主程序快速调用，且同步初始化算法。

如：

```
<definition version="1. 0">
    <stencil name="Modeling" displayName="PC-MSPR">
        <group name="Mobile Social Network Recommend">
          <node
            id="PC-MSPR CF"
            displayName="PC-MSPR" description="PC-MSPR"
            menuImageFile="image/tree 05-menu. png"
            flowImageFile="image/ 05-flow. png"
            className="edu. xxg. operation. operator. PC-MSPR Operator"
              <property
              className="edu. xxg. operation. property. PC-MSPROperatorProperty"
              requireParentExecute="true"/>
            <popupMenu openEnabled="true" runEnabled="true"
            viewEnabled="true" />
            <connection maxNumParent="1" minNumParent="1" maxNumChild="
            10" minNumChild="0"/>
            <result className="edu. xxg. operation. result. PC-MSPR OperatorResult"/>
          </node>
        </group>
    </stencil>
</definition>
```

步骤 7:算法插件 jar 文件的生成。 最终本文的算法是以 jar 文件的形式保存在 MRecommend 中。 因此，本文将上述的所有生成文档打包成一个 jar 文件放在 MRecommend 中 Plugin 文件夹下。

第五节　本章小结

首先，本章结合本书前文提出的理论模型与方法，设计了面向用户隐私关注问题的移动商务精准推荐系统平台 MRecommend，并在 MRecommend 平台对本书主要推荐算法进行了实际应用，包括基于情境贡献度和项目关联度的协同过滤推荐方法、移动上下文推荐方法和移动社交网络推荐方法的实现原理和步骤。 其次，本章构建面向移动商务精准推荐服务的本体信息模型，提出实现基于社会化标签的领域本体、基于领域本体的用户上下文建模和融入评论特征的手机领域本体建模；研究出一种新的社交网络模式，在主题模型的基础上进行词共现的文本建模，并构建动态话题情感混合模型。 最后，本章根据理论研究和实证应用的结果，实现了移动商务精准推荐系统平台 MRecommend。

第八章　总结与展望

目前，解决移动商务中隐私关注的有效手段比较匮乏。移动互联网企业主要聚焦于隐私保护视阈来改进个性化推荐系统，方法设计上也偏重于具体隐私保护技术，总体上隐私保护效果不佳，突出问题是未考虑用户心理认知因素对隐私关注的影响。本书总结梳理移动用户隐私关注的影响因素，研究移动商务精准推荐服务采纳中基于结构方程模型的用户隐私关注影响因素提取，为移动商务中隐私关注下精准化推荐服务研究提供全新视角和方法参考，并提出两种隐私关注下的移动推荐方法。本书重点研究用户对隐私的心理认知机制和个性化技术方法，便于移动商务企业采取相关推荐策略。因此，本章从根据理论研究和实证应用的结果，为移动互联网企业提出在隐私关注和推荐策略的管理启示，为隐私关注下移动商务企业的精准化推荐实践应用提供参考。

第一节　对移动互联网企业在隐私关注和推荐策略的管理启示

一、在隐私关注方面的建议

移动商务精准服务使得用户享受到了大数据带来的诸多便利，极大地方便了用户的工作、学习和日常生活，但大数据应用也有隐患，那就是隐私问题。 因此，用户提高了在采纳移动商务精准推荐服务时对隐私关注的程度，有意识地隐藏一些私密信息来保护自己在网络上的信息安全；而移动商务企业由于无法获取用户有关兴趣的真实信息，导致提供个性化推荐服务的质量下降，且造成用户偏好预测偏差，难以满足用户的个性化需求。 如果不能有针对性地解决此问题，用户与企业双方的不合理"博弈"将阻碍移动商务的发展。 但目前在互联网应用获取数据方面的相关法律法规并不完善，缺少系统的、必要的监管。 这也给网络用户的隐私安全埋下了隐患。 首先，本书分析用户采纳移动商务精准推荐服务时的心理认知过程，从用户隐私关注视阈研究影响其采纳移动商务精准推荐服务的多种因素，深入了解用户隐私感知风险的原因；然后，移动互联网企业需要在提供个性化推荐服务与制订网络营销推广策略时，重点分析用户隐私关注问题，并有针对性地采取措施降低用户在选择产品/服务时的隐私顾虑，尽量避免因隐私问题而导致用户不愿意使用或者终止使用企业提供的移动商务服务的情况。 本书通过对移动商务精准推荐服务中用户隐私关注影响因素研究得出，对移动互联网企业及移动商务服务提供商在提供移动商务精准推荐服务中的建议与启示如下。

（1）从不正当访问、信息收集、二次使用、信息错误角度提出建议。 本书在第四章验证了用户将会从隐私关注 4 个方面关注其在采纳移动商务精准推荐服务时的隐私问题，且每个维度影响不同；同时，隐私关注影响着用户对服务提供商的信任、采纳服务与提供个人信息的意愿。 因此，本书建议移动商务企业可以从提升个性化推荐系统性能、增强用户对网络平台的信任以及降低用户隐私担忧三方面解决用户隐私关注问题。 第一，在采集、使用用户相关信息前，移动商务企业需明确告知用户其信息使用用途，使用哪些信息，以及如何保证信息使用安全。 在数据采集过程中，企业要采取技术手段保护用户网络资料的真实性、准确性和完整性，提高网络平台的安全性，防止其他平台非授权获取。 同时，企业要进行自我约束，根据约定条例正常使用规定范围的用户信息，绝不将用户信息公开、买卖以及非法授权等。 第二，移动商务企业要提升公众形象和信用背书，不断提高产品服务美誉度和用户满意度，以建立用户对移动商务企业的信任，建立隐私信息用户反馈机制，提高用户对隐私信息可控性的感知程度。 第三，设计考虑用户隐私保护和提高个性化服务质量的激励机制，以有效提升用户参与收益性的感知从而最大程度促进用户的使用参与行为；考虑到社会化网络在用户采纳个性化服务的重要性，移动商务企业需要制订具有诱惑性的奖励机制来鼓励领袖用户参与企业活动，分享其购物经历并传播公司文化。同时，企业需要开发移动社交平台激励用户发布正面的情感评论来提升网络平台的信任度。

（2）降低用户的隐私关注程度。第四章的研究结论表明用户的隐私关注程度不仅会影响用户采纳移动商务精准推荐服务的意愿，而且会加剧用户泄露隐私的风险感知程度，甚至导致其放弃使用移动商务服务。因此，移动商务企业需要采取措施多方位地降低用户在采纳移动商务精准推荐服务时的隐私关注程度，但当前隐私策略研究主要从组织的角度出发，较少从个人用户需求的角度出发，而针对移动商务的、考虑用户感知的研究则更加缺乏。本书主要从以下两方面入手。一方面，网络平台人工阅读式的隐私策略内容形同虚设，且效率十分低下，实际上很少有用户会耗费大量的时间阅读繁冗的在线隐私策略等问题。因此，网络平台需要为用户提供有效的隐私设置、使用更有效的隐私保护软件，设计更好的警告弹出窗口。另一方面，在现有隐私机制的基础上，为移动用户与服务提供商设计动态的隐私策略，根据用户的隐私心理特征分析用户对个人信息的收集、处理、分发与使用的控制。同时，设计可视化用户反馈机制，从用户感知的角度提高用户对个人信息感知的可控性，从而降低移动用户的隐私关注，提高用户采纳移动商务服务的意愿。

二、在考虑隐私关注的推荐策略方面的建议

移动商务精准推荐系统可以帮助网络用户获得个人所需的产品或者服务信息，但常会涉及个人的隐私信息，获取用户的个人信息对于移动商务企业的生存和发展至关重要，他们根据这些信息为用户提供更有效的个性化服务，提高消费者的满意度与忠诚度，从而获取更大的利润。因此，本书在以下几个方面给出建议：

（1）有用性。提高用户对网站的有用性感知，承诺为用户提供个性化服务，增加用户对移动商务平台预期可带来的效用的感知。本文在第四章和第五章分别验证了用户的人格特质和社交关系强度等因素会影响到用户对移动商务精准服务的采纳行为，因此，移动互联网企业在提供个性化信息服务时，需要考虑用户的个体心理与现实细粒度需求，提高用户个体及群体的感知收益，杜绝出现大量用户对移动商务平台的不信任。

（2）动态性。 移动商务环境下，复杂的上下文会引发用户兴趣的变化，且隐私关注程度、偏好、保护要求也会由于内外环境的不同而发生改变。 移动商务精准推荐系统需要综合考虑隐私关注程度与用户兴趣变化来提供动态的推荐服务。

（3）针对性。 不同用户在隐私关注程度及偏好上是有差异的，即可以将用户分为低隐私关注者、中隐私关注者、高隐私关注者。 低隐私关注者表示用户愿意提供一些信息来提升个性化推荐服务效果，隐私关注程度相对较低；高隐私关注者非常注意网络在保障其个人信息方面的措施，不轻易透漏个人隐私信息；中间隐私关注者目前占大多数，表明用户在享受移动商务服务的同时，越来越关注隐私问题。 因此，移动商务精准推荐系统需要分析不同隐私关注程度用户类型，从而提供精准的个性化推荐服务并制订相应的个性化营销策略。

（4）敏感性。 移动商务环境下，用户对不同的个人信息的敏感程度是有差别的。 研究表明，网络用户在享受个性化信息服务时，一般对于用户基础信息中的学历、单位、性别等信息不太敏感而愿意分享；而对于身份信息、银行账号信息，以及家庭信息等相对敏感。 因此，移动商务精准推荐系统需要分析不同隐私信息敏感度用户类型，从而提供精准的个性化推荐服务并制订相应的信息采集策略。

（5）精准性。 在移动个性化推荐中，精准的推荐方式可以增强用户对平台推荐服务的采纳意愿。 同时，网络平台需要选取合理的推荐方式，避免让用户感觉推荐方式会暴露其私人信息（如历史购买记录、最近查询记录）。因此，移动商务平台需要分析推荐方式对用户隐私关注程度的影响，提高页面推荐方式的精确性，并允许用户对推荐结果进行反馈。

第二节　研究结论总述

移动互联网平台无时无刻的互联使得越来越多的信息融入其中，而人们处理信息的时间和能力有限，从而造成了信息过载的问题。随着大数据时代的来临，作为信息过滤利器的移动商务精准推荐系统越发显得重要。同时，作为"参谋长"的推荐服务可以很好地在移动商务环境下辅助用户完成决策，并且给移动商务企业带来丰厚的收益。但是，由于推荐系统需要大量的用户参与到个性化应用中来提供基础信息、网络行为等数据，所以参与者对其个人隐私泄露与安全等问题非常关注。此外，移动商务环境下用户偏好不同会使得用户对隐私感知风险的程度也有差异，从而影响其采纳移动商务精准推荐服务的意愿。而且，移动用户对隐私控制具有不同的偏好度，且拥有相似隐私偏好的用户有着类似的服务需求，从而需要从隐私关注主观角度实现"人以群分"。因此，如何从海量的商务数据中发现知识，挖掘隐藏的规律，以及如何有效考虑隐私关注所带来的影响，从而提供高质量的移动商务精准推荐服务是非常有意义的。本书以实现隐私关注影响下的移动商务精准推荐服务为目标，重点研究基于隐私关注创新视角的移动个性化推荐方法。本书的研究可以分为三大部分：（1）移动商务精准推荐服务中用户隐私关注影响因素测量与分析研究，包含第四章；（2）隐私关注下移动商务精准推荐方法研究，包含第三、五和六章；（3）面向用户隐私关注问题的移动商务精准推荐服务应用研究，包含第七章。具体本书的研究结论与贡献如下。

一、移动商务精准推荐服务中用户隐私关注影响因素研究

针对移动商务精准推荐服务中用户隐私关注的认知过程问题，本书在总结与归纳国内外已有研究成果的基础上，从用户视阈将隐私关注影响因素归纳为用户隐私倾向、用户内控点、用户开放性、用户外向性、用户随和性和社交群体影响，并构建了面向用户隐私关注问题的移动商务精准推荐服务采纳

行为理论模型。其中，用户隐私倾向、用户内控点表明用户的隐私关注强度及对隐私的感知控制能力，即由于用户自身的差异会影响其对隐私关注态度的变化，且程度也不同。此外，考虑到移动商务是一个新兴的领域，所以选择人格特质中的用户开放性、外向性、随和性作为移动互联网环境下影响个体隐私关注的 3 个因素，研究发现，不同的人格特质将会对用户的隐私关注行为产生积极的影响。最后，考虑到移动环境中社交对用户行为的重要影响，本研究创新性地将社交群体影响融入到上述理论模型中，阐述移动商务中融入社交群体影响因素对用户隐私关注的影响。

通过对上述 6 类移动用户隐私关注影响因素的分析，本节提出基于 SEM 的隐私关注影响因素关系模型。首先，该模型利用问卷调查方法收集用户数据，对问卷调研测量表展开效度和信度分析，结果表明，该调查问卷通过检验且调研数据有效和可信；其次，对上述数据进行 SEM 分析；最后，采用 AMOS 软件对数据进行路径相关性计算，得出各个隐私关注影响因素与隐私关注 4 个维度之间的关系（包括是否显著相关和相关系数），总共对 6 个影响因素在隐私关注 4 个维度上产生了 28 条关系路径。SEM 路径模型验证本研究提出的假设，确定隐私关注结构，并进行关系度量，为后续用户偏好建模和个性化推荐算法设计奠定了理论基础。

二、隐私关注下基于情感倾向性分析的移动上下文推荐方法研究

融入辅助信息的协同过滤方法在传统的协同过滤方法的基础上考虑了更多的信息，因而能够在一定程度上缓解数据稀疏性问题。也就是说，除基本的"用户—商品/服务"的评分交互信息外，还考虑了情感信息与上下文信息。同时，为了综合利用隐私关注强度信息和上下文信息，并充分挖掘网络文本评论所蕴含的情感信息来全面的学习"用户—商品/服务"特征，本研究提出了 PS-HCF。

首先，通过基于 STAS 改进推荐系统预测潜在未知的用户偏好，即利用文本情感分析技术提取情感特征，进行文本情感偏好挖掘。其次，分析 6 类隐私关注影响因素对移动用户采纳移动商务精准推荐服务的影响，引入隐私关注强度的概念，并提出 PI-UCF，利用用户隐私关注强度来寻找近邻集，并

利用已知评分来预测目标用户的评分。 再次，提出 CS-UCF。 在采集用户评论的同时也得到了用户上下文信息，并利用基于情感词汇本体库的文本情感倾向性分析方法来预测评论对象整体的倾向性（即用户的喜好强度）。 另外，基于上下文信息使用上下文相似度计算方法对"用户—商品/服务"进行聚类，使得每个子类中的"用户—商品/服务"有相似的上下文，并在此基础上，结合用户的情感评分和上下文相似度来进行协同过滤推荐。 最后，PS-HCF 方法利用线性加权的方法融合 PI-UCF 和 CS-UCF 生成混合推荐结果。采用混合预测评分协同过滤推荐方法与融合隐私关注强度、情感倾向性等数据较好地解决了移动推荐中的数据稀疏性和冷启动等问题，并降低了用户隐私关注程度。

三、隐私关注下基于人格特质与用户关系强度的移动社交网络推荐方法研究

针对移动社交网络中隐私关注影响因素（人格特质和社交群体）下的个性化推荐服务问题，研究发现，人格特质和社交群体会对移动用户隐私关注产生影响；而且，传统的协同过滤方法假设用户之间是相互独立的，忽略了用户之间的关联关系，与现实生活不符，通过将社交信息和人格特质信息的混合能提升协同过滤推荐的性能。 因此，本书提出了 PC-MSPR。

PC-MSPR 重点分析了开放性、外向性、随和性 3 个人格特质对移动用户网络行为的影响，并创新性地将隐私关注偏好度融入到个体人格特质计算模型中。 然后将上述 4 个影响因子进行量化，设计 PP-PTM，建立客观化网络行为特征与考虑隐私关注的人格特征之间的"大五人格"预测模型，克服传统的心理自测量表带来的数据难以获取、规模不大以及调查对象的不认真、不诚实导致数据不可用等问题，且考虑隐私关注偏好度，获得了难能可贵的用户隐私偏好数据。 在此基础上，本研究提出一种基于社会网络交互活动和领域本体的用户关系强度计算方法 AI-URS。 AI-URS 对交互活动进行活动领域的划分，计算属于同一活动领域的用户间关系强度。 当用户关系强度应用于移动个性化信息推荐服务时，能迅速定位响应的兴趣领域，提高推荐的针对性，实现精准推荐。 同时，以交互活动文档为依据计算同一领域中用户的

单向综合关系强度，包括直接关系与间接关系，克服了以往研究中只能计算直接关联用户关系强度的局限，提高计算结果的准确度。最后，将隐私关注的人格特质和用户社交关系融入到协同过滤推荐中用户的相似度计算，解决了传统的数据稀疏性等问题，并降低了用户隐私关注程度。

四、面向用户隐私关注问题的移动商务精准推荐服务应用研究

通过前面几章的研究，本书提出并验证了不同的信息（上下文、情感、社交关系、人格特质）对推荐性能的重要影响。这对第七章如何去搭建一个好的移动商务精准推荐平台并如何利用上述信息有着启发性的作用。因此，将本书提出的模型与方法应用于移动商务环境下面向用户隐私关注问题的移动商务精准推荐服务中。

首先，研究设计移动商务精准推荐平台 MRecommend 的体系框架并实现软件系统，包括网络数据采集模块、情感倾向性计算模块、MRecommend 算法模型等。其次，结合具体手机商品移动购物应用，构建了基于社会化标签的领域本体、基于领域本体的用户上下文管理模型，以及融入评论特征的手机领域本体模型，实现移动商务精准推荐服务中基于领域本体的多元信息表达与管理。最后，提出对移动互联网企业在隐私关注和推荐策略的管理启示，包括对移动商务企业在隐私关注方面的改进建议，以及提高移动商务精准推荐质量及用户采纳移动商务精准推荐服务意愿的措施和建议。

在第三至第七章中，本书分别在调研问卷数据、标准数据集和模拟数据集上验证方法的有效性，而且也都完成了各方法对参数的敏感性实验。所以，得到的实验结果与结论都是可信的。

第三节 未来研究方向

目前，移动商务精准推荐系统领域的理论、方法研究与应用实践还面临许多挑战，尤其是考虑到用户隐私关注影响的移动商务精准推荐机制和保护策略更是未来研究的难点和热点。由于本人的研究水平有限，该领域还有许多的科学难题尚待深入研究。因此，结合本书的研究工作及移动商务精准推荐服务的趋势，未来可能的进一步研究方向包括以下几个方面。

一、基于隐私关注的隐私信息保护模型研究

本书提出了从隐私关注角度进行移动商务精准推荐服务的研究，后续可以进一步研究分析用户定制和隐私保护发现策略，对比用户位置信息和服务范围，实现推荐服务自动发现和隐私保护；同时，本书提出了隐私关注与上下文的匹配度计算方法，后续可以研究根据隐私关注和上下文变化，动态调整权重和特征值，及时调整隐私保护方法和机制，并在实际的基于被动信息查询、主动信息服务推送这两大移动商务精准推荐服务服务交互方式上构建基于隐私关注和上下文变化的隐私信息保护与调整适应机制，进一步拓展本书提出的隐私关注下移动上下文推荐方法。

二、多维、动态的隐私策略结构设计研究

研究隐私策略结构设计。引起用户隐私担忧的各种因素可以归类为不同的维度，形成多维的隐私策略结构。结合移动商务环境的特征，可研究三个维度：对隐私信息披露的控制、对隐私信息披露后的分发及使用的控制、移动用户的上下文。同时，由于移动用户的上下文信息具有动态性，同一用户对同一种信息的隐私担忧会随着上下文的变化而变化，因此，可重点研究移动商务环境下的隐私策略的动态性，即在不同的上下文下能够使用不同的隐私策略。探寻移动用户对隐私策略的需求，明确隐私策略中需要包含的关键要素，从而确定隐私策略结构，并进行恰当的形式化表达，从而可以对移动商务精准推荐模型建模和算法设计。

三、基于深度学习的用户偏好挖掘研究

本书的算法在应用到具体领域时，还需要有具备领域经验的专家去挖掘有效的用户兴趣特征，这是非常耗时的，而且很难挖掘出所有有效的偏好特征。相比较于评分，评论、标签等用户生成文本可以承载更丰富的信息，不但可以反映用户喜好与物品特征，而且可以解释用户的购买行为。而本书的

相关工作只关注一种类型的文本，失去了发现这些文本之间共同性质的机会。 鉴于深度学习已经在图像、语音和文本的研究上取得了较好的成果，目前也有研究者开始把深度学习用于推荐系统，只是目前还没有看到成熟的方法。 本书提出基于文本挖掘技术的情感倾向性分析，在一定程度上实现了移动用户偏好的提取，后续的研究可考虑利用深度学习来完成我们的方法需要的移动用户多维度兴趣特征提取工作。

四、跨平台的移动商务精准推荐问题研究

本书的研究主要围绕单一平台上的个性化推荐问题展开，给出了若干解决方案。 然而，随着移动互联网信息技术的发展，越来越多的平台随之出现。 用户自然会同时在多个平台上参与活动，如在淘宝移动端上购物的同时也在微博、抖音上建立好友社交关系。 因此，如何利用用户在多个平台上的行为历史，辅助在单一平台上的用户行为预测，将会成为未来的一个研究重点。 此外，跨平台的用户数量占所有平台上用户数量的比例极少，这也正是跨平台的共同用户稀疏性问题。 如何解决跨平台的共同用户稀疏性问题也将会成为未来的一个研究趋势。

参考文献

[1] QIU L, CHENG H K, PU J. Hidden profiles in corporate prediction markets: the impact of public information precision and social interactions [J]. MIS quarterly, 2017, 41 (4):1249-1273.

[2] YOU Z, SI Y W, ZHANG D, et al. A decision-making framework for precision marketing [J]. Expert systems with applications an international journal, 2015, 42 (7):3357-3367.

[3] KRAKOW E F, HEMMER M, WANG T, et al. Tools for the precision medicine era: how to develop highly personalized treatment recommendations from cohort and registry data using q-learning [J]. American journal of epidemiology, 2017, 186 (2): 160-172.

[4] GRAEME M, KHALID A, ALAN W. Developing a mobile applications customer experience model (MACE)——implications for retailers [J]. Journal of business research, 2018(85): 325-336.

[5] CULNAN M J, ARMSTRONG P K. Information privacy concerns, procedural fairness and impersonal trust: an empirical investigation [J]. Organization science, 1999, 10 (1): 104-115.

[6] AMINU DA'U, NAOMIE S. Recommendation system based on deep learning methods: a systematic review and new directions [J]. Artificial intelligence review, 2020, 53(4): 2709-2748.

[7] LU J, WU D, MAO M, et al. Recommender system application developments: a survey [J]. Decision support systems, 2015, 74: 12-32.

[8] LINDEN B, SMITH B, YORK J. Amazon. com recommendations item-to-item collaborative filtering [J]. IEEE internet computing, 2003, 7 (1):76-80.

[9] SETTEN M, POKRAEV S, KOOLWAAIJ J. Context-aware recommendations in the mobile tourist application COMPASS [J]. Adaptive hypemedia and adaptive web-based Systems, 2004, 3137 (1): 515-548.

[10] YAP G E, TAN A H, PANG H H. Discovering and exploiting causal dependencies for robust mobile context-aware recommenders [J]. IEEE transactions on knowledge and data engineering, 2007, 19 (7): 977-992.

[11] AMO S, DIALLO M S, DIOP C T, et al. Contextual preference mining for user profile construction [J]. Information systems, 2015, 49(C):182-199.

[12] XU C, PEAK D, PRYBUTOK V. A customer value, satisfaction, and loyalty perspective of mobile application recommendations [J]. Decision support systems, 2015, 79(C):171-183.

[13] ZHANG J, PENG Q, SUN S, et al. Collaborative filtering recommendation algorithm based on user preference derived from item domain features [J]. Physica a: statistical mechanics and its applications, 2014, 396 (15):66-76.

[14] LÜ L, MEDO M, CHI HY, et al. Recommender Systems [J]. Physics reports, 2012, 519 (1):1-49.

[15] LU Q B, GUO F. Personalized information recommendation model based on context contribution and item correlation [J]. Measurement, 2019, 142: 30-39.

[16] MALHOTRA N K, KIM S S, AGARWAL J. Internet users' information privacy concerns (IUIPC): the construct, the scale, and a causal model [J]. Information systems research, 2004, 15 (4):336-355.

[17] WU K W, HUANG S Y, YEN D C. The effect of online privacy policy on consumer privacy concern and trust [J]. Computers in human behavior, 2012, 28 (3):889-897.

[18] AWAD N F, KRISHNAN M S. The personalization privacy paradox: an empirical evaluation of information transparency and the willingness to be profiled online for personalization [J]. MIS quarterly, 2006, 30 (1):13-28.

[19] DINEV T, HART P. An extended privacy calculus model for e-commerce transactions [J]. Information systems research, 2006, 17 (1):61-80.

[20] STEWART KA, SEGARS A H. An empirical examination of the concern for information privacy instrument [J]. Information systems research, 2002, 13(1):36-49.

[21] XIAO L, LU Q, GUO F. Mobile personalized recommendation model based on privacy concerns and context analysis for sustainable development of m-commerce [J]. Sustainability, 2020, 12 (7):3036.

[22] XIAO L, GUO F, LU Q. Mobile personalized service recommender model based on sentiment analysis and privacy concern [J]. Mobile information systems, 2018,2008(1):1-13.

[23] LIU Y, LIU D, CHEN Y. Research on sentiment tendency and evolution of public opinions in social networks of smart city [J]. Complexity, 2020,2020:1-13.

[24] GUO F, LU Q. Contextual collaborative filtering recommendation model integrated with drift characteristics of user interest [J].

Human-centric computing and information sciences，2021，11(8)：1-18.

[25] 人民网.中国移动互联网发展报告（2020）[EB/OL].（2020）
[2020-07-14].https：//www.chinaxwcb.cominfo564445.

[26] 商务部电子商务和信息化司.中国电子商务发展报告（2019）[M].北
京：中国商务出版社，2020.

[27] 周涛，鲁耀斌.隐私关注对移动商务用户采纳行为影响的实证分析
[J].管理学报，2010，7（7）：1046-1051.

[28] 特班.电子商务：管理与社交网络视角（第7版）[M].北京：机械工
业出版社，2014.

[29] 张玥，朱庆华.国外信息隐私研究述评[J].图书情报工作，2014
（13）：140-148.

[30] 詹尼士，赞克，弗里德里克，等.推荐系统[M].蒋凡，译.北京：人
民邮电出版社，2013.

[31] 许海玲，吴潇，李晓东，等.互联网推荐系统比较研究[J].软件学
报，2009，20（2）：350-362.

[32] 余力，刘鲁，李雪峰.用户多兴趣下的个性化推荐算法研究[J].计算
机集成制造系统，2004，10（12）：1610-1615.

[33] 孟祥武，胡勋，王立才，等.移动推荐系统及其应用[J].软件学报，
2013，24（1）：91-108.

[34] 胡勋，孟祥武，张玉洁，等.一种融合项目特征和移动用户信任关系的
推荐算法[J].软件学报，2014（8）：1817-1830.

[35] 张志军，刘弘.上下文感知的移动社交网络推荐算法研究[J].模式识
别与人工智能，2015（5）：128-141.

[36] 何洁月，马贝.利用社交关系的实值条件受限玻尔兹曼机协同过滤推荐
算法[J].计算机学报，2016（1）：183-195.

[37] 王兴茂，张兴明，吴毅涛，等.基于启发式聚类模型和类别相似度的协
同过滤推荐算法[J].电子学报，2016，44（7）：102-111.

[38] 韦素云，肖静静，业宁.基于联合聚类平滑的协同过滤算法[J].计算
机研究与发展，2013（C2）：163-169.

［39］ 李远博，曹蕊.基于 PCA 降维的协同过滤推荐算法［J］.计算机技术与发展，2016（2）:26-30.

［40］ 李伟平，王武生，莫同，等.情境计算研究综述［J］.计算机研究与发展，2015，52（2）:542-552.

［41］史艳翠，孟祥武，张玉洁，等.一种上下文移动用户偏好自适应学习方法［J］.软件学报，2012，23（10）:2533-2549.

［42］徐风苓，孟祥武，王立才.基于移动用户上下文相似度的协同过滤推荐算法［J］.电子与信息学报 2011，33（11）:2785-2789.

［43］蒋骁，季绍波.网络隐私关注与行为意向影响因素的概念模型［J］.科技与管理.2009，5（11）:71-74.

［44］郭飞鹏，琚春华.隐私关注对移动个性化服务采纳的影响——基于用户主观认知视角的实证研究［J］.浙江工商大学学报，2018，32（1）:85-96.

［45］刘鸿宇，赵妍妍，秦兵，等.评价对象抽取及其倾向性分析［J］.中文信息学报，2010，24（1）:84-88.

［46］ 李实，叶强，李一军.中文网络客户评论的产品特征挖掘方法研究［J］.管理科学学报，2009，12（2）:142-152.

［47］何军，刘业政.基于社交关系和影响力的在线社交网络用户兴趣偏好获取方法研究［J］.情报学报，2014，33（7）:730-739.

［48］沈洪洲，袁勤俭.基于社交网络的社交关系强度分类研究［J］.情报学报，2014，33（8）:846-859.

［49］丁道群，沈模卫.人格特质、网络社会支持与网络人际信任的关系［J］.心理科学，2005，28（2）:300-303.

［50］乔秀全，杨春，李晓峰，等.社会网络服务中一种基于用户上下文的信任度计算方法［J］.计算机学报，2011（12）:2403-2413.

［51］陈开慧.本体与分众分类的融合模型研究［J］.图书馆学研究，2013（5）:73-77.

［52］王国霞，刘贺平.个性化推荐系统综述［J］.计算机工程与应用，2012（7）:66-76.

附　录

＃求最佳阈值 $Para_{active}$。

for m＝1:legth（D_1）

k＝D_1（m）

for j＝1:legth（D_1）

//统计个体被正确划分为活跃与不活跃的客户数

if（k＞＝D_1（j））&&（D_2（j）＞＝1）||（k＜D_1（j））&&（D_2（j）＝＝0）

　　Sum＝Sum＋1

　end

end

if（Sum＞＝Max）

Max＝Sum

//满足正确划分活跃与不活跃比值最大的最优值为 $Para_{active}$

$Para_{active}$ ＝k

end

Sum＝0

　　　end

for i＝1:legth（D₁＋D₂）

If（没有购买记录但有访问记录）then

$Interest(u, i) = Interest\_Cat(u, i)$

If（有购买记录）then

If（（T－t）！＝0）then

$Interest(u, i) = N * Interest\_Buy(u, i)$

If（$Interest(u, i)$＞$Para_{active}$ ‖（T－t）＝0）p（Xᵢ）＝1（表示当前活跃）；

Then p（Xᵢ）＝0（表示当前不活跃）

End

♯统计评论对象词语出现的次数。

for 每一个评论单元的二元组〈评论对象，评论短语〉do

　　遍历候选评论对象词集 L_{obj}；

　　if 评论对象不存在于 L_{obj} 中 then

将评论对象加入候选评论对象词集 L_{obj}；

将评论对象出现的次数 c. obj＋＋；

　　else if 评论对象存在于 L_{obj} 中 then

该评论对象不加入 L_{obj}；

将评论对象出现的次数 c. obj＋＋；

end if

♯获得最终的候选评论对象词集。

for 第二步获得的候选评论对象词集 L_{obj} 中的每个评论对象词 do

if 评论对象词的出现次数 c. obj＞p then

该评论对象作为最终的候选评论对象词保留；

　　else if 评论对象词的出现次数 c. obj＜p then

　　　从候选评论对象词集 L_{obj} 中删除该评价对象；

　end if

end for